MW01613646

*1350*

Maguelonne Toussaint-Samat:
Historia técnica y moral del vestido, 3
Complementos y estrategias

El Libro de Bolsillo
Alianza Editorial
Madrid

®

Título original:
*Histoire technique et morale du vêtement*

Traductor: Celina González

Reservados todos los derechos. De conformidad con lo dispuesto en el art. 534-bis del Código Penal vigente, podrán ser castigados con penas de multa y privación de libertad quienes reprodujeren o plagiaren, en todo o en parte, una obra literaria, artística o científica fijada en cualquier tipo de soporte sin la preceptiva autorización.

© Bordas, París, 1990
© Ed. cast.: Alianza Editorial, S.A., Madrid, 1994
   Calle Juan Ignacio Luca de Tena, 15, 28027 Madrid; teléf. 741 66 00
   ISBN: 84-206-0682-4 (Tomo 3)
   ISBN: 84-206-9843-1 (Obra Completa)
   Depósito legal: M. 28.455/1994
   Compuesto e impreso en Fernández Ciudad, S.L.
   Printed in Spain

# ADORNOS Y LABORES ARTISTICAS

# De la cinta

A las jóvenes generaciones actuales les cuesta trabajo imaginar el importante papel que las cintas han desempeñado en el vestido desde el siglo XV hasta comienzos del nuestro. Ahora, aparte de las que adornan las cajas de bombones, las únicas cintas que conocemos son las que llevan las niñas en las trenzas.

Las cintas adornaron exclusivamente los vestidos femeninos desde la época de Luis XVI, en tanto que los trajes masculinos estaban reñidos con su fantasía. En la actualidad, el llamado sexo fuerte sólo siente debilidad por las cintas que en la solapa indican una condecoración civil o militar.

Las cintas, bandas estrechas de tejido, fueron apreciadas en la Antigüedad, como lo demuestran los bajorrelieves mesopotámicos, pero su uso parece haber estado reservado para el adorno de la cabeza (*capilli incula,* decían los latinos). Sin embargo, hay que mencionar y admirar por su elegancia los nudos y volantes ribeteados de la dama cretense apodada «la parisina». El término francés *ruban* [cinta] data del siglo XIII, y se menciona a un tal «Henry de Brie, cintero que habita en París», en las *Comptes de l'argenterie des rois [Cuentas de la vajilla de plata de los reyes]* examinadas por Drouet d'Arcq en el siglo XIX. Parece que se trataba de cintas muy valiosas: «Cintas de oro de Chipre para hacer listas en los vestidos de nuestros diez hijos», dicen los *Mandamientos* de Carlos V en 1376 (en el Archivo Nacional).

Si estas cintas fastuosas venían de Chipre o de Italia, Suiza se dio a conocer en la misma época por unos productos que podrían considerarse más clásicos. Curiosamente, a pesar de que la producción y el negocio de los tejidos de seda habían adquirido cierta importancia en la opulenta ciudad de Zúrich, el trabajo de la seda (importada) se seguía considerando una actividad indigna de pertenecer a un gremio. Este ostracismo implicaba la existencia de retribuciones no reguladas, insuficientes por tanto, lo cual quiere decir que se hallaban reservadas a la mano de obra femenina. Gran número de mujeres de todas las esferas sociales disponían de este modo de unos ingresos complementarios, fabricando bandas de seda y finas cintas destinadas a ornamentar y sostener los importantes sombreros de la época.

En 1345 y en 1368, para salvaguardar este modesto monopolio, las madres de familia consiguieron que se prohibiera dicha actividad a las religiosas y a las beguinas de la ciudad, que aceptaban renumeraciones aún más miserables. Como las leyes suntuarias se aplicaban con todo su rigor, sobre todo en Zúrich —¡ni que decir tiene!—, el consumo local de cintas de seda estaba prohibido, y los *verlagers* (empresarios) las exportaban a Viena, Praga, el sur de Francia e Inglaterra. Al parecer, París era autosuficiente o importaba de Oriente los artículos de lujo. Para fabricar cintas se utilizaban unos curiosos telares de pequeñas dimensiones, llamados *Webschemel* (escabeles para tejer) y que se mencionan únicamente en los textos de Basilea, redactados en alemán hacia 1450. El modelo que posee el Museo Histórico de Basilea, el más antiguo que existe, data del siglo XVIII. Doscientos años antes se había enriquecido con una mejora, por lo que pasó a designarse como devanadora de cintas o devanadora a la zuriquesa.

Hacia finales del siglo XVI, un holandés de la ciudad de Haarlem inventó un telar *de barra* que permitía tejer de forma simultánea varias cintas. Emmanuel Hoffmann, tejedor de lana de Basilea, la introduciría en el cantón suizo, para escándalo de sus compañeros. ¡Imagínese el lector! ¡Tejidos simultáneos! Al principio, el telar sólo proporcionaba cintas de lana, de lino o de borra de seda hilada, pues tejía de forma muy floja. Sólo posteriormente se fabricarían cintas de seda de calidad superior, gracias a una modificación del aparato y al empleo de seda torcida.

El telar holandés de barra se extendió por todas partes con gran rapidez. Se cree que quienes decidieron la vocación de fabricar cintas de Saint-Étienne llegaron de Suiza, ¡eran casi los vecinos de al lado! El lector se sorprenderá al saber que Saint-Étienne, antes de dedicarse a las armas y a las bicicletas, fue durante casi medio milenio la capital francesa de la cinta y aún le disputa el primer puesto mundial a Basilea y a Zúrich.

Hacia el siglo XVI, por tanto, comenzaron a verse cinteros de Saint-Étienne, que tejían asimismo pasamanos, galones y *padowes* (cintas de cadarzo a la moda italiana). Eran campesinos destajistas, generalmente mujeres, y los fabricantes lioneses lanzaron al mercado productos de calidad que rápidamente gustaron mucho. De modo que, sin hacer ruido, Saint-Étienne tuvo desde el comienzo el monopolio de la fabricación francesa de cintas. Los vendos de encaje garantizaban su origen, y los estatutos gremiales de 1630 se limitaron a fijar sus características, que permanecieron invariables hasta finales del siglo XIX.

El reinado de Luis XIV fue, asimismo, el reinado de la cinta. Mazarino, con su modo de gobernar totalmente empírico, en medio de dificultades financieras que se acumulaban sin cesar, intentó llevar a cabo una política dura, restringiendo el consumo de lo superfluo a quienes se podían permitir tales gastos a expensas de que quienes no tenían nada no pudieran comer. Prohibió en particular los bordados de oro y plata en los trajes de las personas pudientes que no pertenecieran a la familia real ni a los «grandes».

Entonces, los cortesanos y todos sus imitadores burgueses nuevos ricos se desquitaron con las cintas, hasta el punto de que su empleo se convirtió en una verdadera locura. Se enriquecieron los merceros, antes vendedores ambulantes de mercancías pequeñas o *mercarii,* y a la sazón miembros de un honorable gremio. Se suele citar un vestido que tenía ¡trescientas varas [1] de adorno! Desaparecían también, bajo ondulaciones y nudos, la abertura de las braguetas, los sombreros, los guantes, la vaina de las espadas, los bastones, los zapatos... A esta profusión se la denominó el *pequeño ganso,* en alusión a los menudillos de ave con que se hacen los guisos. Y si el Harpagón de Molière, con su buen sentido, reprocha: «¿Para qué sirven todas esas cintas de las que va usted lleno de pies a cabeza?», Madame de Sévigné es la portavoz de la corte al parecerle «el mariscal de Bellefond totalmente ridículo porque, por modestia y por indiferencia, no se había puesto cintas en la parte inferior de sus calzas de paje» [2].

En el siguiente reinado, la influencia de la Pompadour y de la Du Barry sobre la moda de su época contribuyó a la reaparición de las cintas, a las que el abandono de los edictos suntuarios ponía en desventaja frente a los bordados y los encajes de seda, de oro o de plata. Para resaltar la blancura de la piel, las damas elegantes se anudaban alrededor del cuello una cinta de terciopelo negro realzada con una rosa.

Con María Antonieta, en los vestidos y los sombreros se

utilizaron cantidades considerables de cintas que vendían los comerciantes de moda, lo cual les venía al pelo, pues los hombres ya no las tocaban. A partir de entonces, la cinta tuvo una connotación de femineidad que nunca le ha abandonado. Después de la Revolución, esas locas maravillosas que cruzaban hasta muy arriba de las piernas las cintas de sus sandalias se divertían también anudándose en torno al cuello una cinta, como lo había hecho en su juventud la pobre Du Barry, que perdió la cabeza bajo el Terror. Las cintas de moda eran entonces de satén rojo «a la guillotina». Era lo que gustaba.

En el Imperio, con Josefina, se utilizaron mucho las cintas, que gustaban muy anchas. Prosiguieron una hermosa carrera a lo largo del siglo XIX, e incluso era costumbre poner hermosas cintas en la canastilla de las recién casadas de la buena sociedad.

La edad de oro de la cinta y de Saint-Étienne se prolongó hasta 1900. Se tejían cintas de distintos tejidos para completar los vestidos. Los grandes progresos del telar a la zuriquesa habían ayudado a difundir las cintas, que no tenían por qué ser muy caras, puesto que, junto a brocados admirables, había cintas de tela escocesa, estampada, de tafetán y del muaré más sencillo; el telar de terciopelo de «doble pieza», creado en 1793, permitía tejer de forma simultánea dos cintas de terciopelo superpuestas, unidas por una urdimbre de pelo que se dividía en dos partes mediante cuchillas mecánicas que cortaban el pelo de forma horizontal.

Aunque el brocado de seda de diversos colores, o de oro o plata, fue la gran especialidad de Saint-Étienne que los suizos envidiaban, el dispositivo Jacquard, perfeccionado en 1820, enriqueció a la ciudad, a la que iban los alsacianos a por las cintas con flores de sus soberbios sombreros: acianos, margaritas, pulsatilas y trigo eran briscados por diez lanzaderas distintas sobre un fondo de satén o de tafetán negro. Por otra parte, en el siglo XIX tuvo lugar la aparición de los trajes regionales, con profusión de cintas en los sombreros, los gorros y los delantales.

Después, a comienzos de este siglo, la cintería pareció estar a punto de desaparecer: en 1903 se detuvieron el 60% de los telares de cintas de seda y el 80% de los telares de cintas de terciopelo. Se llevó a cabo una laboriosa pero eficaz reconversión, aunque la ropa interior siguió siendo una gran consumidora de cintas y de hombreras. Aparecieron los forros de las boinas y los sombreros, los escudos civiles, militares y deportivos confeccionados con urdimbre, las «condecoraciones» masónicas o religiosas, las cintas elásticas, los ribetes, las bufandas, las corbatas y sobre todo, en la actualidad, las etiquetas y las marcas, que representan el 80% de la fabricación jacquard. Y además, la pasamanería, otra actividad ancestral de Saint-Étienne, continúa produciendo trencillas, galones, bandas... La seda ha sido sustituida por el rayón, el tergal y el algodón para los artículos de uso corriente.

Al igual que los obreros de la seda de Lyon, los cinteros y los pasamaneros de Saint-Étienne, «obreros artísticos» reconocidos, trabajan a domicilio, con material que les pertenece, para encargos específicos y delicados. Pero en general, las cintas y sus nuevas aplicaciones se llevan a cabo en las fábricas. Entre 1950 y 1960 aparecieron los telares sin lanzadera. En la actualidad, una obrera es suficiente para una máquina italiana o suiza que agrupa veinte telares que trabajan a gran velocidad. Las máquinas Jacquard están informatizadas y funcionan con programas de ordenador. Sin embargo, a pesar de esta automatización, y gracias a las nuevas prestaciones, fruto de una especialización extrema, más de 3.500 personas continúan trabajando en lo que se sigue considerando la cintería de Saint-Étienne.

# Del bordado

Una antigua leyenda griega cuenta que Tereo, rey de los tracios, se enamoró perdidamente de Filomela, la de la melodiosa voz. Pero Filomela era la hermana de su esposa. A pesar de ello, Tereo encerró a la reina Procné en el palacio y dijo a su suegro Pandión, rey de Atenas, que se había quedado viudo y que estaba muy triste, por lo que tenía que encontrar una nueva madre para su hijo Itis.

Pandión, conmovido por el dolor de Tereo, le dio a Filomela. Pero sin esperar a la ceremonia de la boda, Tereo violó a la joven. Procné, enterada de lo sucedido desde su prisión, no cesó de gritar hasta que Tereo le cortó la lengua, ordenándola que bordara un vestido de novia para su sucesora. Procné no tuvo más remedio que obedecer, pero, con sus hábiles dedos, bordó en el vestido, a modo de adorno, un mensaje secreto que decía: «Procné se halla con los esclavos». Las letras imitaban los palitos que las profetisas lanzaban sobre tela blanca para interpretar el futuro.

En cuanto recibió el vestido, Filomela corrió a las dependencias de los esclavos y liberó a su hermana mayor. Tereo se lanzó en persecución de las hermanas y, en el momento en que les iba a dar alcance, los dioses convirtieron a los tres en pájaros. Tereo se transformó en una abubilla, que tiene en la cabeza una corona de plumas y es famosa por el hedor de su nido; Filomela, en un ruiseñor de admirable voz; y Procné tomó la forma de una golondrina, porque los adivinos pueden deducir el futuro interpretando el vuelo de este ave, que se asemeja a un bordado en el cielo.

Esta leyenda demuestra la antigüedad del bordado.

Los vestigios más antiguos que poseemos se han hallado en las tumbas egipcias; es realmente muy poca cosa: un fragmento de tul bordado, aunque las pinturas de la necrópolis de Tebas parecen indicar la existencia de bordados en los trajes de Ramsés III (1198-1168 a.C) y de la reina Tiyi.

Homero cuenta que Elena y Andrómaca eran bordadoras muy hábiles; parece que en su labor había puntos complicados y colores deslumbrantes. El manto de Ulises estaba adornado con una escena de caza que causaba la admiración de sus compañeros. ¿Era obra de la hábil Penélope?

En los bajorrelieves asirios se observan adornos en los trajes de los grandes personajes, sin duda obras de bordado o de aplicación. Parece que Babilonia fue el centro, y puede que la cuna, del bordado, que sería redescubierto por los indios americanos, al otro extremo de la Tierra. Según el historiador Flavio Josefo, el velo bordado del templo de Jerusalén, en tiempos de Herodes, procedía de Babilonia, al igual que los tejidos bordados con los que se cubrió la tumba de oro de Ciro. Desde Asia, el gusto por el lujo llegó a la Grecia helenística y después a Italia, como ya hemos visto. A partir del Imperio, la moda de los vestidos bordados se extendió de modo considerable. Y los conservadores, que también criticaban la seda, se ofendieron muchísimo.

Estos bordados, tanto en piezas enteras de tejido como en motivos, llegaban a Roma por el litoral de Frigia; eran tanto labores locales como importaciones del interior. Los romanos acabaron dando a estos adornos el nombre de *opus phrygium* (trabajo frigio). El *opus auri phrygium,* el trabajo de oro frigio, se encuentra en el origen del *orifrés* medieval, tiras de seda bordadas en oro que ornamentaban los trajes civiles y sacerdotales.

Hacia el año 70 antes de nuestra era, Plinio escribía: «Los frigios conocen el arte de bordar con aguja e hilos de oro y de lana; Babilonia es famosa por sus bordados en colores.» Estos tejidos se vendían a Roma por sumas astronómicas pero, como ya hemos mencionado, no se refunfuñaba por el gasto, ya fuera para vestirse o para adornar habitaciones o muebles, sobre todo tras el retorno de los ejércitos de Asia.

Los *laticlaves,* medallones bordados en seda floja de origen chino, pronto se convirtieron en *auriclaves,* bordados en oro. Pero el procedimiento no era nuevo. Antes de que se supiera cómo transformar el metal en hilo, el oro y la plata, aplastados en láminas con un martillo, se usaban en forma de laminillas perforadas que se fijaban a la tela siguiendo un dibujo determinado. Hay testimonios en la Biblia, en Plinio y en Dionisio de Halicarnaso, contemporáneo de Augusto y autor de *Antigüedades romanas.*

Como cabe imaginar, los bordados bizantinos, generalmente en seda o en oro, aunque también en lana o lino, se caracterizaban por un exceso de relieve y de profusión y sobrecargaban el tejido, que se volvía rígido y pesado, lo que introdujo una modificación en la forma y composición de los vestidos. El drapeado a la antigua ya no era posible. Se cita un manto, perteneciente a un senador multimillonario (al menos más rico que los otros), que se tenía de pie por sí solo, sostenido por las seiscientas figuras que cubrían hasta el último resquicio de la tela.

Ya nos hemos referido a este tipo de ornamentación al hablar de la seda. Los tesoros de las iglesias y los sudarios de los santos suponen para nosotros espléndidos testimonios. Quizá uno de los más admirables sea el tejido que envuelve las reliquias de San Lázaro, en la catedral de Autun, una seda azul bordada en el siglo XI con medallones policromos que en la actualidad se encuentra en el Museo Histórico de Tejidos de Lyon. Pero la gran obra de arte es la famosa dalmática imperial del tesoro de San Pedro, en el Vaticano, en seda azul sembrada de pequeñas cruces de plata aureoladas que llenan los intervalos dejados por las grandes escenas bordadas, todas diferentes, que relatan la glorificación de Cristo.

Hace tiempo se afirmaba que se trataba de la dalmática de Carlomagno, pero se encontró el original de uno de los motivos en un manuscrito bizantino del Vaticano del siglo XII y se estableció que las cruces aureoladas indicaban que el portador de la dalmática era uno de los más altos dignatarios de la iglesia griega. No se sabe cómo llegó la prenda desde Constantinopla a Roma; puede que tras el saqueo de la ciudad por los cruzados...

Los galos ya practicaban el arte del bordado mucho antes de la ocupación romana. Era una labor muy rústica y abigarrada, pues a los celtas les encantaban los colores vistosos.

Conservadoras de la cultura durante las invasiones, las abadías lo fueron asimismo del bordado, de inspiración local u oriental, aunque sólo fuera para mantener o reparar los tesoros litúrgicos escondidos. A ellas se debe la salvación de las prendas que se hallan en toda Europa: casullas, mitras, sandalias... de incontestable autenticidad.

A partir del siglo V, una vez que se establecieron los invasores y se restableció una calma relativa, los abades pusieron en funcionamiento verdaderas escuelas de creación. Gregorio de Tours enumera una serie de trabajos ejecutados en dichos talleres en tejidos preciosos traídos por comerciantes orientales o regalados por los nobles. Desde las abadías, el arte de la aguja se extendió a las cortes, trabajo femenino por excelencia y piadosa contribución a los fastos religiosos.

En aquellos tiempos hilaba Berta, la de los pies grandes, también conocida como Bertrade, madre de Carlomagno, pero también demostró ser una excelente bordadora, según afirman las crónicas: «Para bordar como os digo, no había mejor bordadora de Tours a Cambrai.» La «muy querida hermana» del emperador, santa Gisela, tras un fracasado intento de matrimonio con el soberano bizantino León IV, se consagró a Dios y llegó a ser abadesa del monasterio de Chelles. Allí, así como en Aquitania y Provenza, fundó importantes talleres de bordado.

En la misma tradición real, hubo bordadoras célebres: la madre de Carlos el Calvo, que regaló a Haroldo, rey de Dinamarca, un traje bordado con sus propias manos; Adelais, esposa de Hugo Capeto; y sobre todo, la reina Matilde, esposa de Guillermo el Conquistador. Su famoso tapiz es, en realidad, un panel bordado de 70 metros por 50 centímetros. La labor de aguja con lanas de colores es un admirable documento histórico que resume la conquista de Inglaterra y la batalla de Hastings. Iniciado en 1067, tardó varios años en ser completado, a pesar de que la reina fue ayudada por sus damas. Es asimismo un bello ejemplo de la técnica de la época y, a pesar de que no se trata de un vestido, no podíamos dejar de mencionarlo.

En Hungría, la casulla del tesoro de Ofen se confeccionó en 1031 en el taller de la reina, otra santa Gisela, esposa del rey Étienne, asimismo canonizado. En dicho taller, donde también se tejía, se creó el punto de Hungría.

Los bordados de Inglaterra gozaban de tan buena reputación que se les designaba con el nombre de *opus angli-cum*. Para algunos autores, el punto de cadeneta nació allí; pero se trata de una antigua técnica oriental que los merca-deres normandos llevaron a la isla. En la biblioteca de Durham se conservan vestigios de *opus anglicum* del siglo VII. Se trata de una capa y de un manípulo (adorno que los sacerdotes llevan en la manga izquierda al celebrar la misa). Su autora fue la primera abadesa del monasterio de Ely y se lo regaló a san Cutberth. Durante mucho tiempo esta labor se consideró una obra de encaje, que, sin embar-go, se desconocía en esa época, pero se trata claramente de un bordado cuya finura sobrepasa cualquier descripción.

Las Cruzadas transmitieron a las bordadoras modelos bizantinos y árabes para copiar y, a partir del siglo XIII, asistimos a una amplia extensión de los bordados de aguja, tanto en los hábitos sacerdotales, las colgaduras y cortinas, como en los vestidos laicos y los accesorios. Los bordados incluso cubrían la armadura de guerra y de caza de los ca-balleros, cuyas monturas desaparecían bajo admirables gualdrapas. En este momento aparecen las armaduras, los blasones y los pendones bordados con hilos de seda de co-lores, de oro o de plata. Las damas llevaban en la parte de-recha del vestido el escudo de sus maridos, y a la izquierda el suyo, moda que duraría un siglo.

Estas labores femeninas de castellanas solitarias forman parte del imaginario tradicional de la Edad Media; el tiem-po de que estas damas disponían tampoco faltaba en los ta-lleres. Se inventaron nuevos puntos, entre ellos el plumet y las aplicaciones de motivos bordados aparte y pegados o cosidos sobre la tela. De esta época —el siglo XIV— data asimismo el bordado por ambas caras y el relieve, que se convirtió en un hábito para los pendones.

El entusiasmo por el bordado fue creciendo, y en tiem-pos de Felipe IV el Hermoso se asistió, gracias a las leyes suntuarias, a la sustitución de las pieles por los bordados en los trajes de gala. En 1294, el rey ordenó de que quedara reservado únicamente a los príncipes de sangre el derecho de llevar trajes o partes de trajes bordados. Nadie le hizo caso, afortunadamente para el futuro de esta labor de artesanía.

La limosnera, bolsito de boquilla corrediza llamada «de culo de villano» que las damas llevaban en la cintura con las llaves y las tijeras de costura, fue al principio de cuero y después de tela cubierta de bordados y adornada con pasamanos. Se bordaban asimismo en seda y terciopelo las cubiertas de los libros. La famosa biblioteca del duque de Berry contenía obras, salterios, horas y biblias preciosos tanto por la belleza de los manuscritos como por la suntuosidad de las cubiertas.

Carlos VII, en su corte de Bourges, tenía a su servicio al más famoso bordador de la época —¡no se trataba únicamente de un trabajo femenino!—, el célebre Colin Joyce, un inglés, ya que el arte carece de patria, a pesar de la guerra. En 1454 creó para el soberano una espléndida capa, de la que únicamente conservamos la descripción en las *Comptes d'argenterie*.

Tras el escaso éxito de Luis XI en su intento de establecer una industria de la seda en Lyon, la ciudad de Tours, que heredó el proyecto, se enorgullecía de contar con famosos bordadores, con frecuencia de origen italiano, salvo el célebre Jehan de Moncy. Carlos VIII y Ana de Bretaña —ella misma fina bordadora— tenían en Amboise varios talleres artísticos para sus necesidades domésticas, con un equipo de personas dedicadas al bordado. A veces se recurría a un artesano de fuera de la región. El rey René, que poseía Anjou y Provenza, encargó a Pierre du Vaillant, un habitante de Aviñón con talento, que llevara a cabo espléndidos adornos litúrgicos para la catedral de Angers.

Carlos el Temerario dio empleo, a su vez, a otro gran virtuoso de la aguja, el flamenco Du Sommerardt. Por desgracia, en la derrota de la batalla de Grandson, el duque abandonó las maravillas que vestía (cabe preguntarse qué hacían en un campo de batalla). Los suizos obtuvieron un hermoso botín, pero no conservaron de él nada íntegro.

Al margen de los artistas al servicio de los grandes de la época, el bordado se había convertido en una industria. El gremio se hallaba bajo la protección de santa Clara [1]. Entre los diversos oficios registrados por Étienne Boileau hacia 1265, los *bordadores* y *bordadoras* ya pertenecían a diferentes categorías, según trabajaran con hilos de seda, de oro o de plata. El aprendizaje, extremadamente largo, requería seis años, luego se trabajaba tres años como oficial; la maestría costaba la importante suma de 600 libras, a las que había que añadir la inversión necesaria para la obra maestra.

Los bordadores de los soberanos, todos ellos con el grado de maestría, eran los únicos que tenían derecho, en momentos de urgencia, a quitar las mejores obreras a sus colegas. Con cierta frecuencia, gentes armadas se hacían con equipos enteros de cada sexo para encerrarlos en Châtelet; y sólo recuperaban la libertad cuando el trabajo había terminado.

Sin embargo, el *opus anglicum,* el trabajo de los ingleses, seguía representando la perfección. En el Kensington Museum se halla la maravilla de las maravillas del siglo XIII, la famosa capa del monasterio de Sión sobre fondo verde, que representa episodios de la vida de Cristo. El paño mortuorio reservado al gremio de los pescaderos de Londres es asimismo admirable, al igual que *El árbol de Jessé,* sobre fondo de oro y a punto de Hungría; los ojos de los personajes presentan un relieve impresionante y muy característico del *opus anglicum.* Es algo que es indispensable ver en el Museo Histórico de Tejidos de Lyon.

Siempre muy usado en el arte sagrado y en las telas para tapizar paredes, el bordado tomó posesión, por fin, de los trajes civiles en el siglo XV, en el que no se concebía accesorio alguno que estuviera adornado de otro modo: guantes, zapatos, medias, ligas y, desde luego, limosneras. El Museo de Cluny de París contiene varias colecciones.

Las *tasques* (del italiano *tasca*) o limosneras bordadas confeccionadas en Ruán habían adquirido fama en Europa desde el siglo XIII. Se utilizaban en ellas hilos de oro, perlas y finos cabujones. La catedral de Troyes posee una que se cree que perteneció al famoso conde de Champagne Teobaldo IV y que reproduce el retrato de la reina Leonor de Aquitania. Los adornos de las limosneras solían representar pequeños cuadros realizados por los iluminadores de mayor talento.

En los inicios del Renacimiento, los bordados sobrecargaban los trajes de los cortesanos y de los burgueses ricos, e impedían ver la tela, lo que, al principio, no dejaba de ser considerado suntuoso. La labor de los bordadores de España, país con gran influencia en la moda en lo referente al corte y los detalles, creó escuela. Fue en España donde por primera vez aparecieron las lentejuelas en metales preciosos de origen árabigo-asiático, que llegaron a este país a través del Magreb.

Flandes y Alemania se distinguían por su ciencia del colorido y su perfecto acabado. En Brujas se ejecutaban los bordados de *oro armonizado* (el oro se empleaba como fondo de motivos en seda). Era Italia, no obstante, la que marcaba la tónica en la Europa del Renacimiento. En Florencia, Venecia y Génova había talleres donde se llevaban a cabo labores de tal maestría y perfección que sólo eran posibles gracias al apoyo moral y financiero de papas, dogos, duques o ricos comerciantes, en los que la península era tan pródiga.

A finales del siglo XV, la ropa interior, hasta entonces menospreciada respecto a las prendas externas, adquirió una importancia en la que también influyó la inspiración italiana. Hasta entonces sólo se bordaba —en colores— la tela gruesa de los vestidos. Y aunque tengamos el ejemplo de camisas y calzones de seda escarlata que se mencionan en los inventarios de las reinas de la familia Médicis, finas telas blancas se utilizaban cada vez con mayor frecuencia para la ropa interior, desde entonces evidente o adivinada, y para los adornos de las mangas o del cuerpo de los vestidos. De este modo apareció el bordado blanco, al que pronto se trató de dar vida, de separarlo del tejido. De ahí la invención del punto cortado que, mediante sus calados, aligeraba los motivos.

El punto cortado es un invento italiano, como su primera denominación, *punto in aria* (punto al aire), indica. Se siguió practicando habitualmente en el centro de Italia, al menos hasta la II Guerra Mundial, en general en los conventos. El Museo Real de Arte e Historia de Bruselas contiene muestras que proceden de los Abruzzos. Aunque sólo datan del siglo XIX, son demasiado rústicas para compararse con las que se hacían trescientos años antes.

El Museo de Cluny, por su parte, conserva uno de los primeros ejemplos de este tipo de trabajo que dará origen al encaje: el gorro de Carlos V (1519-1558), que proviene del tesoro de los príncipes arzobispos de Basilea. En fino tafetán de lino y bordado a punto cortado con calados, presenta las armas imperiales en relieve. Lo acompaña una nota manuscrita en español, de finales del XVI, que le confiere autenticidad: «Gorro que perteneció a Carlos V, emperador. Guárdalo, hijo mío, en memoria de Juan de Garnica». Juan de Garnica fue tesorero de Felipe II en 1756. El gorro se colocaba bajo la corona o el casco para proteger la cabeza del roce del metal.

Del punto cortado derivan la vainica, el lacis y el encaje.

El arte del bordado suscitó un entusiasmo similar al de los siglos XII y XIV, pero esta vez en la ropa civil. La corte de los últimos Valois contó con bordadoras ilustres y atareadas: Margarita de Navarra, Catalina de Médicis, la reina Margot... Aunque sólo fuera por su profusión, los bordados que cubrían los trajes no podían ser sino la muestra del talento de los grandes bordadores profesionales, de los cuales los mejores se hallaban al servicio de las casas reales.

Cabe incluso afirmar que, hasta que los esfuerzos de Enrique IV consiguieron, por fin, iniciar el gran desarrollo de la industria sedera francesa, la ropa masculina y femenina era más rica en ornamentación que en la materia del tejido, lo cual contribuía a la pesadez y rigidez características de los trajes de la época, inspiradas en la moda española, pero que ya se había visto en Bizancio. Todos los retratos de la época constituyen buenos ejemplos, pero quizá el de la infanta Isabel Clara Eugenia, obra de Llano que se halla en el Museo del Prado, nos deja atónitos. También en este museo, el Carlos V de Tiziano forra con marta cibelina sus galas, que ya se hallan ricamente adornadas con oro y extraordinarios bordados.

En este retrato, al igual que en el de Enrique II, de Clouet, que se halla en el Louvre, se observa —incluso aunque no se tenga mala intención—, que los bordados ni siquiera respetan la braqueta de estos caballeros, que resalta enormemente. El trabajo de estos... suntuosos estuches era la continuación del de las calzas atacadas que, en el caso de Enrique II, son bandas totalmente cubiertas de bordados que dejan ver, en cuchilladas, el forro de satén blanco.

Como a su madre Catalina, a Enrique III le gustaban los trajes de terciopelo oscuro o negro, cubiertos hasta desaparecer por una profusión de motivos de hilos de oro y plata, perlas y piedras preciosas, que representaban hojas o flores estilizadas, llenas de pájaros, delfines e incluso figurillas humanas. En 1578, el rey fundó la orden del Espíritu Santo, cuyos miembros llevaban grandes mantos con cola, de terciopelo verde, adornados con llamas de oro y las armas reales. Los sombreros, jubones y guantes, asimismo bordados, completaban este uniforme de increíble riqueza.

Día y noche, la totalidad de los bordadores parisinos trabajaba para el cabildo, pues los sacerdotes que oficiaban las ceremonias se adornaban también con emblemas. Se han conservado algunos mantos de caballero, que se hallan en el Museo de Cluny.

La magnificencia de Luis XIV marca la edad de oro del bordado, tanto en los trajes de corte como en las telas de adorno de Versalles. Un verdadero ejército de artesanos pagado por el rey no cesó de producir durante años. A fuerza de suntuosidad, lentejuelas y pedrería incrustada, algunos trajes llegaban al límite del buen gusto y de poder ser llevados. En el *Memorial de Saint-Cyr* se narra una visita de la delfina a la mansión de Madame de Maintenon «con su traje de novia, completamente blanco y un vestido con bordados de plata tan grandes y gruesos, que apenas lo podía llevar». Posteriormente se tomaron medidas de austeridad para limitar el uso de metales preciosos y sólo se autorizó la famosa casaca con certificado de ser familiar del soberano, de color azul, forrada de rojo, bordada con oro y plata y constelada de lentejuelas.

En los reinados posteriores, la ropa bordada dio muestras de mucho mejor gusto, finura y gracia. Los chalecos masculinos, en particular, lucían un amplio repertorio de motivos florales, que cubrían el cuerpo, los bolsillos, los ojales... hasta los propios botones se hallaban cubiertos de bordados a la manera de un pasamano. La perfección técnica de estos bordadores jamás será superada.

No hay que creer que el uso del bordado cesara durante la Revolución. El inventario de los bienes que dejó Danton demuestra que este potente orador era muy coqueto: «Chalecos de cachemira [2] escarlata o de satén blanco bordados, trajes de satén blanco forrados de tafetán blanco...»

La aparición del telar de tambor hacia 1760 había mantenido el gusto por el bordado blanco, y en el siglo XIX se asistirá a la realización de maravillas en la ropa interior femenina, a la que las damas de la familia imperial consagraban fortunas.

Como para todo el artesanado artístico, la era napoleónica fue providencial para los bordadores, reducidos al paro mientras duró la tormenta. Se bordaba a todo meter: se adornaban con árboles, estrellas y abejas los trajes de la corte, los bajos de los vestidos, los chales, los accesorios de los vestidos, como las medias, los guantes y los bolsitos, y desde luego, las telas para decorar muebles y paredes; los trajes para la ceremonia de la coronación constituyen un suntuoso ejemplo.

La coronación de Carlos X será la última manifestación de los encargos del Estado. Después vendrá la gran y larga moda de la tapicería en *petit point* que invadirá también las pantuflas, los tirantes, los chalecos, los gorros de dormir... y las jóvenes bordarán con ardor un ajuar de ropa blanca que toda una vida conyugal no llegará a agotar.

En la actualidad sólo la alta costura y la ropa interior de gran lujo requieren bordados a mano. Aunque las máquinas permiten la ejecución de la encantadora ropa interior *prêt-à-porter* de lujo, algunos escasos artesanos siguen realizando el punto turco, el punto de París y las incrustaciones para tiendas importantes. Pero la mayor parte de esta labor de otro tiempo, como la hermosa ropa blanca doméstica, se realiza en los conventos, sobre todo en los de las carmelitas, también ellas de otro tiempo.

Desde finales del siglo pasado, la alta costura francesa representa el sueño de la moda, reservado con el paso de los años a un número cada vez más restringido de privilegiadas, generalmente extranjeras. En cada colección, varios centenares de vestidos deslumbrantes deben su esplendor de oro, perlas o lentejuelas al talento de tres o cuatro talleres que representan la herencia del pasado, que han hecho fructificar.

Acabamos de hablar del sueño... ¿Sabía el lector que en la Edad Media se llamaba así el impuesto con el que se gravaban las mercancías al salir del reino de Francia? El sueño del lujo sigue siendo una de las mejores exportaciones francesas.

«Se suele decir que el lujo es inmoral», decía a un periodista François Lesage, uno de los últimos grandes magos del bordado. «Pues yo afirmo que el lujo no es caro. Ofrece una rara cualidad: el número de horas invertido con relación con el precio de venta es inferior al de los productos de gran consumo. Todo se hace a mano. Y además está la investigación de los prototipos, un laboratorio que permite hacer soñar. Estoy contento de que haya princesas que compren trajes bordados sin discutir el precio. Eso da trabajo a mis obreras.»

## LOS MÁS IMPORTANTES PUNTOS DE LOS MÁS BELLOS BORDADOS

Los hilos de adorno, metálicos o de seda, se extienden a lo largo y no entran en el tejido. Se fijan mediante puntadas de seda invisibles.

*Punto de guipur.* Para dar un ligero relieve a la labor, las hebras de oro se extienden sobre un cartón con el patrón del dibujo y se cosen mediante puntadas de seda invisibles.

*Punto de pasada.* El punto oblicuo abarca por encima y por debajo de la tela toda la anchura de la parte que hay que bordar. Hay que apretar y aproximar cada punto en el interior de los contornos y separarlos en el exterior, para que vayan girando poco a poco. El relieve se obtiene cambiando de dirección.

*Punto enristrado,* hilos tendidos oblicuos o rectos, poniendo muy poca tela por debajo, a la que se sujetan por pequeñas puntadas transversales.

*Bordado de aplicación o superpuesto.* Se colocan en la tela trozos de otra tela, de encaje o de bordado hechos aparte y se sujetan con la técnica del bordado básico.

EL BORDADO EN EL MUNDO

La práctica del bordado, que es universal, se remonta a los orígenes de la costura. Es imposible saber quiénes fueron sus inventores, ya que surgió en todas partes, en todas las civilizaciones originales. Son precursoras las tradiciones varias veces milenarias de la llamada América Latina, desde el itsmo central hasta Chile, a lo largo de toda la costa.

Uno de los testimonios más antiguos procede de los indios paracas, nazca o tihuanaco de Perú. Ya hemos hablado de estas obras maestras halladas en los pozos sepultura, que se remontan al siglo V antes de nuestra era. Se utilizaba «lana» de alpaca o de vicuña, o algodón. Más tarde, con los incas, aparecerán las plumas de pájaro de vivos colores, minuciosamente unidas sobre red o cañamazo.

Pues el bordado no es sólo un juego de hilo; hacia él se desviaron los materiales más sorprendentes. Hasta finales del siglo pasado, en Goa, en la costa oeste de la India, así como en Madrás o Hiderabad, se emplearon, a modo de lentejuelas, alas de escarabajo teñidas de color dorado.

En el norte de la India y en Pakistán, todavía en nuestros días se añaden a la ornamentación trozos de vidrio plateado o de mica: es el bordado espejo o *shishadur*. Los indios del continente norteamericano sacan partido de las púas blancas de punta negra de los puercoespines. Cortadas y unidas entre sí, se extienden y se fijan a la superficie que hay que adornar. En los territorios del círculo polar se emplea, asimismo, extendido en una capa, el pelo de alce o de perro, la piel de los peces y también las perlas. El empleo de perlas tiene carácter mundial. Lo hallamos tanto en Siberia como en África, donde se asocia al cauri, minúsculas conchitas que se venden. Se halla asimismo muy generalizado el uso de semillas pequeñas a modo de perlas.

Por el estilo de los adornos obtenidos y el posible empleo de los elementos que acabamos de mencionar, el bordado es, quizá en mayor medida que en el caso de los demás trabajos artísticos, la expresión de tradiciones culturales propias de cada pueblo, y si llega de fuera una nueva técnica, adopta inmediatamente un carácter original. Esto es así porque el bordado identifica el vestido al mismo tiempo que lo adorna. Así se percibe claramente que vestido es equivalente a costumbre (lo cual también es válido para los objetos bordados que forman el marco de vida cotidiana).

La «traducción» de los bordados calificados de folclóricos se halla emparentada con la de los sueños, ya que la inspiración refleja aspiraciones y compensaciones de las estructuras de lo cotidiano. Prácticamente en todas partes, la pobreza se enmascara con la belleza, y la riqueza imaginativa se pone al servicio de un ingenio asombroso y de una paciencia que inspira respeto. ¿No es reconfortante ver bajo el cielo del Ártico los deslumbrantes bordados lapones o esquimales?

En todo el mundo, el bordado recurre, para los motivos, a los mismos símbolos de significado universal: el árbol de la vida, la estrella de ocho puntas, el mandala, la flecha, la rueda, la esvástica, los peces, las olas... También existe el lenguaje del color: rojo-alegría, amarillo-riqueza. Pero el código de atribución de dichos símbolos a tal o cual prenda para una u otra persona obedece en sus orígenes a tradiciones socioculturales muy precisas. A veces se pueden seguir sus huellas, que son las de las migraciones.

En China, en mayor medida que en otros lugares, el bordado, perfección de perfecciones, que nunca ha tenido la espontaneidad del arte popular, servía para establecer un riguroso código del atuendo, ilustrando cada prenda con motivos que no se distribuían al azar o por su valor artístico, sino por su significado. En el Celeste Imperio, el pensamiento, la escritura, la vida cotidiana y el funcionamiento del Estado se basaban en el ritual y el simbolismo. Así, los sublimes adornos que a veces cubrían por entero un traje de corte obedecían a ambos elementos.

El dragón (o el hacha), por ejemplo, sólo representa y se relaciona con la persona imperial, sobre todo en el caso del dragón de cinco uñas. Cuatro uñas son suficientes si no se forma parte de la familia de los hijos del Cielo. Un vestido adornado con una grulla es el adecuado para el primer gran dignatario civil; un faisán dorado, para el segundo. El ave fénix se halla reservada para la primera esposa; los tigres y los leopardos indican altos dignatarios.

Las diversas circunstancias de la vida se señalaban mediante bordados determinados: la boda mediante mariposas, cinco murciélagos rosas, patos o la asociación de las flores del melocotonero y de la enredadera de campanillas. Estos símbolos tenían que ser colocados en el sitio adecuado, en la parte superior o inferior de la prenda, según los casos. Se podían bordar asimismo escenas legendarias o paisajes relacionados con el acontecimiento en el que se iba a llevar la prenda. Tales bordados, que siempre son de oro, plata o de seda sobre seda, son verdaderamente como pintar con agujas. El ejemplo chino, que es también el de Corea o Japón, es un caso extremo del papel social del bordado.

El bordado siempre implica el recuerdo. No hay, por tanto, que preguntarse de dónde extrajeron los indios cunas, que escaparon a las masacres españolas y se refugiaron en los islotes de las costas panameñas, los extraordinarios motivos del *mola,* mezcla de aplicaciones superpuestas y de puntos muy sencillos. Totalmente desnudos en el momento del éxodo, se pintaban el cuerpo. Cuando se vistieron, se les ocurrió la idea de adaptar la antigua costumbre y reprodujeron en las telas los motivos que anteriormente habían constituido su único adorno.

¿Elaboraron su técnica lentamente? No se sabe, pues evitaban —y lo siguen haciendo— el contacto con el exterior, del que tenían muy mal recuerdo. Se superponen de dos a siete capas de motivos recortados en tela de tamaño decreciente, lo que produce un efecto de relieve. Alrededor de cada pieza finamente cosida aparece como ribete el color de la capa inferior. Por último se borda a punto de cadeneta o de tallo. Desde los siete años se inicia a las niñas en esta técnica, y cuando se hallan faltas de ideas, acuden al brujo de la tribu que les baña los ojos y los dedos con un líquido mágico muy eficaz, según parece. El ejemplo de los indios cuna plantea el problema del origen y de la extensión de los puntos y de las técnicas en los que se encarna la inspiración acentuando sus particularidades.

Los grandes puntos clásicos: de zurcido, de pasada, de tallo, bordón, de cruz... se encuentran prácticamente en todas partes. Los cunas los emplean todos. Parece que el punto de cruz, muy apreciado también por los indios del centro de México, es de origen asiático. Los españoles lo llevaron a América, después de haberlo aprendido de los árabes y de haberlo extendido por Europa. Los árabes lo recibieron de los turcos procedentes del centro de Asia. El punto de cadeneta también proviene de las estepas.

Pero cuando se trata, como en el caso de los kunas, de un pueblo totalmente al margen de las corrientes mundiales, hay que preguntarse cómo se pudo difundir la enseñanza. Los misioneros desempeñaron un papel muy importante como educadores, pero no llegaron a todas partes y, desde luego, no a la zona de los cunas. Por tanto, no busquemos el porqué y el cómo y limitémonos a admirar. En la mayor parte de las técnicas, la agricultura, la cerámica, el curtido, el tejido... el genio humano sabe sacar provecho del «azar y la necesidad», y expresarse casi de la misma forma.

Para concluir, si se exceptúa China y los países sometidos a su influencia, los trajes nacionales o regionales, generalmente de fiesta, recurrían al bordado, sobre todo si se trataba de *trajes campesinos* —hay que subrayarlo—, pues este adorno era su único lujo. A falta de medios económicos, se dedicaba al bordado un tiempo, un ingenio y un cuidado considerables, extrayendo los motivos de la tradición cultural local, aunque se integraran aportes exteriores.

Hay que señalar, no obstante, que en Europa occidental sobre todo, estas modas campesinas son más recientes que en Europa central, puede que debido a las características urbanas dominantes de la civilización. En Francia, por ejemplo, salvo en las cofias bordadas que datan del siglo XIV, los trajes regionales adquirieron sus características sólo a partir del siglo XVIII. Están por eso poco bordados, salvo en el caso de Bretaña, provincia muy particular. En cambio, hasta finales del Antiguo Régimen, como París marcaba la tónica para las clases dirigentes, los trajes y la ropa interior bordados eran el testimonio de la fortuna de la nobleza y de la burguesía, sobre todo a causa del precio de estos adornos.

ALTA COSTURA Y MAESTROS BORDADORES
DE HOY: LOS ÚLTIMOS MAGOS

En la revista *Joyce,* Louis de Tranpt escribía en mayo de 1988: «¿Y qué es la moda sino la capacidad de conferir un grano de eternidad a lo efímero, de flirtear con la nada y lo irrisorio con un trabajo enorme, sí, abrumador, sobre todo para el bordado, y con materiales intimidantes, tan preciosos que nos llegan a paralizar? Lo que puede afirmarse de la costura vale tanto más para el bordado y es en él donde el fenómeno Lesage adquiere la categoría de símbolo para todas las profesiones de la moda.»

La casa Lesage es uno de los últimos reductos fundamentales del bordado, un taller del que, desde hace ciento treinta años, salen los adornos de los más admirables vestidos de la alta costura francesa. En sus orígenes, en 1860, hubo un tal Michonet, bordador habitual de Napoleón III y Eugenia. La familia Lesage retomó el negocio en 1924. Su actual director, François Lesage, trabaja con seis diseñadores, dos modistas, un jefe de fabricación y cincuenta obreras altamente cualificadas.

El desastre de Sedán marcó el final del régimen imperial y de sus fastos y, aunque una determinada clientela continuó manteniendo la industria del lujo, la nueva escala de valores hizo que se apreciara en menor medida la suntuosidad inmarcesible del material frente a la creatividad puesta al servicio de la moda del momento.

Desde finales del XIX, salvo raras excepciones, desaparecen los hilos de oro. A partir de entonces se aplica un baño brillante al hilo de cobre o de aluminio —después será de plástico—, pero el talento de los bordadores, su virtuosismo y su paciencia siguen siendo admirables. Los vestidos tienen que ser ligeros y el bordado, que tendrá en Rébé a uno de sus mejores magos, recurre a la «nada», a lo «irrisorio»: perlas de nácar, de azabache, de cristal, de acero y hasta de madera; las lentejuelas, barnizadas, clásicas o multicolores, juegan con lo mate y lo brillante. Las láminas de nácar rivalizan con el estrás y los guijarros del Rin...

El bordado siguió a la moda y sirvió sobre todo a Poiret, Doeillet, las hermanas Callot, Vionnet, Chanel (quizá en menor medida), Jeanne Lanvin (en sus vestidos «de estilo», aunque en sus comienzos le gustaba cubrir el tejido casi por entero de apretados arabescos unidos por trencillas a la manera hindú) y Schiaparelli que, muy surrealista entre 1937 y 1951, empleó especialmente los bordados de tonos muy intensos y los juegos de lentejuelas multicolores. Sus chaquetas y toreras, en las que resplandecen motivos inspirados en el circo (elefantes, payasos, caballos...) son en la actualidad objetos de museo. Carven, por el contrario, durante los años cincuenta se sintió atraído por el bramante, la paja y las perlas de madera. A mayor número de materiales distintos, mayor demostración del ingenio siempre renovado de los bordadores. Entre 1952 y 1965 consiguieron, incluso, embellecer aún más los zapatos del gran Roger Vivier.

Pero los ejemplos más arrebatadores son los de los «años locos», en los que, paradójicamente, los vestidos presentaban una superficie reducida, tanto por la disminución de la longitud de las faldas como por la amplitud de los escotes y la ausencia de mangas. Totalmente, o casi, cubiertos por una capa fina de perlas o de lentejuelas, la depurada línea de los trajes de muselina se vio realzada por los bordados que aparecían en profusión al descender hacia el dobladillo. En los años ochenta, Scherrer y Hanae Mori volvieron a hacer uso de esta delicada labor, realizada antes de coser las distintas piezas del vestido, pero calculada exactamente a medida para dibujar la silueta.

La colección primavera-verano 1988 de Yves Saint-Laurent quedará en la memoria como un deslumbramiento. Gracias a las proezas técnicas del taller Lesage, *Los iris* y *Los girasoles* de Van Gogh escaparon de los marcos y desfilaron por la pasarela, reproducidos con total exactitud en dos chaquetas para cada una de las cuales fueron necesarias seiscientas horas de trabajo; contenían cuentas de vidrio, aplicaciones de satén de seda y de cintas en tonos absolutamente idénticos a los de los cuadros. Y si éstos se vendieron por varios millones de dólares en las subastas que dieron la idea a Saint-Laurent, las chaquetas representan asimismo una fortuna. Y el homenaje a Braque, los pájaros del *Aria* de Bach, todo en lentejuelas en una capa de noche. Nada les parece demasiado difícil a nuestros artesanos. Aunque hayan perdido el oro fino, han conservado el dominio del sueño.

Otro mago, Vermont, trabaja para los grandes modistas. Se halla especializado, en concreto, en bordados blancos, y la mayor parte de los trajes de novia que cierran las colecciones le deben su mágico esplendor. Puede que el traje más notable haya sido uno compuesto enteramente por flores de hortensia para el que se emplearon ocho mil perlas finas y miles de cristales de Bohemia montados en seda blanca y en hilo de oro. ¡A esta labor se dedicaron las cincuenta bordadoras del taller durante dos mil horas! Trabajaron la delicada tela por el revés, sosteniéndola en un bastidor de madera redondo y muy pulido para que la delicada seda no se rozara o rasgara, y montaron las perlas una a una con agujas extremadamente finas.

Dos veces al año, estos grandes bordadores y sus obreras —todas ellas procedentes de escuelas especializadas— presentan una colección realizada en común: más de un centenar de muestras, cada una de las cuales representa cuarenta o cincuenta horas de trabajo para un cuadrado de 25 por 25 cm. Los modistas realizan su elección y, a partir de ésta, crean los modelos. Pero también puede ocurrir lo contrario, que el bordador ilustre el concepto del modisto, como sucedió en el caso de los «Van Gogh».

# Del encaje

¿Quién determinará de manera definitiva la edad y la cuna del encaje? En el Museo Real de Bruselas se contempla, en el tríptico de Quentin Matsu (1509), *La leyenda de Santa Ana,* una mujer, con una camisa adornada con un pasamano, que llora la muerte de la santa. En el Louvre, el manto de una figura de Memling presenta ya ciertas florituras hacia 1489. El Museo Gruuthuse de Brujas, importante ciudad encajera, contiene labores flamencas de encaje de bolillos que son probablemente las más antiguas del mundo. Una pieza de *lacis* y tafetán bordado de 1476 proviene de la corte borgoñona; de la misma época es un rectángulo de lacis en dos tonos, un ejemplo rarísimo. Hay, asimismo, varios volantes en guipur de Flandes y un cuello con adornos de encaje de comienzos del XVI...

El primer libro de modelos dibujados que aparece fechado se remonta a 1527; su autor es un tal Pierre Quinty y está impreso en Colonia. Le sigue la obra del veneciano Nicolo d'Aristotile, de 1530. Hay que citar, entre otros, la soberbia colección de extraño título *La Pompa,* de 1557, pero el más famoso es el de Pietro Veciello o Vinciolo, de 1587, que se instaló en París y fue el protegido de Catalina de Médicis. La palabra *dentelle* [encaje], escrita *dantelle,* aparece por primera vez en el repertorio de Foillet, editado en Montbéliard.

El concepto de encaje tiene su origen en el deshilado de una tela para componer un dibujo sujeto por puntos y ligaduras realizados con aguja. Era el *lacis,* una especie de calado trabajado en retícula que se elaboró a partir del punto cortado que mencionábamos al hablar del bordado. Hubo que consolidarlo con barretas de cordoncillo o guipur. El pasamano, que dará la pasamanería, designaba un adorno, un último toque que en sus orígenes sobresalía del dobladillo y que posteriormente se utilizó en aplicaciones o incrustaciones.

A comienzos del siglo XVI, la ropa interior de tafetán blanco comenzó a mostrarse tímidamente en los escotes y en los puños. Después, la camisa se desbordó, realzando con sus pliegues y volantes la austera suntuosidad de los tejidos de los trajes. El tafetán compensaba su finura con adornos, blanco sobre blanco, o con festones, pero éstos no eran muy sólidos, a pesar del imperceptible dobladillo. Se les sustituirá por otros adornos, como, por ejemplo, una banda a punto cortado realizada sobre pergamino que sustituía la base de tafetán de la tela inicial. Una vez terminada, la costurera la separaba del pergamino y procedía a fijarla en la tela que había que bordar. Cuando este tipo de encajes ya no existían, sin duda se pensó en ellos para denominar el encaje *punto in aria* o punto al aire, denominación italiana del punto cortado que nació sin duda en la península, concretamente en Venecia, como atestiguaban los primeros libros de bordados que debemos a los venecianos. De todos modos, el acabado del trabajo era una puntilla muy fina.

En todas partes, artistas eminentes dedicaron su talento a crear motivos. Se cita, por ejemplo, el taller de Tiziano.

Era una época de un entusiasmo inaudito, no exclusivo de Francia, por la ropa interior fina y los encajes, entusiasmo alimentado en un principio por los comerciantes italianos. Divisas, escudos de armas y emblemas fueron reproducidos en estos ligeros adornos para satisfacer la coquetería y el orgullo. En España, según un libro de la época, las damas tenían que llevar como mínimo doce enaguas adornadas con encaje bajo el *verdugo,* que se convertirá en el *verduga-do* [1]. Llevaban asimismo en toda época una *sabenqua,* una especie de hábito largo de fino encaje de Inglaterra que podía valer una fortuna. Y su vanidad era tal que preferían tener una de 600 escudos que varias corrientes. Se cuenta que algunas señoras se quedaban en la cama mientras se lavaba. La reina Isabel de Inglaterra poseía casi tres mil vestidos adornados con encaje y sus camisones llevaban tantos que podían haber pasado por vestidos.

La gorguera *[fraise],* cuello almidonado denominado así a causa de su semejanza, más o menos exacta, con la asadura de ternera *[fraise de veau],* es de origen español. Discreta al principio, tomó proporciones tales que aunaban la incomodidad y el ridículo. Antes de componer su colección de dibujos para el punto cortado, el veneciano Veciello (o Vinciolo) recibió de Catalina de Médicis el privilegio de confeccionar y vender este accesorio, a la sazón indispensable. Enrique III fue, sin duda, uno de los mejores clientes de sus tiendas de las Galerías del Palacio. Un día, en las calles de Saint-Germain, unos estudiantes le abuchearon cantando: «Por la gorguera se reconoce al ternero» *. Por otra parte, el rey no se limitaba a llevar gorguera en el cuello, pues, en 1576, se le vio llegar a los estados de Blois, con el jubón engalanado con una última y lujosa novedad: el encaje de oro de Lyon. Al parecer llevaba cuatro mil varas dispuestas en arabesco.

---

* Juego de palabras con la doble acepción de *fraise* (*N. de la T.*).

La obra de Frans Hals (1581/1585-1666), el panegirista de la burguesía holandesa del siglo XVII, es un catálogo completo de las gorgueras [2], los cuellos y los adornos que usaban sus contemporáneos. Pero hay que tener en cuenta que la moda de esta buena gente llevaba generalmente una generación de retraso respecto a la de los elegantes franceses, ingleses e italianos. El conservadurismo protestante en el vestido se observa asimismo en Suiza, como se muestra en la representación (en el Museo de Versalles) de una recepción de delegados cantonales por Luis XIV, a la que nos hemos referido al hablar de la seda. En el mismo orden de ideas, los pastores luteranos escandinavos siguieron llevando gorguera hasta comienzos de este siglo, y todavía lo siguen haciendo en las grandes ceremonias.

Los cuadros de grupo del universo halsiano, como el de *Oficiales y suboficiales del cuerpo de arqueros de San Jorge* (1639), del Rijskmuseum de Amsterdam, muestran los diversos tipos de adornos de cuello que corresponden a las distintas edades de los personajes. El *Retrato de una dama* (1638), de la colección real, presenta un conjunto de trabajos artísticos especialmente completo: en la cofia, una fina tira de puntilla; en el chaleco, bordados; una amplia gorguera y puños adornados con un ancho volante de encaje de bolillos.

Salvo en Holanda, en tiempos de Luis XIII la gorguera había cedido el puesto de forma definitiva a los cuellos vueltos, lisos y anchos, que caían sobre los hombros, aunque también se hallaban adornados con encaje blanco de bolillos. Los puños de las camisas que sobresalían se adornaban del mismo modo hasta sobrepasar la longitud de la mano. Las damas ponían encaje en sus cofias y orlaban con él elegantes delantales, en tanto que a los caballeros les salía de las botas. Cinq-Mars no se llevó consigo ni el perdón del rey ni los trescientos adornos distintos que eran su orgullo.

El gran Corneille nos proporciona información sobre los

encajes de moda en su época. En una de sus primeras comedias, fechada en 1634, la *Galerie de Palais [La galería de
palacio]*, totalmente olvidada, pone en escena a un mercero
y a una lencera, comerciantes de la frivolidad. En la
escena VI del primer acto, Hippolyte (el personaje femenino principal, como su nombre no indica) y su criada
Florice se detienen frente al escaparate de la lencera,
donde se producirá una discusión corneliana.


HIPPOLYTE
Señora, enséñenos algunos cuellos bordados.


LA LENCERA
Se los mostraré de todo tipo.


HIPPOLYTE
Éste sólo sirve para la gente del campo.


LA LENCERA
Mirad. No hay dos iguales en París.


HIPPOLYTE
No los alabéis tanto y decidnos el precio.


LA LENCERA
Cuando hayáis elegido.


HIPPOLYTE
¿Qué opinas, Florice?
LA LENCERA
Ésos son muy bonitos, pero dan mal resultado.
En menos de tres lavados estarán irreconocibles.


HIPPOLYTE
¿Qué te parece éste?

FLORICE
La labor es confusa.
Aunque la creación de cerca sea muy bella,
hay que tener en cuenta que sólo es encaje.
Y muy mal combinado con el pasamano,
que sólo tiene hermoso el remate...

Con Luis XIV se produce el apogeo del encaje de lujo, así como la creación de esta industria en Francia, con Colbert.

El *Recueil des costumes du siècle de Louis XIV [Libro de los trajes del siglo de Luis XIV],* de Bonnard, nos ofrece una valiosa información sobre la moda de finales del siglo XVII, así como soberbios grabados. Con él entramos en un universo sorprendente. ¡Para los grandes de la época sólo había encajes!: una verdadera exposición. Aquí aparece la princesa Soubise en traje de ciudad: la cofia de fino guipur de Valenciennes se alza en diversos niveles; la blusa escotada con gorguera y cenefa de Inglaterra plisada se alarga en punta, en tanto que el abrigo de brocado, adornado con rica pasamanería, deja ver por delante una falda a punto de Francia de aguja; lleva los hombros cubiertos con una mantilla al estilo antiguo, con doble volante de Inglaterra.

Allá se nos presenta el interior de un tocador: la mesa, la silla, el espejo de Venecia y la bañera desaparecen tras las cortinas de encajes. El atuendo de baño, regalo de Madame de Maintenon, que la duquesa de Chevreuse se ponía para sus abluciones se adecuaba al decorado, como era debido en una dama de alcurnia. Más un vestido que un peinador, la prenda es toda de guipur rameado de encaje de Valenciennes. Escotado, para «mayor comodidad», se abre por delante hasta la cintura, y se halla adornado de arriba abajo con tiras de bordado de varios dedos de anchura. Las toallas, las bolsitas de olor y el fondo del baño (los adornos interiores de la bañera) completan este práctico conjunto en batista fina, adornada asimismo con los encajes más in-

sólitos, realizados a mano, naturalmente. Aún no se conocían las máquinas, ni se conocerían en mucho tiempo...

Este lujo se extendía a las labores del hogar, no por ello
mejor pagadas. Los grabados de Bonnard nos muestran a
la «acunadora» del duque de Anjou —una gran dama,
puesto que se trata de un príncipe de sangre real— cubierta de pies a cabeza de caros encajes, así como a la nodriza,
la que lo sostiene en brazos y la que lo saca a pasear. La
nodriza y la acunadora del duque de Borgoña tampoco tienen motivos de queja: vestidos muy escotados, blusas adornadas con encajes y falda en pico, en tanto que la cuna y la
canastilla del niño príncipe se hallan completamente cubiertas de encaje.

El adorno masculino incluía: puños, cuellos, chorrera,
berta, cañones en la parte inferior de las piernas, adornos
de las botas, ligas y pañuelos. Los cañones eran adornos
extravagantes en forma de cilindro que caían a lo largo de
la pierna. En l'*École des maris* [*La escuela de los maridos*],
Sganarelle pregunta a su hermano Ariste si pretende obli-
garle a llevarlos:

«esos grandes encañonados en los que, como en unos
grillos, esclavizamos a nuestras piernas todas las mañanas y
en virtud de los cuales vemos a esos galanes andar espata-
rrados, como si fueran aspas *».

Cuando pensamos en las sumas fabulosas que debían
gastar un hombre o una mujer de clase alta para adquirir lo
indispensable para presentarse en sociedad, nos pregunta-
mos cómo podían soportar las fortunas familiares tanta
prodigalidad. Además de las cifras disparatadas que costa-
ban los encajes, hay que tener en cuenta que se necesitaban

---

* Molière, *La escuela de los maridos,* traducción de Julio Gómez de la
Serna, Carroggio, S. A., Barcelona, 1983 (*N. de la T*).

días y días para fabricar cada centímetro y que las obreras
se dejaban la vista y la salud en unas condiciones de comodidad más que desoladoras y por un sueldo miserable,
pues el trabajo era tan lento...

Los grabados de Bonnard representan damas de alcurnia haciendo encaje, aunque no para venderlo, ¡Dios no lo
quiera!, sino para distraerse al tiempo que conseguían un
adorno del que se mostrarían orgullosas.

Para limitar el abuso que la corte cometía con estas fine-
zas ruinosas se publicó el edicto suntuario de 1660, cuando
se casaron Luis XIV y María Teresa.

> ¡Oh! Bendito sea tres y cuatro veces el edicto
> Por el que se prohíben los vestidos de lujo.
> Las penas de los maridos ya no serán tantas
> y las mujeres tendrán un freno a sus demandas [3].

Parece que este edicto, destinado a limitar las compras
de encaje extranjero —por entonces no se producían grandes cantidades en Francia— no tuvo más efecto que los
ocho anteriores y todos los posteriores. Pero le debemos,
en cambio, una curiosidad literaria debida a las Preciosas
del hotel de Rambouillet, una obra «histórica en forma de
sátira»: *La revuelta de la pasamanería,* obra antológica por
diversos motivos, de los que no es el menor el hecho de indicar todos los nombres de los encajes que se usaban por
entonces y su destino. El tema responde a las circunstancias: una protesta general contra el edicto. Los encajes se
reúnen y deciden marcharse cada uno a su país de origen,
aunque terminan por quedarse a instancias de Cupido, que
se encarga de defenderlos en la corte. ¡Un texto admirable!

A pesar de los edictos, y gracias a la ayuda de Cupido,
los encajes no desaparecieron. Por otra parte, el rey daba
un pésimo ejemplo, no reparando en gastos cuando se trataba de satisfacer sus caprichos y de mostrar su magnifi-

cencia. Se cuenta que un día, en el castillo de Marly, todas las damas invitadas se vieron gratamente sorprendidas al encontrar en sus habitaciones un vestido a punto de Francia realizado con aguja. En la actualidad es imposible calcular el número de millones de francos que representan estos regalos, pues ya no se pueden confeccionar.

Tanto los acontecimientos importantes como los insignificantes eran un buen pretexto para una nueva forma de llevar encaje: así, en el transcurso de una partida de caza, la bella duquesa de Fontanges perdió su cofia al pasar a caballo bajo un árbol. Rápidamente anudó sus cabellos en alto con una liga, escondiéndola bajo un pañuelo de punto de Francia cuyas puntas elevadas formaban una especie de diadema. Al rey, que estaba enamorado de ella, le pareció tan encantadora que le pidió que no se lo quitase en toda la tarde. Al día siguiente, todas las damas de la corte se peinaron como la duquesa. Lo más extraordinario es que esta moda duró varios años, más que el ascendiente de la Fontanges en el corazón de Su Majestad.

Otra moda de encaje: la corbata a la Steinkerque, una tela ligera anudada al cuello y llena de encajes que caían sobre el vestido o la casaca y que evocaba la victoria del mariscal de Luxemburgo sobre el príncipe de Orange en Steinkerque, el 3 de agosto de 1692. Al parecer, los oficiales franceses se habían vestido a toda prisa al ser atacados bruscamente por Guillermo III de Orange, lo cual no fue obstáculo para que ganaran la batalla.

Del mismo modo que Alençon, convertida en sinónimo de punto de Francia, dominó el siglo XVII, el encaje de Valenciennes triunfaría en el XVIII. Es encaje de bolillos, en tanto el de Alençon es de aguja, y se distingue por la extraordinaria finura del hilo de lino, así como por la flexibilidad y delicadeza de su contextura.

Contrariamente a la técnica del encaje de Malinas, posiblemente pariente más rico y de adornos más exuberan-

tes, el encaje de Valenciennes se caracteriza por los hilos
de fondo que continúan en el motivo, que no se añaden ni
se cortan. Se necesitaba, por tanto, un considerable número de bolillos, hasta cien por centímetro cuadrado.
Una tira de encaje de un centímetro de ancho requería, en
general, ochenta bolillos; una de cien centímetros, unos
ochocientos.

Para confeccionar un centímetro de longitud de esta última anchura, la encajera tenía que manipular diez veces los
ochocientos bolillos. Y como cada uno se pasaba de una
mano a la otra al menos ocho veces para formar una única
red[4], se producían sesenta y cuatro mil desplazamientos de
los bolillos por centímetro y seis millones cuatrocientos mil
movimientos por metro. Si a ello le añadimos el tiempo empleado en desenredar los bolillos, se comprenderá por qué
las encajeras de ese pequeño rincón del norte de Francia
sólo producían unos cuantos centímetros de esta maravilla
trabajando doce horas diarias salvo los domingos, si no
había una urgencia. De modo que los puños que sobresalían por las mangas valían tan caros como los botones de diamantes del chaleco, pues representaban casi un año de trabajo de las artesanas. Las cuatro mil libras que los
marquesitos pagaban no enriquecían a estas hábiles mujeres, que sólo recibían una centésima parte, sino a los empresarios, a los comerciantes y al Estado. Alguien dijo que
el arte es una servidumbre vencida.

Al final del reinado de Luis XVI se produjo lentamente
una disminución del gusto por el encaje, que fue destrona-
do por las plumas y las flores y se conservó únicamente
para la ropa interior. La Revolución le asestó el golpe de
gracia. Desaparecieron varios centros de fabricación y,
aprovechando la ocasión, la competencia extranjera entró
en liza. De este modo, la industria de Valenciennes pasó a
manos belgas, que la siguen conservando.

El Directorio trató de reanimar la industria encajera,

que prácticamente había desaparecido salvo en la región
de Puy, pero sin grandes resultados. Como diríamos hoy,
se hallaba demasiado marcada por el derroche indecente
del Antiguo Régimen. No obstante, Laure Junot, para su
matrimonio con un general, resucitó algunos viejos sueños.
En sus memorias, siendo ya duquesa de Abrantes, cuenta:

«Para ir al juzgado llevaba un vestido de muselina de la
India bordado a plumetí [...], la gorguera era de punto de
aguja magnífico. En la cabeza llevaba un gorro a punto de
Bruselas [...] un largo velo de punto de Inglaterra que me
llegaba a los pies y en el que casi me podía envolver.»

La púrpura de la coronación sólo dejaba un pequeño
resquicio para una corbata y un cuello de camisa de encaje
de Alençon, de la casa Clérambault, para el Emperador,
los príncipes y los grandes dignatarios. Los mariscales, valientes militares, a quienes les gustaba el lujo viril, hacían
bordar en oro sus corbatas. Impresionaba más. Josefina y
las damas llevaban alzacuellos de encaje más o menos valioso según la jerarquía... y eso es todo. En cambio, los bordados contribuían a la magnificencia.

El inventario del guardarropa de la emperatriz demostró,
en 1809, que no podía tener motivos de queja: sus cuarenta y
ocho camisas —bordadas— tenían todas encaje de
Valenciennes o de Malinas, casi dos metros y medio cada
una. Nunca se puso dos veces el mismo vestido de baile; acu-
muló una cantidad impresionante, desde su coronación hasta
su divorcio. Los adornos eran —deber de Estado— de punto
inglés, encaje de Valenciennes, de Malinas o de oro de Lyon.

En 1806 se concede un lugar de honor a los encajes
franceses en una exposición de la industria nacional. El encaje de Alençon, en la vitrina de Mercier, recibe el primer
premio, y su fabricante, el título de barón del Imperio.
Convertido en alcalde de Alençon, no desespera de que

esta promoción tenga algún efecto. En 1809 dirige al pre-
fecto de l'Orne una llamada de socorro:

«La fábrica de Alençon padece, desde hace varios años,
un triste estancamiento. Hoy, y sobre todo desde hace un
año, se halla en un estado cercano a la desaparición. Esta fábrica, que antes de la Revolución mantenía de seis a siete mil
mujeres, en la actualidad sólo da trabajo a mil quinientas [...]
las que siguen trabajando sólo ganan de veinte a sesenta cén-
timos diarios; por desgracia, la mayoría gana veinte, cuando
antes ganaba hasta un franco y medio e incluso dos.»

«Antes de la Revolución, la etiqueta estipulaba que los
príncipes, los señores y las personas empleadas por el gobierno no se podían presentar en la corte sin llevar encaje
de punto de Alençon; lo adornos de las mujeres y los vestidos que llevaban en la corte requerían asimismo encajes. Si
el gobierno no recupera este uso que dio prosperidad a las
hermosas telas de Lyon y a los encajes de Alençon, a
la sazón inseparables, la fábrica de Alençon desaparecerá.
Los tules y las blondas [5] han sustituido al encaje porque
son una lejana imitación y halagan el amor propio del particular que los lleva. Por esta razón deberían ser excluidos
de la vestimenta de las personas que son recibidas en la
corte; los verdaderos encajes volverían a ser estimados, y el
ejemplo de la corte de Francia, que siempre ha sido un modelo de buen gusto, influiría mucho en las personas más
acomodadas del Imperio y en las cortes extranjeras...»

¡Dios mío! ¿Era la Revolución tan razonable? En fin,
dos años y medio después de esta llamada angustiada que
se extendía a lo largo de cuatro páginas, Sus Majestades
fueron a comprar a Alençon un gran chal, del taller de
Mercier, por cuatro mil francos y, por cuarenta mil francos, una colcha de la casa Clérambault, una verdadera obra
maestra con las iniciales de María Luisa.

¿Quién sabe si la austriaca se preguntó cómo demonios, en los trece días que habían transcurrido entre el anuncio de la visita y la llegada, las obreras de Alençon habían podido realizar esos ocho metros cuadrados de fino encaje? Eran hábiles y diligentes, desde luego... Ahora podemos descubrir la verdad. Josefina había encargado esta maravilla años atrás, pero no la había pagado y la había olvidado a pesar de la respetuosa insistencia del taller; y como había sido repudiada y sustituida por María Luisa, no pudo mantener su palabra. Clérambault también había remplazado a Josefina por María Luisa, o al menos sus iniciales, operación muy sencilla, pues los motivos del encaje de Alençon se confeccionan por separado y se unen mediante un sistema de bridas o de mallas, lo que permite trabajar a varias personas en la misma labor, así como sustituir los motivos problemáticos descosiéndolos y volviéndolos a coser con habilidad.

Para que se nos perdone el haber contado esta historia divertida, pero no relacionada directamente con el vestido, aunque sí con el encaje, tenemos que añadir que el Emperador, seis meses antes, había realizado importantes encargos a Alençon —y también a Bruselas, a la sazón francesa— para el ajuar de su segunda esposa, y asimismo encargaría los kilómetros de encaje necesarios para la canastilla del rey de Roma.

El final del siglo XIX será, por así decirlo, el final de la industria del encaje hecho a mano, que mientras duró el Segundo Imperio, gozó del favor de Eugenia, debido a su origen, en la medida en que la época se lo permitió.

A los españoles siempre les había encantado el encaje. La corte de Madrid seguía siendo la única que se mantenía apegada a tradiciones pasadas de moda y que convertía su suntuosidad en un deber de etiqueta, lo cual no se debía al intento de salvar una gloria nacional en peligro de muerte, ya que el encaje español se reducía a una pequeña producción catalana, sino al conservadurismo congénito. El retrato de la reina María Cristina, de López y Portaña, en el Museo del Prado, nos muestra asimismo a una soberana anacrónica en una época en que el mundo entero estaba cambiando de modo de ser y de pensar. Adornada como un ídolo bajo un turbante montado sobre una diadema absolutamente extraordinaria, esboza una sonrisa resignada y confusa ante tan anticuado esplendor. El encaje de oro que forma una aureola alrededor de la seda malva de su vestido se distingue mal del ancho cinturón de joyería y del cuello. La gran mantilla de blonda la cubre con un manto de luz que irradia de todo este cuadro fascinante.

El chantilly y la blonda son los últimos encajes que nuestras tatarabuelas usaron con profusión, tanto en las mantillas y los velos de novia como en los vestidos de baile. En la canastilla de las ricas herederas siempre había varios metros a tal efecto, a menudo considerados como un bien familiar y, como tal, especificado en las cuentas de la herencia. Pero desde 1840 nadie se atrevió a tocar lo que se estaba convirtiendo en pieza de museo. Desde entonces, confecciones mecánicas ofrecieron convincentes reproducciones que se podían cortar sin cometer un sacrilegio.

Todo había comenzado con el tul fabricado por los ingleses desde finales del siglo XVIII, en un telar de medias modificado. Napoleón I había prohibido su entrada en Francia, presionado por la Asociación de Fabricantes de Encaje. Pero el proteccionismo siempre engendra contrabando. En Saint-Pierre-lès-Calais, desde 1816, obreros británicos volvían a montar telares importados de forma fraudulenta, lo cual suponía su condena a muerte por contumacia en Londres, donde a nadie le hacía gracia el sabotaje de la industria nacional. En 1788, un habitante de Nîmes, el Sr. Fournet, había inventado un «telar de mallas fijas en el que fabrica telas caladas y chinés que imitan el encaje». No se concedió ayuda alguna a este peligroso innovador y después llegó la Revolución...

La Restauración marca el inicio de la nueva vocación del norte de Francia, donde se dedicaban a tejer el lino que el algodón angloamericano acababa de arruinar. De la batista se pasó al tul de «Bruselas», cuya malla se asemeja a la redecilla del encaje de bolillos. En ella se podían fijar motivos realizados a mano. Todo esto suponía un ahorro de tiempo y una disminución de los costes, pero también el paro irremediable para un importante número de artesanos, desempleo que será definitivo hacia 1830, cuando se incorpora a los telares ingleses el procedimiento Jacquard y las posibilidades de las máquinas se vuelven ilimitadas, al principio en la gama de las limitaciones de encajes de bolillos aún de moda: Valenciennes, chantilly, blonda... La producción de mantillas será durante largo tiempo un interesante mercado, sobre todo en España, Italia y Sudamérica, hasta que la autorización para ir con la cabeza descubierta a la iglesia cortó de raíz esta salida.

Para obtener la reproducción de encajes de aguja (de Alençon, veneciano...), será necesaria la aparición de la máquina de bordar Schiffli en 1880. Desde 1840, el vapor accionaba los mecanismos.

En la actualidad, aunque los telares producen un metro y medio de encaje por hora, se tarda un mes en instalar el mecanismo Jacquard y quince días en poner los hilos en, a veces, más de seis mil lanzaderas. Hay que tener en cuenta que nuestras fábricas son vetustas, pues corren malos tiempos. Se vacila a la hora de transformar un sistema en el que aún se usan los cartones perforados, que podrían ser perfectamente sustituidos por la informática.

¡Es tan difícil invertir al servicio de la moda, caprichosa por definición! A los períodos de actividad les suelen suceder angustiosos tiempos muertos. La alta costura no es un buen cliente, ya que exige pocos metros, lo cual resulta poco rentable.

En la región de Calais, que ha dado su nombre al encaje mecánico —lo que demuestra hasta qué punto es el más importante de Francia—, de las dos mil empresas que funcionaban en 1950, en la época del *new look,* sólo quedaban treinta en 1980, cifra que se estabilizó a lo largo del decenio. Por suerte, este fin de siglo ha redescubierto la ropa interior. Y es que ésta, encantadora incluso aunque se compre en los supermercados, no se concibe sin el encaje de Calais. No es nueva la introducción del hilo elástico en el tul, puesto que data de antes de la guerra con la faja Scandale, pero, en la actualidad, va unido al encaje con eficacia y discreción en productos muy hermosos. La profesión, por tanto, puede estar tranquila.

Los principales centros mundiales del encaje mecánico son, en Francia: Calais, Caudry, Le Puy y Lyon; en Gran Bretaña: Nottingham; en Italia: Milán y su región; en España: Barcelona; en Estados Unidos: Providence (Rhode Island). Se observa que esta industria se ha establecido en regiones hace tiempo celebérrimas por sus encajes a mano. No es una casualidad.

Sin embargo, en el movimiento de finales de este siglo hacia la «identidad», los regionalismos y el artesanado, el encaje a mano ha encontrado una nueva inspiración. Una inspiración sostenida que es el testimonio de toda una vida. Es evidente que nunca se convertirá en una industria dedicada al vestido, pues el precio y el valor de los productos son un obstáculo. Se han abierto escuelas en Alençon, Bayeux y Puy para una producción testimonial destinada a regalos para diplomáticos y recuerdos para turistas, al igual que sucede con las labores irlandesas que las mujeres bretonas hacen a ganchillo desde 1860.

Annie Kratz, en el prefacio al catálogo de la magnífica exposición del Museo Histórico de Tejidos de Lyon llevada a cabo en 1983, deseaba que «las encajeras y los fabricantes actuales se dediquen a producir nuevos modelos decididamente adaptados a la visión estética de nuestra época». No tenemos nada que añadir...

EL PUNTO DE FRANCIA

Inspirándose en libros de patrones italianos, Alençon, desde finales del siglo XVI, hizo del encaje de aguja llamado *de vitela* su especialidad, encaje que procedía del punto cortado y era muy apreciado. Una dama de la ciudad, Madame La Perrière halló en 1661 el medio de reproducir el punto de Venecia, entonces muy de moda, pero aportándole un refinamiento hasta entonces sin igual: la *red,* una especie de tul hecho a mano y los pequeños puntos calados que adornaban con minúsculos dibujos el interior de los motivos.

Esta dama fundó un próspero taller que pronto no pudo hacer frente a la demanda, por lo que las trabajadoras formaron a nuevas aprendizas con tanto éxito que en unos años había más de 8.000 personas de ambos sexos y de todas las edades practicando esta técnica en diversos niveles, a lo largo de esta región de Perche y hasta Argentan, Falaise y Beaumont. En un informe de septiembre de 1665, el intendente general de Normandía, Duboulay-Favier, escribía a Colbert: «Es un maná y una bendición del cielo que se ha extendido por toda la región con la que los niños, incluso de siete años, hallan el modo de ganarse la vida y los demás de alimentar a sus padres y de hacer subsistir a toda la familia. Los viejos también trabajan en ello y sacan provecho.» ¡Los niños de hasta siete años! Y con frecuencia aún menores.

Cuando Colbert emprendió la tarea de la recuperación económica de Francia, una de sus principales preocupaciones fue la de instalar en el interior de nuestras fronteras industrias de lujo capaces de competir con los productos extranjeros «para que si las fortunas se disipan en la adquisición de productos de lujo, el dinero, al menos, no salga del reino». Sus predecesores ya habían pensado en ello, pues el proteccionismo nunca ha dejado de constituir una de las armas gubernamentales en cualquier parte, pero el secretario de Estado decidió tener éxito en su empeño.

El mayor derroche era, como siempre, el de la ropa de los poderosos del reino. El encaje, en mayor medida que los tejidos, ya que era la expresión más onerosa del lujo, constituía una fuente importante de esta evasión de capitales. Y, como acabamos de ver en el caso de Alençon, sólo era objeto de esfuerzos aislados. Había que centrar la atención sobre los dos elementos que mayor entusiasmo despertaban: el punto de Flandes y, sobre todo, el punto de Venecia, sin el cual no había salvación para los marquesitos y sus émulos. La belleza del encaje de Venecia se debía a adornos llenos o calados, dispuestos formando flores que se unían mediante bridas y barretas delicadas, labor que en sus orígenes ejecutaban las monjas. Los comerciantes inundaban Europa de este punto. Con tanta venta, las imitaciones eran ineludibles y cuando la ciudad de los canales se dio cuenta de que antes o después perdería su monopolio, un decreto de los dogos declaró criminal de estado a cualquier trabajadora que emigrara o que trabajara para un extranjero.

A pesar de todo, Colbert consiguió atraer a maestras cualificadas: treinta de Italia y doscientas de Flandes. Parece que las italianas llegaron en un estado de pánico que rozaba la histeria. Se fundó una compañía con privilegios que creó sucursales u *oficinas* en las ciudades en las que las labores de encaje gozaban de gran prestigio: Alençon, Autillac, Sedan, Arras, Rennes, Calais, Le Quesnoy, Reims, Châtenau-Thierry y Loudun. Por orden del rey, todos los productos de estas fábricas llevaban el nombre de *Punto de Francia,* cualquiera que fuera el género fabricado. Esta denominación terminó por designar el encaje de Alençon. En 1667, una «declaración» prohibía «llevar telas y pasamanos de oro y plata y encajes de hilo procedentes del extranjero». Posteriormente se prohibiría trabajar con otro punto que no fuera el punto de Francia y se ordenaría «trabajar sobre modelos y dibujos procedentes de las citadas fábricas». Se encargó a los más grandes artistas, como Le Brun, Bailly, Berain y Bonnemer, «pintores ordinarios del Rey», que crearan diseños. Gracias a las excelentes trabajadoras formadas por Madame La Perrière, Alençon se puso rápidamente a la cabeza de las fábricas, sobre todo porque el rey que, como era costumbre, había recibido los nuevos productos, se mostró encantado con ellos, manifestando el deseo de que «desde entonces nadie se presentara en la corte con otros encajes».

Hasta entonces, la producción comercializada del encaje se llevaba a cabo en el plano artesanal; las trabajadoras (y a veces, durante el invierno, los trabajadores) llevaban a cabo su actividad en el hogar, por cuenta de un comerciante que les proporcionaba el hilo y los patrones. También podían reunirse en un taller, como el de Madame La Perrière, que trabajaba para los merceros de las Galerías del Palacio de París. En el plano institucional, la labor se realizaba bajo la dirección de un convento o de una institución caritativa patrocinada por «personas de calidad»; en ellas, los internos (niños pobres o abandonados, viudas o toda persona considerada en nuestros días un desvalido) trabajaban sin descanso, en un ambiente de rigurosa disciplina, a cambio de comida, alojamiento y plegarias.

A pesar de la mejora económica que la fábrica instalada por Colbert produjo en Alençon, las relaciones entre obreras y empresarios raramente eran idílicas. El dirigismo de los patronos de las fábricas, la obligación de trabajar exclusivamente para ellos sobre un modelo por ellos elegido y la severidad del control de la calidad del trabajo eran muy mal recibidos por una población miserable en su conjunto, que perdía la juventud y la vista a la luz de una vela reflejada en un globo de agua para satisfacer la vanidad de los cortesanos. Ésta es la trama de una novela maravillosamente documentada de Jannine Montupet. A esto hay que añadir la llegada de las monitoras italianas, que atentaba contra el honor nacional.

Esta guerra de encajes se transformó en una guerra de religión, no sólo entre las trabajadoras, sino también entre los patronos. La producción se extendió por la región con el apoyo de diversas instituciones religiosas que se beneficiaban de la benevolencia de las autoridades; por otra parte, muchos maestros encajeros de Alençon pertenecían a la religión reformada. De origen noble, se habían dedicado a la nueva industria para rehacer la fortuna que había desaparecido durante las Guerras de Religión. Eran todos primos y descendían de un antepasado común, René de Voisville. Además de poseer la mayor parte de la industria del encaje, daban muestras de una gran preocupación social. Así, la familia d'Ocagne, dueña de un barrio entero de Alençon, construyó en él una ciudad obrera para las trabajadoras, entre las que también había un buen número de protestantes, pues el protestantismo contaba con muchos seguidores en esta región de Normandía.

Con la revocación del Edicto de Nantes, los que no quisieron abjurar, ya fueran maestros u obreros, tuvieron que dejar de trabajar o huir. La población de Alençon se vio reducida en un tercio, y como se suele decir, los mejores fueron los que se marcharon. Este problema fue, por desgracia, el de toda la industria suntuaria francesa. En Amsterdam, los emigrados de Alençon fundaron una fábrica que pronto sería muy apreciada: *El encaje de la reina*. Poco tiempo después, en Berlín había cuatrocientos cincuenta establecimientos similares y cinco en Leipzig. Por eso el Elector de Brandeburgo, Federico Guillermo, pudo afirmar que nada le proporcionaría más placer que una segunda revocación del Edicto de Nantes. Puede que Colbert nunca lo hubiera hecho. Pero quien se hallaba en el poder entonces era Louvois, y cerca del rey estaba Madame de Maintenon.

Sólo queda una de las dinastías de maestros encajeros de Alençon del siglo XVII, que se ha convertido no a una nueva religión, sino al encaje mecánico. M. Marescot es uno de los dos mayores industriales encajeros de Francia (el otro es Lesage). Participa en todas las colecciones de alta costura, continuidad que constituye todo un símbolo de la historia del encaje.

Los manes de Colbert no se enfadarán si resumimos el secreto de este prestigioso punto. Cada operación la lleva a cabo una trabajadora distinta, según su capacidad. En primer lugar, el *dibujo* del motivo se traza a tinta en una hoja de papel. Se pone el dibujo sobre la *vitela,* un pergamino teñido de verde para mayor comodidad visual (en la actualidad se emplea cartulina) y se dibuja el contorno del motivo sobre la vitela mediante un picado regular a mano. Éste era el trabajo del que se encargaban los niños pequeños. Se cose la vitela a un soporte de tela fuerte, forrada de muletón, para realizar el *trazo* pasando un hilo por el contorno del motivo mediante dos agujas que trabajan al unísono. Esto constituye el armazón del futuro encaje. Es una labor muy fácil de la que se encargaban las aprendizas. Se llena el fondo del motivo de una *redecilla,* una especie de tul realizado con una aguja minúscula que lleva un hilo extremadamente fino. La redecilla se compone de filas de mallas retorcidas. Ya hay que ser una trabajadora cualificada para hacerlo. Hay que observar que la encajera no usa dedal en ningún caso.

Las flores, las hojas, los ribetes y las volutas se realizan mediante *relleno,* con mallas retorcidas como en la redecilla, pero más apretadas y de distintos puntos. La encajera debe hacer uso de toda su maestría en el arte y la técnica.

Los *modes* son dibujos minúsculos realizados con aguja que dependen de la inspiración y del virtuosismo de una artesana experimentada, ya que es la parte más delicada de la labor: festones, rosetones, coronas, mosaicos, puntillas con festón.

La *brode* es un pequeño festón que rodea los motivos para que resalten; es sencillo en el interior del motivo y en piquillo en el borde exterior. En el piquillo de bordes cortos una crin de caballo blanco le da mejor caída. Es la característica de Alençon. Los encajes de araña requerían un cabello blanco para su confección.

El *desprendido* consiste en separar el encaje del soporte de pergamino y tela.

El *ensamblaje* es el montaje de diferentes motivos sobre un fondo de redecilla, incrustándolos mediante puntadas invisibles. El acabado se efectúa mediante uniones que resultan aún más invisibles.

## EL ENCAJE DE BOLILLOS

El encaje de bolillos, que también se hace en Italia (en Génova o Milán) fue, en particular, la especialidad de una región que corresponde a parte de Flandes, el norte de Francia y el sur de Bélgica, pues el hilo empleado debía ser de extrema calidad y finura. Y totalmente blanco. Sólo se encontraba allí, y allí se sigue encontrando. En la actualidad, las escasísimas labores que se realizan en Alençon, que son encajes de aguja y, por tanto, de menor nivel de exigencia, sólo se ejecutan con este hilo. El abastecimiento fue siempre la gran preocupación de las fábricas francesas de los siglos XVII y XVIII.

Bélgica reivindica la invención del encaje de bolillos. En las *Légendes et curiosités des métiers [Leyendas y curiosidades de los telares]*, Paul Sébillot narra una leyenda de Brujas en la que una bondadosa joven recibe del cielo un ovillo enmarañado de hilos de la Virgen, telas de araña errantes, que le cae sobre el delantal formando una corona de rosas, corona que ella imita para realizar un maravilloso encaje. Siempre hallamos santas e inspiración divina en el origen del encaje.

Émile Zola, en el fondo un místico —véase *Le Rêve [El sueño]*—, lo entendía muy bien al decir del encaje de Brujas: «Era de una riqueza real y casi religiosa.»

En Puy (en Velay) fue también una religiosa, Anne Martel, fundadora de las Beatas en 1665, lo que impulsó de forma notable un encaje muy refinado, cuya invención se atribuye a la piadosa Isabelle Mamour(!) a comienzos del siglo XV, para vestir la imagen de la Virgen. En Puy se afirma que Isabelle inventó los bolillos... *Se non e vero,* responden los italianos, que pretenden ser los inventores de la idea.

Sea como fuere, la encajera de bolillos utiliza el material y la técnica que fueron los de las pasamaneras o fabricantes de pasamanería: galones o cordoncillos de lino o seda retorcidos y trenzados sobre un pequeño telar relleno de paja prensada y recubierto de tela en el que se fija con alfileres el dibujo. Este telar recibe diversos nombres según las regiones. En la mitad inferior está recubierto de cartón fuerte y, en el medio de la parte superior, una tira de cartón o de pergamino, con el patrón o dibujo del encaje, se va desplazando a medida que la labor progresa. En esta tira se fija con alfileres el encaje que se va realizando.

El encaje de bolillos puede llevarse a cabo con hilos continuos o en trozos sueltos, lo cual permite trabajar en motivos separados que después se unen mediante una redecilla de mallas continuas. Algunos encajes de hilos continuos, como el chantilly o la blonda, generalmente muy anchos, se confeccionan en tiras estrechas que se unen mediante un punto especial realizado con aguja. La blonda (de seda) y el chantilly fueron, al principio, la especialidad de los pueblos de l'Oise; posteriormente, a partir del siglo XVII, se fabricaron en España e Italia para las mantillas.

El procedimiento es idéntico para los hilos continuos o los trozos sueltos: el entrecruzamiento de dos o más hilos formando un tejido en el que la urdimbre y la trama se ejecutan al mismo tiempo. La parte opaca del encaje de bolillos recuerda el tafetán, pues produce esa impresión. Los calados se forman con bridas o mallas, trenzando más o menos hilos.

Para formar el dibujo, los puntos estratégicos entrecruzados se fijan mediante alfileres, como ya hemos mencionado. En cuanto a los bolillos, se trata de unos palitos alargados montados en un mango que permite manipularlos sosteniéndolos entre el pulgar y el índice. Se trabaja con dos bolillos a la vez en cada mano. La labor puede requerir ciento cincuenta bolillos que devanan, por tanto, ciento cincuenta hilos distintos. Cuando todos los bolillos necesarios están dispuestos, se unen con un nudo.

Con el mundillo sobre las rodillas, la encajera dispone cada par de bolillos de modo que pueda cogerlos a la misma altura sin desenrollar demasiado hilo, ya que el punto sería entonces demasiado flojo. Con el busto derecho y los codos pegados al cuerpo, lanza el bolillo de una mano a otra, manteniendo, en la medida de lo posible, las manos inmóviles.

Los encajes de Puy, Cluny o los Vosgos, denominados guipur, carecen de fondo o redecilla. Los dibujos son muy calados e irregulares. En cambio, los encajes de Valenciennes, de Bruselas o de Malinas tienen redecillas que no cambian. Los motivos se disponen de formas variadas. Son guirnaldas, flores o dibujos de adorno. En el encaje de Valenciennes, los adornos se hacen a punto de tafetán con calados. El fondo o redecilla se confecciona con trenzados muy finos de cuatro bolillos unidos entre sí por una puntada.

## LA BIENAVENTURADA MADRINA DEL ENCAJE DE VALENCIENNES

El centro que Colbert eligió en el norte para instalar una industria destinada a competir con los encajes de bolillos flamencos no fue Valenciennes, sino Le Quesnoy, una pequeña ciudad vecina.

Desde mediados del siglo XVI allí se confeccionaba un encaje local, adaptando los modelos de dibujos italianos al punto de Flandes. Fue una santa mujer la que confirió al encaje de Valenciennes sus características, su identidad y esa perfección que llevaría a Colbert a tomar medidas para convertirlo en una de nuestras glorias nacionales.

Françoise Badar nació el 21 de enero de 1624 en la parroquia de Saint-Cordon, en Valenciennes y, desde el momento del bautismo, fue consagrada a la Virgen María. Su madre había tenido una visión en la que Dios destinaba a la niña a grandes empresas. Por eso la familia no puso impedimento a un sorprendente proyecto que la joven concibió a los quince años: marcharse a Anvers para aprender un oficio. Después de diversas vicisitudes y provocaciones del demonio en aquel puerto poco propicio a la virtud de una señorita, Françoise tuvo asimismo una visión que la condujo directamente a un taller de encajeras donde aprendió el oficio.

De vuelta a Valenciennes, comenzó instalando su propio taller que, tras sucesivas ampliaciones, se convirtió, en 1646, en la fábrica de un encaje desde entonces clásico. Más tarde, siempre impulsada por sus visiones, fundó una comunidad religiosa bajo la invocación de la Santa Familia, con obradores y clases de aprendizaje. Hasta la Revolución, las badarianas dedicaron al encaje el tiempo que les dejaban sus deberes piadosos. En el emplazamiento del convento, que se convirtió en patrimonio nacional, se construyó el Palacio de Justicia, pero los habitantes de Valenciennes siguieron venerando el recuerdo de Françoise Badar, que fue beatificada por la Iglesia.

# Del punto hecho a mano

Aunque en las capitulares de Carlomagno se reglamenta toda la vida cotidiana, exponiendo en detalle los derechos y, sobre todo, los deberes de las trabajadoras del textil empleadas en los gineceos-talleres señoriales, no se menciona a las tricotadoras a mano al referirse a las hiladoras, cardadoras, devanadoras y otras obreras. Tampoco se habla de ellas en los registros de impuestos de 1292 y 1300 de Francia o del Milanesado (patria de los géneros de punto), que, sin embargo, llevan a cabo la enumeración completa de las actividades textiles. El *Livre des mestiers [Libro de los oficios]* de Étienne Boileau tampoco se refiere a este tema, aunque los merceros vendían calzas. En los *Travaux ménagiers [Trabajos domésticos]* de Giovanni Antonio Tagliente, donde se enumeran todas las labores caseras de la mujer italiana, ensalzando y explicando la tejeduría, el hilado, la costura, la tapicería y el bordado, no se menciona nada sobre la confección de medias.

En cualquier caso, el arte de hacer punto a mano —no

sabemos por qué se despreciaba o se negaba su existencia— gozaba de buena salud y proporcionaba a las clases adineradas «ropa para las piernas» o calzas. Las calzas atacadas, una especie de calzones, cubrían los muslos y se unían a la cintura mediante ceñidores. Las calzas ordinarias se cortaban sesgadas en un paño no enfurtido y muy elástico o en diversas telas de lana, de hilo o de algodón muy sueltas, que dieron la estameña. En la descripción de los maravillosos ajuares de los duques de Milán y, sobre todo, de Catalina Sforza se mencionan las medias de seda hechas a mano, en general blancas y admirablemente bordadas, como expresión del máximo lujo.

En cambio, se hacían a punto, y siempre en redondo, gorros fruncidos en la parte superior de la cabeza y adornados con una borla y una pequeña cola, que eran muy prácticos para las noches frescas. También en redondo se confeccionaban guantes desde el siglo XI, de la lana o de seda y sin ninguna costura en el caso de los guantes litúrgicos. Para tener los riñones calientes, en los siglos XII y XIII gustaban mucho los cinturones de punto que iban desde las nalgas hasta los omóplatos, muy ceñidos y tubulares. Desde la llegada de los españoles y aleccionados por las hermanas de las misiones, los bolivianos y los peruanos confeccionaron —y lo siguen haciendo— jerseys de lana de alpaca o de vicuña.

En Europa hay que esperar hasta finales del siglo XVIII para hallar el eco de una labor soberbia y soberbiamente olvidada: el género de punto hecho a mano. El punto hecho a mano era el trabajo de la categoría social más olvidada, la más silenciosa: las mujeres mayores de las clases bajas, las criadas, de las que no se concebía que pudieran tener un segundo las manos desocupadas, y las pastoras. En efecto, si exceptuamos la mención oficial del artesanado del punto hecho a mano en un inventario de Vitré de 1735 (calcetines y zapatitos de bebé hechos de punto, con suela de badana, que suponían unos ingresos considerables para la región), este arte, o al menos esta labor, seguirá siendo una tarea vulgar hasta la guerra de 1914-1918.

Aunque parece que las mujeres que hacían punto (las «tricotadoras») asistían, armadas de agujas y ovillos, a los juicios de los tribunales de la Revolución, el término de «tricotadora», en boca de los nuevos ciudadanos masculinos, apasionados de la libertad pero no por ello menos falócratas que los marquesitos, dicho calificativo, decíamos, indicaba un total desprecio por las mujeres, sobre todo porque los ejemplares femeninos que hacían punto en los tribunales rivalizaban en vulgaridad y virulencia. Era, por tanto, muy cómodo meter en el mismo saco a las feministas, tricotadoras y rabaneras, o cualquier otra persona «del sexo débil» que se atreviera a expresarse. Así, la prensa revolucionaria, como *Les Révolutions de Paris,* no duda en escribir, burlándose de las aspiraciones de Olympe de Gouges, cuyos carteles el pueblo de París destroza: «¿Por qué se mete en lo que no le importa? Mejor será que teja más pantalones para nuestros valientes *sans-culottes.*»

Por lo demás, esta misoginia era extrañamente compartida por las «tricotadoras» oficiales que guardaban las puertas de la Convención (el actual hotel Meurice de la calle Rivoli), afanándose con sus cuatro agujas. Expulsaron a Théroigne de Méricourt porque consideraban a esta girondina demasiado distinguida. La pincharon con sus agujas, le introdujeron un ovillo en la boca y le dieron una azotaina, después de haberle subido el vestido. Y no crea el lector que se trata de una historia al margen de la historia de las labores de punto, pues explica la distancia que en el siglo XX marcó la clase burguesa respecto a ellas. ¿Hacer punto? ¡No lo quiera Dios!

En cambio, en el campo, todas las mujeres y las jóvenes campesinas o de medios modestos sabían hacer punto, y lo usaban para confeccionar el ajuar familiar: medias, guantes, gorros y chales de lana hilada en casa, en color crudo, beige, marrón o negro, o comprada al cardador que iba a esquilar de granja en granja. Se hacía punto como se hacían colchones o se aseguraban las provisiones. Hasta 1914 se utilizaron para hacer punto las varillas de paraguas, ideales, según parece, para hacer calcetines.

Las campesinas que se trasladaban a la ciudad sabían muy bien, por tanto, manejar las agujas que sus patronas no se habrían rebajado a tocar por nada del mundo. Nodrizas, cocineras o criadas empleaban sus ratos de ocio, o sus dedos si el servicio las tenía ocupadas de otra forma, en hacer punto para la familia que se había quedado en el pueblo. En su salón, la señora hacía tapices o bordaba cosas inútiles y encantadoras como lo habían hecho sus antepasadas en los castillos. Ninguna revista de buen tono, como *Dames et des demoiselles* o *Jeu d'aiguilles,* se hubiera comprometido a mostrar labores de punto. Las admirables mantas de algodón del siglo XIX, hechas a ganchillo o a punto, son obra personal de criadas, de provincianas modestas o de monjas.

*La Mode illustrée* del 12 de marzo de 1911 se refiere a un gran concurso con el tema: «En torno a las cunas». No crea el lector que había una sola camisita de punto entre las veinte mil labores que le llegaron al comité organizador, presidido por la duquesa de Vendôme —aunque *La Femme chez elle* se atrevió a publicar un modelo al mes siguiente para cambiar las chorreras de ganchillo—, pues ninguna dama como es debido se hubiera arriesgado a que la criticasen por exponer una labor «tan popular». Como afirma *La Mode Illustrée:* «Después del concurso, todas las exquisitas y conmovedoras obras de arte deben ser repartidas entre los infelices...», que, desde luego, no estarían muy abrigados, ya que no había más que camisitas de tela blanca bordada y vuelta a bordar, con forro de algodón o de piqué, pero ningún ejemplo de lo que se puede hacer de acuerdo con lo que los catálogos del Louvre o del Bon Marché proponían para tejer con lana «para las buenas obras».

Todavía me avergüenzo al recordar la «lana para obras de beneficencia» de mis abuelas, que se mantuvo hasta la II Guerra Mundial. Era marrón, negra o marengo (gris). Todavía recuerdo a la abuelita encargándola de color marrón sobre todo, ya que no se ensuciaba. Los pobres tenían fama de no lavarse, al menos eso era lo que creían la abuelita y sus amigas. Sin embargo, en el catálogo de 1882 ya aparecía lana de cachemira de colores distinguidos o de lamé de oro y plata para los chales y las capas llamadas «diaconisas», para emplearla con el ganchillo, más elegante que las agujas.

Pero ¿quién hacía punto en 1882 con lana marrón para los pobres de la parroquia? Según las «buenas familias» había al menos dos soluciones. O bien, con una inconsciencia que rayaba en la grandeza, se recurría a los diligentes dedos de la nodriza o de la cocinera en sus ratos de ocio, o bien la señora ofrecía un sacrificio a Dios cuando ya no estaba en edad de alternar en sociedad o se veía obligada a estar sentada en un sillón a causa del reúma. Sonriendo modestamente ante los cumplidos, tejía esas horribles prendas calientes que no se ensuciaban, porque había que ser caritativa, ¿verdad?, y la pereza es un feo pecado. Mi abuela y mis tías, muy buenas cristianas, habían aprendido a hacer punto de niñas, con la ayuda de la nodriza, y le dedicaban dos horas los jueves como si recorrieran un vía crucis. El obrador familiar podía ser sustituido por el parroquial para las damas de menor alcurnia.

Finalmente comenzaron a aparecer labores de lana muy calientes y bonitas en colores distintos del marrón. Por otra parte, a finales del siglo XIX soplaban vientos de modernismo. Hasta un barón se había dejado arrastrar por ellos: M. de Coubertin. Se descubrió el deporte y las labores de punto comenzaron a introducirse, de forma insidiosa, en los hogares distinguidos. Había que sacrificarse ante esta moda y comenzaron a verse los jerseys (¡ah, la anglomanía!) de jugar al hockey con gorro con pompón a juego, de capitán de yate con cuello vuelto y de alpinista con pasamontañas, todos ellos de origen inglés.

Los industriales del otro lado del Canal de la Mancha abastecían al por mayor a la marina de un modelo que era el heredero de los jerseys que los propios marineros hacían a mano en las islas anglonormandas o en Irlanda, durante el tiempo de descanso de las largas travesías o en las tardes de invierno en tierra.

Pero no sólo había industriales astutos al otro lado del Canal. Hacia 1893 apareció una palabra que hizo reír a todo el mundo y que lanzó de forma definitiva la moda del punto para el deporte. Era el término *chandail* ¿Por qué *chandail?* Era la abreviatura de *(mar)chand d'ail,* nombre que se le daba al jersey de canalé que llevaban los vendedores de hortalizas en Les Halles, y que procedía de Limoges. El fabricante Gamard d'Amiens adoptó y adaptó este jersey y los esnobs se apoderaron de él.

Este jersey era muy práctico, pues mantenía calientes tanto a los campeones bigotudos como a los gruesos vendedores de Les Halles. Cuando estalló la I Guerra Mundial, se llegó a la conclusión natural de que nuestros valientes soldados tenían que llevarlo. Todas las mujeres de la retaguardia se precipitaron patrióticamente sobre la lana y las agujas, y los catálogos del Louvre y del Bon Marché ofrecieron madejas azul cielo a las diligentes manos de las madrinas de guerra. Las burguesas se disputaban los consejos de las nodrizas y de las criadas de los niños, muy orgullosas de mostrar su talento.

Como escaseaba la calefacción, por patriotismo y por necesidad se pensó en la canastilla, como lo habían hecho hacía tiempo esos ingleses dotados de tan buen sentido.

Con la canastilla a la inglesa (véase los manuales de puericultura de la época), la camisita de punto invadió las cunas. No había ya forma de detener a las tricotadoras y, en 1920, en las playas del Canal de la Mancha, todas las damas enarbolaban una bolsa de labores desbordante de ovillos. El punto hecho a mano se convirtió en la máxima elegancia. En 1923, las revistas especializadas (y había muchas) lanzaron el jacquard.

Chanel explotó el filón como si fuera ella su descubridora. Hermès, Kostio de War y Vera Boréa también lo emplearon en la alta costura, tanto ejecutado con patrón como cortado en tejido de punto hecho a mano y coordinado con prendas de lana tejidas. Suzanne Lenglen siempre llevaba un jersey de tenis a rayas. Y Schiaparelli proporcionó trabajo a los talleres de las tricotadoras rumanas refugiadas, al igual que, en la actualidad, Emmanuelle Kahn encarga los bordados a Rumanía.

Cuando estalló la II Guerra Mundial, los catálogos del Louvre y del Bon Marché propusieron la lana color caqui. Se deshicieron los viejos jerseys para hacer otros nuevos destinados a los combatientes y después a los prisioneros, por tanto, forzosamente de rayas. Cuando llegó la paz, todas las revistas femeninas, y sobre todo *Jardin des Modes,* hicieron alardes de creatividad. En la actualidad parece que hay una tendencia hacia el virtuosismo y los puntos de encaje o hacia los jerseys enormes tipo «irlandés» de lana gruesa, que tanto gustan a los jóvenes algo bohemios. Hay incluso hombres que hacen punto, más de los que se cree. No sé qué pensará al respecto el movimiento de liberación femenina. Pero, en cualquier caso, creo que las almas de Olimpe de Gouges o de Théroigne de Méricourt estarán contentas. Hace dos siglos que lo estaban esperando.

# LAS ESTRATEGIAS DEL VESTIDO

*Sonia Delaunay predijo el prêt-à-porter*

[...] El futuro de la moda está muy claro para mí: habrá centros de creación, laboratorios de investigación que se ocuparán de la producción de prendas en constante evolución, paralela a las necesidades de la vida. La búsqueda de las materias que hay que emplear, junto con la simplificación de la concepción estética, tendrá cada vez mayor importancia. Sobre estas bases estudiadas y puestas en práctica, lo visual y lo sensual se desenvolverán libremente, dejándose llevar por la fantasía. El precio de estas creaciones perfeccionadas representará el valor de las investigaciones sobre la obra. Se venderán a industriales que estudiarán la disminución del precio de coste mediante métodos industriales y que se ocuparán de la multiplicación de las ventas.

De este modo, la moda se democratizará, democratización que sólo puede ser bienvenida, ya que elevará el nivel general. Se abolirán las imitaciones, esa plaga actual de la costura.

Sonia Delaunay, *Revue Heim*, septiembre, 1931

# Envolturas líricas, cosido práctico

Según el modelo de sociedad, el vestido oculta en mayor o menor medida el cuerpo (protección) y también lo realza en mayor o menor medida (seducción). El pudor y el erotismo son conceptos esencialmente variables y subjetivos.

Para establecer una descripción del vestido, se pueden dividir las modalidades de prendas que no sean sucintas en dos tipos, ya que sólo hay dos grandes formas de emplear la tela (o, al principio, las pieles): la envoltura en una pieza lisa que cubre el cuerpo o parte de él de forma suelta o ceñida y que se sostiene mediante un enganche o atadura, y el cortado-cosido o unión de varias piezas cortadas de manera que se adapten a la silueta. En cualquiera de los dos casos, se puede elegir dejar libres brazos y piernas.

Puesto que no requiere una confección previa, la envoltura, en su forma inicial, que se limitaba a ceñir el cuerpo, representa el concepto de vestido original, por ser instintivo. La estética y la tradición intervendrán más tarde para disponer los pliegues creados por la parte superflua del te-

jido. Esta transformación precaria de la tela que envuelve
la convierte en una prenda identificable sólo durante el
tiempo que el cuerpo la lleva.

La forma más simple, en torno a las caderas, es el taparrabos universal, que puede asimismo descender por las
piernas. Es el *shenti* de los antiguos egipcios, que, más o
menos corto, se vuelve elegante al enrollarse y formar pliegues, en tanto que, desde el siglo XVI antes de nuestra era,
los faraones se adornan con *haik* real de muselina, en la
que se envuelven de forma complicada.

Los griegos, además del taparrabos, llevan otra prenda
que les cubre parte del cuerpo: es la antigua *exómida,* que se
fija al hombro. Al coserla por los costados y ponerle mangas
cada vez más largas, la exómida se transforma en chitón, en
una túnica. Si simplemente se alarga, es el «vestido», *peplos;*
los mantos —el *himatión* y la *clámide*— son grandes rectángulos de paño de lana que se echan por encima.

Bajo el *peplum,* o, mejor dicho, la *palla,* se llevan dos
prendas interiores; el taparrabos latino (*subligaculum* o *licinium),* una banda de tela, uno de cuyos extremos rodea las
caderas en tanto que el otro pasa entre las piernas, y el
*stromphum,* otra banda a modo de sujetador; el *amictus* es
el manto en el que se envuelven los romanos ya vestidos.
Los pliegues de la inmensa *toga* masculina, heredera de la
*tebenna* etrusca, se disponen con sabiduría. Es el símbolo
de Roma.

En los países del Asia meridional, los paños, que siguen
siendo los reyes, se prestan a combinaciones tan inmutables que un observador podría confundirlos con prendas
confeccionadas. El magnífico sari de las mujeres hindúes es
el itinerario complicado y casi ritual de una larga pieza de
seda que dibuja la silueta y sirve de chal y que se sujeta a
unas enaguas o *languti* arrolladas de forma muy ceñida. El
*doti* masculino, tan caro a Ghandi, designa una envoltura
de varios metros de tejido de algodón en torno a las cade

ras, que pasa por las piernas a la manera del *subligaculum* latino.

En Camboya, siguiendo el mismo principio, el *sampot,* de algodón o de rica seda, requiere una tela muy ancha para producir el efecto de un amplio calzón. En Laos también lo llevan los hombres con el nombre de *fanung,* en tanto que las mujeres envuelven sus caderas en el *sin,* una falda cilíndrica por lo ceñida que la llevan, muy similar a la *fusta* de las romanas.

Derivados de esta forma de disponer la tela son el velo y el chal, ambos universales. Un chal enrollado en el cuerpo constituyó el vestido de ambos sexos en Mesopotamia. Para el pareo polinesio, un largo taparrabos, antes de las telas de algodón inglesas y holandesas se utilizaba el *tapa.* Los mantos y manteletas sólo incorporaron las mangas y comenzaron a cortarse en la segunda mitad del XIX, constituyendo lo que en la actualidad denominamos capa o esclavina, en tanto que el concepto de abrigo implica la existencia de mangas.

A la lista de este tipo de envolturas hay que añadir: los pañales de los bebés y las faldas abiertas tipo escocesa y, en la cabeza, los turbantes, el *keffieh* árabe y los madrás al estilo antillano.

A las innumerables variaciones de disponer la envoltura, cada una de las cuales testimonia un sentido artístico, se unen diferentes materiales, formatos, ornamentación y formas de sujeción. Todos ellos expresan la elección de culturas que no deben considerarse inferiores por que no experimenten la necesidad o el deseo de llevar una prenda confeccionada. En Atenas y en Roma, mientras las civilizaciones antiguas conservaron sus características, la ropa cortada y cosida de los bárbaros se consideraba vulgar y chocante, como sigue siendo el caso en algunos países con particularidades muy antiguas, a las que se atribuye la voluntad de diferenciarse de las costumbres occidentales. Siempre habrá alguien que nos considerará bárbaros.

Al renunciar a las envolturas tradicionales, al mismo tiempo que se abandonan una amplitud y flexibilidad «que sirven al gesto y a la palabra» (P. Hughes), se deshace un modo de vida regido por el gesto y la palabra, no por la máquina, en el que las preocupaciones especulativas tienen tanta importancia, si no más, que las ocupaciones operativas y el materialismo. Y puesto que acabamos de recurrir a Hughes, vamos a mencionar asimismo su hermosa frase sobre las pinturas flamencas de carácter religioso: «La perspectiva lineal nunca tiende a elevarse hacia el cielo —¿con qué objetivo?— como lo hacían las formas flotantes de la tela con que los ángeles estaban vestidos».

Siempre hace buen tiempo en el Paraíso, motivo por el cual —y aunque sólo fuera por razones climáticas— «las formas flotantes» y las telas arrolladas son las preferidas de los países muy cálidos, por ser más agradables. Como hemos visto, la necesidad de aislarse del frío fue el origen de que se unieran trozitos de piel o de cuero alrededor del cuerpo o los miembros. Antes de ser añadida, la manga nació del pliegue bajo el brazo de pieles primitivas (o de su envoltura en ellas) y, posteriormente, de los primeros tejidos.

En Asia Central, las prendas cortadas y cosidas llegaron con las migraciones, o bien por imitación de los pueblos vecinos. La civilización china, cuyo núcleo tomó forma en el noreste del país, se las transmitió a los coreanos y a los japoneses... Hacia el suroeste, a través del Asia anterior, los arios y los semitas las llevaron hasta las orillas del Mediterráneo.

El traje confeccionado, que al principio fue vestido o túnica y después túnica y pantalón o canilleras, procedente de los jinetes de las estepas en su forma más sencilla pero ya fijada, adaptada a las necesidades de un clima sujeto a las canículas, podía embellecerse con adornos aplicados o bordados, que gustaban mucho a los sumerios y a los babi-

### EL ARTE Y LA TÉCNICA DEL SARI

Hay varias formas de envolverse en un sari, según las circunstancias, la edad y la región. La forma más clásica se denomina «indira», quizá por ser la que adornaba a la gran Indira Gandhi.

De pie, la mujer sostiene la tela desplegada frente a ella, de modo que uno de los bordes le llegue a la altura del tobillo. Fija la parte superior a la cintura de la enagua y sujeta lo que sobra debajo del brazo derecho. Extiende todo el largo hacia la izquierda y se gira sobre sí misma al tiempo que continúa metiendo el borde en la cintura, a la izquierda y a la derecha. De este modo obtiene una falda. Lleva de nuevo la tela frente a ella. Sosteniendo en la mano izquierda el extremo izquierdo del sari, hace pliegues de la misma profundidad (unos 10 cm) de forma escalonada. Lleva dichos pliegues a la cintura, en el centro del talle, pasa el resto de la tela a la espalda por debajo del brazo y coloca el extremo sobre el hombro derecho. El borde de la tela debe dibujar claramente el escote y el extremo libre tiene que descender hasta la altura de la mano izquierda.

El sari de Pakistán y de Bengala, como lo lleva la presidenta Benazir Bhuto, es un sari de musulmana, pues cubre la cabeza y, en caso de necesidad, el rostro. No lleva pliegues, sino una doble envoltura poco ceñida. Tomando el extremo menos adornado de la tela, se remete a lo largo de toda la cintura de la enagua, de derecha a izquierda, girando una vez sobre sí misma. La tela vuelve por la derecha y se pasa por el pecho, sobre el hombro. Se fija a la cintura en medio de la espalda y se vuelve a llevar delante por la izquierda. Se lleva el extremo al hombro izquierdo, luego a la cabeza, bajo el hombro derecho y, por último, sobre el hombro izquierdo como un chal.

Con el sari se puede llevar un «corsé» de la misma seda o una blusa.

lonios. Por otra parte, las prendas cortadas y cosidas se combinan y completan con facilidad con la majestad del chal o del manto.

Antes de que Grecia saliera del limbo. Creta, fiel al recuerdo de las pieles prehistóricas, conoció las prendas cortadas y cosidas en el cuero del II milenio, hacia el año 1750 a.C., con las que creó una moda muy estructurada e imaginativa que se inició con los intercambios con Mesopotamia, a través de Siria, y que duró lo que el esplendor de esta civilización, es decir hasta el año 1450 a.C.

De los pueblos mediterráneos de la costa oriental —sirios y semitas— hay figuras en las paredes de las tumbas egipcias que representan a cautivos o portadores de tributos que llevan pantalones, o una tela arrollada formando una falda de volantes, y túnicas de manga larga. Esta túnica (*kitoné* en arameo) se convertirá en el *kitón* (o *chitón*) griego, palabra que a principio significaba tafetán de lino. En sus orígenes, la túnica, al igual que el *huipil* o el *poncho* de los indios sudamericanos, no iba cosida por los costados. Era una tira de tela de la anchura del torso que se doblaba por la mitad, donde se practicaba una abertura para meter la cabeza. De mutación en mutación, sus descendientes son innumerables.

El vestido, construcción material que obedece a técnicas determinadas, es asimismo, como hemos visto, una construcción intelectual por su estética y los mensajes culturales o personales que transmite. Significante y significado, unido, asociado al cuerpo desde el nacimiento hasta la muerte, lo hace hablar. Pero el cuerpo también hace hablar al vestido. El hábito hace al monje.

# La memoria de la camisa

Así cantaban con picardía nuestras bisabuelas:

> ¿Qué hay más hermoso
> que un hombre guapo en camisa?
> ¿En camisa de seda, de algodón, de felpa?
> Cuando sus pantorrillas velludas os incitan a hacer
> tonterías,
> ¿qué hay más hermoso,
> decidme, más dulce?

Más despojado aún que el rey desnudo está el rey en camisa. A pesar de que la decencia se halle a salvo, la ausencia del pantalón se siente más dolorosamente.

La canción, sin embargo, no precisa si se trata de la camisa «de día» o del camisón, cuyo uso desapareció de forma progresiva a partir de los años veinte y de la victoria del pijama. Volveremos sobre ello. En la época de la canción, no había gran diferencia entre ambos modelos, en la ambigüedad castradora de su blancura, de su forma y de su tela, a la hora de ofrecer una imagen poco viril de los dueños del mundo. Feydeau se sirvió ampliamente del efecto cómico que ofrecían los seductores en camisa.

Ya en la época isabelina, en una de las comedias subidas de tono del dramaturgo inglés Aphra Behn, había aparecido en el escenario de un teatro londinense un actor en camisa. Aunque el público se desternillaba la risa, el arzobispo consiguió que se retirara la obra de cartel, aunque, en el fondo, no fuese más escandalosa que las demás.

Ni siquiera Voltaire era, en camisa, un gran hombre, y Marmontel se regocija al narrar el sorprendente espectáculo en sus *Memorias:* «Teníamos que hacer grandes esfuerzos, Thiriot y yo, para no echarnos a reír al ver a Voltaire en camisa, brincando de cólera e increpando al rey de Prusia...»

La misma escena en su versión femenina sería desconcertante, desde luego, pero no ridícula. Hay que reconocer, no obstante, que el personaje de Voltaire bastaba para convertir en pintoresca cualquier situación en la que tomara parte.

Durante mucho tiempo, la camisa tuvo mala prensa, hasta tal punto que sólo desempeñaba la función de ropa interior o, mejor dicho, de ropa invisible, como afirma Philippe Perrot, una segunda piel que, como tocaba más de cerca a la persona, formaba parte de lo íntimo, por lo que mostrarse públicamente en camisa podía significar falta de pudor o una ultrajante grosería, según el sexo de la persona que se mostrara. La humillación de los burgueses de Calais se manifestaba más por la camisa que por los pies desnudos y la cuerda al cuello. La camisa de los condenados a muerte se explica claramente por consideraciones de tipo «práctico», pero indica asimismo hasta qué punto los futuros ajusticiados eran ya poca cosa. No ya poca cosa, ni siquiera seres humanos, pues la tradición rusa los convierte en almas; durante siglos, los patanes no tuvieron más que una camisa para echarse a la espalda.

Así, Griselda, repudiada por su marido tras trece años de matrimonio y, todo hay que decirlo, de buenos y leales servicios, tiene que volver a casa del boyero Gianucolo, su padre, tan pobre como se había marchado. Ni siquiera poseía ya «la única dote que había llevado», es decir, su virginidad. A cambio, el indigno esposo no la deja marcharse desnuda: «En camisa, descalza y sin nada en la cabeza, dejó la casa»[1].

A finales del siglo XIX, el atuendo masculino no ofrecía prácticamente diferencia alguna con el de nuestros días, pero la camisa, aunque había dejado de ser una prenda interior desde hacía mucho tiempo, no siempre podía disociarse de la ropa exterior que la mostraba ampliamente. En su ausencia, la vista de la camisa seguía ofendiendo las buenas costumbres. Por eso los hombres nunca se quitaban la chaqueta en público, ni siquiera en plena canícula o en los momentos de expansión, aunque llevaran chaleco. Esta prenda, aunque borraba la blancura del cuerpo del delito, no impedía un desaliño[2] de pésimo efecto que únicamente se toleraba en la indumentaria servil de los camareros de los cafés o de los ayudas de cámara.

Hace poco que se consiente a los empleados poder trabajar en mangas de camisa... como los americanos, se lamentan los últimos cascarrabias. Pero el burócrata que debe presentarse ante un superior sigue conservando el reflejo de ponerse la chaqueta (y la corbata) ante de traspasar el umbral. La camisa se atiene a la delicadeza de los buenos modales en la mesa, incluso en privado, pues el hombre bien educado pide permiso a la compañía femenina para quitarse la chaqueta. En cualquier caso, nunca se hace en un restaurante o en un espectáculo, ni siquiera en América, sobre todo por la noche, que confiere mayor solemnidad a los acontecimientos.

La historia de la camisa exhibida u oculta no es, por tanto, un capítulo menor en la historia del vestido. Todo lo contrario. Cabe considerarla el elemento base del traje europeo desde el siglo V antes de nuestra era, que da origen al *chitón* griego, en realidad dos trozos de paño unidos por los extremos sobre ambos hombros o sobre uno, y después a la *túnica* masculina romana.

Los hombres y mujeres galos llevaban la *camisia* celta, el verdadero gran antepasado de la camisa, que le otorgó su nombre en francés, italiano, español, portugués y rumano, todas lenguas latinas, así como en albanés. Tenía mangas cortas o largas, y se cortaba sobre patrones llegados de Oriente Próximo y del Egipto copto. Encima de la *camisia,* y para estar calientes en invierno, Astérix y los suyos se metían por la cabeza la *colobe,* una especie de poncho sin mangas, de piel o de lana gruesa, muy estrecho, que se podía sujetar con un cinturón. También podían ponerse dos *camisia* superpuestas; la primera servía de ropa interior y era de lana fina o lino (posteriormente de cáñamo, tras la época de las invasiones). A los romanos les sorprendieron las rayas de colores que tenían. La camisa que llevaban por encima, lisa o asimismo con listas, muy amplia y ceñida con pliegues en la cintura, se adornaba con franjas o con galones dentados. Tácito menciona el empleo de esta *camisia* entre los germanos, pero como este erudito posee pocas luces para hablar de trapos, da a la prenda el nombre de *sagum* (sayo), al confundir la *camisia* que se lleva encima con la *colobe:* «Todos llevan este sayo sujeto con un broche o una espina».

En los tiempos bárbaros del siglo XIII, la *camisia* se convirtió en la *chainse,* que terminó designando el elemento superior visible y, a veces, único, en el caso de la gente pobre, como testimonia la iconografía de la época, en particular las estampas iluminadas de los Libros de Horas que representan labores agrícolas o artesanales. La *chainse* y su her-

mana la túnica se estructuraron, dando lugar a la saya, que
en el siglo XII no sobrepasaba la rodilla, aunque más tarde
descendió hasta los pies para volver a acortarse en el siglo
XIV. Curiosamente, la saya es, en la actualidad, una prenda
de trabajo, generalmente un dril azul o en tela gruesa de
colores que varían según la profesión, y que también se
confunde con el mono. Se le añadieron las perneras con la
industrialización, tras haber sido designada, siendo todavía
blusa, como *bourgeron*. A finales del siglo XIX, el *bourgeron*
se convirtió en el traje de faena de los soldados. Se cortaba
en tela de cáñamo o terliz, de la que adoptó el nombre y,
como a la saya de los obreros, se le añadieron perneras después de la II Guerra Mundial. ¡Curioso periplo bajo identi-
dades adoptadas de forma sucesiva!

Hablaremos de estos viajes en diagonal y en zigzag, sin
olvidar el trayecto más recto que conducirá de la *chainseid,*
transformada en saya, directamente hasta el vestido. Pero,
de momento, vamos a seguir con la camisa. La camisa de
hombre no se diferenciará de la de mujer hasta el siglo XII.
Hasta entonces tuvo mangas cortadas de una sola pieza y el
cuerpo también de una sola pieza, por delante y por detrás,
según el patrón oriental en forma de cruz; el cuello podía
ser liso o fruncido mediante un cordoncillo. Todavía se
lleva de este modo en las zonas rurales de los Balcanes, más
larga para las mujeres que para los hombres, lo cual permite subirse la falda con decencia para trabajar, como se hace
cuando se llevan enaguas debajo. El *huipil* de los indios
americanos y el *poncho* proceden del mismo corte, que se
encuentra asimismo en África, donde se unen paños estrechos para obtener la longitud necesaria.

Como los europeos consideraban la camisa una prenda
muy íntima, durante largo tiempo les pareció indecente,
sobre todo en el caso de la femenina, comprarla ya confeccionada —hay que tener en cuenta asimismo la falta de
circulación de moneda—. Por eso se cosía en casa, labor

de las damas o de las hijas de la familia, o bien, cuando se disponía de los medios, se confiaba a las manos de obreras que cosían ropa interior a jornal. Todos sabemos cómo se ocuparon las señoritas en la confección de su ajuar hasta comienzos de este siglo. Como no se hacía la colada más que dos o tres veces al año, había que ser previsora y tenerlas por docenas, y debían durar toda la vida. Algunas sólo han salido de los armarios para enriquecer a los actuales anticuarios.

En *Vêtements et Sociétés* [*Vestidos y sociedades*] [3], Monique de Fontanès cuenta que Madame Beaulieu y Madame Bayle [4] no hallaron mención alguna de estas «prendas interiores» en las cuentas de la Casa de Borgoña del siglo XV: «Porque estaban confeccionadas por las mujeres de más alto rango, incluida la duquesa.» Así, y hasta un pasado relativamente reciente, desde el cultivo de las plantas textiles hasta el cosido, las camisas de todos los miembros de una comunidad dependían exclusivamente del patrimonio familiar. En algunas zonas rurales —como en la historia de Silas Marner, el tejedor de George Eliot—, un artesano ambulante se encargaba de trabajar a destajo, en su telar, el lino, el cáñamo o la lana hilados en los hogares.

El tafetán doméstico o del pequeño artesanado nunca tenía más de 70 cm de ancho. Una anchura mayor indicaba un producto manufacturado, al igual que una tela muy fina, que no se podía confeccionar con los medios locales. Como no era cuestión de derrochar, la hechura tenía que incluir el ahorro: las dos mitades de la camisa cortadas de una sola pieza evitaban las costuras de los hombros y de la parte superior de las mangas, y con los recortes de los costados se alargaban las mangas e incluso se hacían los puños para fruncirlas y que no quedaran demasiado anchas. Por la misma razón, el tejido se empleaba en los dos sentidos, por el derecho y por el revés.

Sólo a partir del siglo XVI se dieron cuenta de que el

corte en ángulo recto podía ser más holgado si se utilizaban bolsillos en forma de rombo en la axila. Asimismo se
incrustaron puntillas para dar amplitud al dobladillo del
bajo. Las camisas de hombre se abrieron por delante y por
detrás y se acortaron, al aparecer, los leotardos. Se generalizó el uso de bordados en las mangas y en el cuello, con
frecuencia superpuestos para poder ser descosidos y reuti-
lizados posteriormente, cuando la prenda estuviera usada.
En los trajes regionales, los bordados eran exuberantes en
las camisas de fiesta. Se comenzó a emplear el encaje desde
su aparición; se ha dicho que su primer destino fue la camisa.

Pero más de cien años después, las personas elegantes
de ambos sexos, de las ciudades y de las cortes, llevaban
camisas de seda en colores, o azafranadas cuando el tejido
era tan fino que dejaba adivinar la piel. Las mangas podían
tener más de un metro de largo, pues se ahuecaban en los
puños o por delante del jubón. Después, la moda de la
«cuchillada» permitió lucir forros añadidos.

Siguiendo la moda italiana, las fastuosas camisas de hombre y de mujer del siglo XVI se adornaron con bordados de
oro y plata que, no obstante, se denominaban «a la española». Se llamaban «camisas de oro», a pesar de que, en general fueran de seda, preferentemente carmesí, y solían ser regalos de boda o de celebraciones. Lucrecia Borgia tenía
doscientas, tan recargadas que pesaban muchísimo. Cien
años después, María de Médicis, esposa de Enrique IV,
llevó consigo cofres llenos de ellas al llegar a Francia.

Y puesto que estamos hablando de los Borgia hubo en
1501 un condotiero de César Borgia, Guidarello Guida-
relli, originario de la región de Emilia, famoso por su her-
mosura y su gran elegancia. El «príncipe», tras apoderarse
del condado de Forlì, celebró un suntuoso carnaval en la
ciudad de Imola y Guidarello prestó una de sus camisas de
oro a un amigo que nunca se la devolvió. Y éste, para salir

al paso de las reclamaciones, mandó asesinar a su imprudente acreedor.

Desde la época de los Valois, la etiqueta de la corte de Francia prescribía que un caballero o una dama de la más alta alcurnia llevara, al amanecer, la camisa al rey, la reina y los príncipes de sangre real. Y aunque con Enrique IV, la etiqueta se relajó, incluso cuando, por casualidad, la reina compartía su lecho, con Luis XIV, no fue cosa baladí. Se cuenta que el Gran Conde sólo se dejó atrapar una vez, y por sorpresa, para «servir» a Monsieur, el hermano del rey, al que despreciaba cordialmente y se negaba a honrar de este modo.

Las camisas de hombre, en época de Luis XIV, tenían mangas que, como en el siglo XV, sobrepasaban con mucho la longitud del brazo. Se acortaban mediante tres filas de fruncidos adornados con nudos o escarapelas de cinta. El cuello, muy alto, se cerraba con dos botones disimulados bajo una golilla, al principio de fina batista plisada y bordada o adornada con encaje y, posteriormente, sólo de encaje, como ya hemos visto.

Los chalecos y las casacas abiertas requerían que la parte delantera de la camisa estuviera bordada y llevara pequeños pliegues y volantes de encaje encañonados, y las más ricas se abrochaban con botones de joyería unidos entre sí por una cadenita de oro invisible. Se crearon falsas percheras que se fijaban con su cuello, para cambiarse fácilmente y ahorrarse el lavado de toda la camisa, al menos en el caso de la gente modesta. El inventario que se llevó a cabo tras la muerte de Molière contiene varias de estas pecheras. También se puso de moda la práctica de las medias mangas de elegantes puños que se fijaban a la altura del codo.

En la *Belle Époque,* estas mangas serán de lustrina —satén de algodón negro— sujetas por el codo con una goma para proteger la camisa de los escribientes, que Courteline inmortalizó en *Messieurs les ronds-de-cuir [Los señores chupatintas],* pequeños burgueses cuya oscuridad de funcionarios insignificantes les permitía trabajar sin chaqueta en oficinas perdidas al fondo de un pasillo. Tradicionalmente, los directores de películas del Oeste representan de este modo a los periodistas y completan su indumentaria con una visera de celuloide. En estas películas, el vestido obedece a un código muy preciso. Y si hoy la camisa de cuadros de *cowboy* forma parte de la nueva tradición del vestido de cualquier habitante del profundo Oeste, se lo debemos al cine y aún más a la televisión. Nada impide tampoco, ni allí ni aquí, disfrazarse de trampero con largos flecos a lo largo del canesú y de las mangas. Los flecos servían para que escurriera el agua de la lluvia. Otras camisas de cuadros muy cómodas, de franela o de lana gruesa, nos llegan de Canadá. Antiguamente se cortaban de mantas. Los leñadores se las cambiaban a los indios por pieles.

En estas camisas de *sport* son muy prácticos los bolsillos, pero están prohibidos en las de vestir, que deben ser elegantes en vez de funcionales. Los *cowboys* originales no los conocían, aunque sus reencarnaciones cinematográficas escondan en ellos su último cartucho. Se trata de la herencia de las chaquetas de campo *(bush-jackets)* de las tropas coloniales británicas, que el ejército americano del Pacífico adoptó durante la II Guerra Mundial, al igual que la trabilla del hombro, en un principio destinada a llevar un galón. La pequeña trabilla colocada debajo del cuello o por encima del canesú de la espalda permitía colgar la camisa de un árbol para asearse en los ríos de la selva. Hay muchos detalles de la indumentaria masculina de origen militar.

En la actualidad, la camisa de *sport* tiene varios bolsillos, de uno a cuatro, en la parte delantera. El pliegue «Watteau» (pliegue doble) ofrece la facilidad y la seguridad suficientes para guardar la cartera, el paquete de cigarrillos o cualquier otro elemento indispensable para la felicidad. La pluma también tiene su compartimento. Es fundamental no meter nada en los bolsillos de las mangas, pues su inutilidad es lo que les da todo su encanto.

Las «bush-jackets» se transformaron en la sahariana, más varonil si el tejido ha sido estampado como la tela de camuflaje. Ningún mercenario, ningún nacionalista africano, sudamericano o asiático intentaría «liberar» la patria sin ella.

La camisa, separada definitivamente de la chaqueta, aunque conserve los bolsillos como recuerdo, y roto al mismo tiempo su vínculo con la corbata, ha acortado las mangas para marcar claramente su autonomía. Para rehacer su vida, ha cambiado asimismo su nombre por el de camiseta; es más joven y alegre. En la ciudad, o si se es militar o algo similar, se remete por la cintura del pantalón. Como prenda de vacaciones, abigarrada y florida como en Hawai, o cuando es de punto, se lleva por encima. Al punto le va bien un pequeño amuleto, siendo el más famoso el cocodrilo, emblema de René Lacoste, el famoso campeón de tenis francés de antes de la guerra. De todos modos, incluso sin cocodrilo, sigue siendo una camisa Lacoste, y hoy mucha gente no sabe quién fue su inventor. La camiseta renegó de los faldones de su madre, la camisa. Cortada de forma recta por debajo de la cintura, como si fuera una chaqueta, se burla con mucha seriedad de ella, ya que se ha desembarazado de esos apéndices que tanta burla despertaron.

Durante casi un siglo, desde 1870 aproximadamente, los faldones de la camisa han sido más largos por detrás que por delante y el exceso de tejido se recoge graciosamente entre las piernas. La pechera añadida, generalmente con pliegues sesgados o verticales, subsistió durante unos cincuenta años, aunque sólo adornaba las camisas de los trajes de noche. La botonadura estaba rematada por una presilla provista de un ojal que permitía sujetarla a un botón de los calzoncillos para estirar bien la pechera en el torso. El ancho pliegue doble que prolongaba la pechera y el de las mangas tenían que plancharse de forma paralela, al igual que los del canesú de la espalda. Éste, destinado a conferirle solidez, apareció al final del Segundo Imperio. La operación de hacer pliegues, una verdadera obra de arte que se solía transformar en una pesadilla, formaba parte de la educación doméstica, al igual que echar un remiendo, volver cuellos y puños y confeccionar ojales bordados.

A partir de los años sesenta, las mujeres tuvieron cosas mejores que hacer, y como la moda se enamoró de la delgadez, la línea de las camisas se hizo estrecha, pegada al cuerpo, gracias a largas pinzas en la cintura o a recortes. En este fin de milenio, la camisa es recta, a imitación de la camiseta, y los problemas de planchado se han solucionado con los tejidos que no hay que planchar, los sintéticos y el punto, que permiten sustituir el planchado por el secado en una percha. ¡Y pensar que hace cien años, los dandis de toda Europa enviaban dos veces al año, para que la lavaran y almidonaran, la ropa bordada con sus iniciales a los Países Bajos o a Londres, pues sus lavanderas no tenían igual!

Otros tiempos, otras costumbres. En la primavera de 1989, una maleta llena únicamente de camisas perfectamente almidonadas despertó las sospechas de los aduaneros del aeropuerto de Bogotá. Hechas las pertinentes comprobaciones, descubrieron que el almidonado estaba hecho a base de... cocaína. El astuto traficante tendría que haber sabido que las actuales planchadoras de Colombia no gozan de fama internacional.

Si la camiseta está relacionada con el atuendo del hombre, la blusa camisera, de mujer, es una blusa cortada siguiendo el modelo clásico de la camisa masculina, en tejido ligero o suntuoso. La blusa —a secas— designa otro tipo de prenda femenina; es generalmente suelta y tiene origen campesino: la *beluse,* una amplia camisa azul o negra de los boyeros del centro de Francia.

Según la iconografía, parece que la *blanqueta,* la camisa de baño medieval, era utilizada más por los trabajadores de los baños públicos que por la numerosa clientela que en ellos se apretujaba, sin distinción de sexos. El tejido permanentemente mojado dejaba todo a la vista en las jóvenes, en lugares donde, como decía Étienne Boileau, «pasan muchas otras cosas que no está bien decir»[5].

Sin embargo, la pudibundez aparecerá, junto a la indecencia, en época de la Reforma y la Contrarreforma. Las mujeres honestas «se lavarán bajo la protección de una camisa de tela que oculte su cuerpo de su propia mirada»[6], costumbre que permaneció hasta comienzos de este siglo. Se aplicaba, con mayor motivo, a las vírgenes de buena familia en los conventos o internados. Aún en vísperas de la II Guerra Mundial, la camisa de baño formaba parte del ajuar obligatorio de los centros de educación de la Legión de Honor. Aunque Pierre Gaxotte afirmó que, en Francia, el siglo XX comenzó el 2 de agosto de 1914, parece que, en algunos aspectos, la moral burguesa llevaba una guerra de retraso.

Después de Termidor, las damas, con sus vestidos transparentes, no habían ocultado gran cosa a las miradas de sus contemporáneos. Una de ellas, Madame Hamelin, apodada «la mujer más licenciosa de Francia», apostó que atravesaría París andando, desde los Jardines de Luxemburgo hasta los Campos Elíseos, con un escote por debajo de los senos; no hace falta señalar la inutilidad de la camisa en este caso. «Hace más de dos mil años que las mujeres llevan camisa, lo cual es como para morirse de antigüedad», concluye el periodista del *Journal des Modes.*

Después de haber estado a punto de morir en el patíbulo, la ciudadana Rose Tascher de La Pagerie, viuda de

Beauharnais, decidió sacar provecho a la vida. Por eso, como símbolo de la libertad recobrada, arrojó su camisa, como las demás locuelas, al viento del Directorio y la sustituyó por un collar de terciopelo negro que llevaba entre la piel y la muselina para hacer resaltar la blancura de los senos con los pezones pintados de rojo.

Para la estación fría se recurría al uso de una camiseta y unos leotardos de fino punto de seda, de color carne, que simulaban la desnudez del cuerpo bajo el vestido de gasa. Antes de ir a un baile muy concurrido, la criolla Rose Tascher de La Pagerie envió, con un mensajero, una carta muy urgente a su mejor amiga, Madame Tallien: «Se trata, querida amiga, de una magnífica velada en Thélusson. No os pregunto si vais a aparecer por allí. Os escribo para rogaros que vayáis con la ropa interior de flor de melocotón que os gusta tanto y que a mí no me disgusta; me propongo llevarla igual.»

El Imperio restableció ciertos privilegios, y también la camisa, por lo que la encontramos en el inventario del guardarropa de la antigua viuda alegre convertida en la emperatriz Josefina. Como la corona obliga, hay muchas camisas: «Cuatrocientas noventa y ocho camisas de muselina, de tafetán de Holanda, de batista y de percal, bordadas en la parte inferior y adornadas con gorguera y mangas de encaje de Valenciennes o de Malinas. Se necesitan casi dos metros y medio para una camisa[7]».

Al lado de ese casi medio millar de magníficas prendas, ni siquiera se podría llenar un cajón con los tres calzones y los dos pantalones de seda... de color carne, destinados a los paseos a caballo. Su escaso número sería sorprendente si no supiéramos hasta qué punto tenían mala fama estos accesorios. Volveremos sobre ello.

En época de la Restauración, las mangas de camisa, que eran lisas y cortas debido al corte de los vestidos del Imperio, se ahuecaron y, finalmente, desaparecieron, al menos en los modelos elegantes, dando paso a las estrechas hombreras que hoy conocemos. Hacia 1900, la ropa interior confeccionada se extendió, adoptando, con la moda de los vestidos cortos de la posguerra, la línea recta pegada al cuerpo que presenta en la actualidad. La seda natural o artificial sustituyó a la batista, y los tonos pastel, en particular el rosa, destronaron al blanco. De 1925 a 1930, gozó de una corta aceptación la camiseta-calzón, cerrada con una trabilla en la entrepierna. Después, en la II Guerra Mundial, desapareció la camiseta, cuando comenzó el reinado del indesmallable. Se redescubrió en 1975, en el momento en que la industria de la ropa interior se abrió paso con inusitada fuerza en el mercado, ofreciendo modelos encantadores a todos los precios, coordinados en conjuntos. Las denominaciones recuerdan los tiempos antiguos, aunque son aproximaciones: chambra, por ejemplo. Las jóvenes prefieren utilizar, como los chicos, camisetas (*T-shirts*) de manga corta y de punto de algodón. Camisetas indispensables, que, más anchas y largas, se transforman en camisolas, adornadas con impresiones tomadas de las tiras cómicas.

Entre las ideas falsas que siguen circulando destaca la afirmación —¡incluso en los diccionarios!— de que el camisón apareció a finales de la Edad Media. En realidad, los griegos y los latinos se dejaban un *chitón* para dormir. Posteriormente, con el refinamiento que trajo el Imperio, Roma prefirió acostarse tras ponerse una ropa interior distinta, por lo que había *tunicae* especiales para la noche. Este uso está atestiguado aún en tiempos de Carlomagno, bien especificado en diversos inventarios. En la época medieval, sólo los pobres dormían desnudos, ya que tenían que reservar su escasa ropa interior. Pero ya se tratara de un pobre, de un rico comerciante o de un noble señor, rara vez se dormía sin compañía. La fraternidad de las armas y la hospitalidad no se detenían en la mesa. Si se compartía el pan, también se compartía la habitación o, en la mayor parte de los casos, la ancha cama de las salas comunes, que eran habitaciones en las que se vivía. El huésped de paso era acogido sin problemas bajo las mantas del dueño de la casa. Pero salvo en el caso de las chozas miserables y, quizá, de los primeros hospitales, no se practicaba la promiscuidad que originaba esas picantes equivocaciones en la oscuridad que tanto abundan en los *fabliaux* y las novelas a la italiana. A no ser que se tratara de un matrimonio —o de una pareja de amantes—, hombres y mujeres ocupaban camas separadas. La Edad Media era virtuosa.

Fue entonces cuando dormir en pareja, desnudos o en camisa, tomó un sentido muy preciso. Por otra parte, aún no se decía camisa en el siglo XIII, sino saya («descalzo, pues era de noche, llevaba una saya por todo vestido»; así se hallaba Luis IX, según Joinville, al sacarle de la cama el accidente de su barco en las costas de Chipre). Sólo se dormía sin ropa y uno junto al otro, cuando había comercio amoroso; «acostarse desnudo con la desnuda», se decía, expresión que se transformó en «acostarse con...». El rey Marco, al hallar a Tristán e Isolda en el bosque durmiendo abrazados, pero vestidos, no ve en ello motivo alguno de celos. «Cómo Amor muy dulcemente cerró con una llavecita el corazón del amante de tal suerte que no se quitó la camisa», dice el *Roman de la Rose* del amante casto [8], al que la educación cortés somete a pruebas de las que saldrá por la quemazón del deseo.

Parece que aún en el siglo XVII, cuando ya hacía trescientos años que la camisa, sobre todo el camisón, se había generalizado entre las clases acomodadas, esta prenda seguía siendo, de forma muy simbólica, tan eficaz en la protección contra la concupiscencia como la espada «en su vaina» que separa a Tristán de Isolda. Una de las «preciosas ridículas» afirma: «Encuentro el matrimonio como una cosa totalmente molesta. ¿Cómo puede sufrirse el pensa-

miento de acostarse con un hombre totalmente desnudo?» *.
Y para sorprender en menor medida a las jóvenes cándidas
que confunden el pudor con la pudibundez, y la virtud con
el temor al ojo de Dios, el siglo XVIII, el de las Luces, pero
también el de los bribones de Boucher o de Fragonard o el
de las indecencias a puerta cerrada del Regente, este siglo
XVIII inventa los pasmosos «camisones conyugales».
Decimos «los» y decimos bien, pues se ha olvidado que esas
cárceles de tafetán protegían la conciencia de cada uno de
los esposos, mediante «aberturas» distintas que permitían,
según Anatole France, «proceder castamente a la ejecución
del mandamiento de Dios de crecer y multiplicarse»[9].
Joseph Vaylet [10] ha reunido estas camisas, que en el campo
se llamaban «de abertura parisina» y que también recibían
el nombre de «camisas de familias cristianas», en un pequeño museo de Espalión. Jean-Claude Bologne [11] cuenta que,
en 1952, una mujer llevó una camisa de este tipo al ir a dar
a luz en el hospital de Caen a su duodécimo hijo.

El «agujero de la felicidad» *(sic)* del camisón de la esposa, a veces provisto de jaretas, se rodea de delicados bordados e incluso de citas edificantes a plumetí, como «Dios lo
quiere» o J. M. J. (¡Jesús, María y José!). La prenda del
marido, más sobria, se abre por delante en un «puente le-
vadizo» de la anchura de un faldón, que se abrocha con un
botón a la altura de la cintura. Lo más extraño de todo es
que la joven pura bordara sus camisones como el resto del
ajuar, y cabe preguntarse cómo se explicaba la pobre inocente, teniendo en cuenta su universo educativo, el funcionamiento de ese orificio bordado. En cuanto al camisón
del marido ¿quién lo confeccionaba: su santa madre o las
monjas de los conventos, con frecuencia proveedoras de
los ajuares burgueses?

---

* Molière, *Las preciosas ridículas,* Traducción de Julio Gómez de la
Serna, Carroggio S. A., Ediciones, Barcelona, 1983 (*N. de la T*).

Entre los lubavitch, una secta askenazí ultraintegrista, como el camisón conyugal no basta para impedir todo posible placer, todavía en nuestros días se tiende cuidadosamente un paño agujereado sobre la resignada víctima.

La camisa conyugal perdonó, desde luego, a la corte de Francia, limitándose a adornar los armarios de la burguesía. En caso contrario, se habría sabido. Como se sabe que la princesa Palatina, la futura madre del regente, a punto estuvo de no llevar camisa alguna para acoger legítimamente en su lecho al más remilgado de los inútiles de una corte en la que no escaseaban.

En noviembre de 1671, para su matrimonio con Felipe de Anjou, duque de Orleans y llamado Monsieur por ser el hermano menor del rey Luis XIV, Carlota Isabel, condesa palatina del Rin, duquesa de Baviera y desde entonces Madame, recibió una dote muy modesta para su rango, ya que su padre, el elector Carlos Luis, era de una avaricia proverbial, hasta el punto de que el Palatinado, al día siguiente de la Paz de Westfalia, conoció días de espantosa miseria. A la dote, que ni siquiera se especificaba en el contrato «por ser poca cosa», había que añadir un ajuar encargado a París por Ana de Gonzagues de Clèves, tía de la novia, que había concertado la boda. Dos meses después de la ceremonia, la ropa interior de la princesa seguía esperando en las tiendas de los comerciantes el dinero alemán que no había llegado, a pesar de las reiteradas promesas del elector.

Cuando Liselotte se quedó sin muda, la tía se lo tomó a la tremenda y obligó al embajador del Palatinado a intervenir: «Usted sabe que sólo tiene seis camisones y otras tantas camisas y se van a burlar de ella en todas partes por no tener ni una camisa que ponerse. Y esto la perjudica mucho [...]. El cariño de Monsieur y la estima del rey son lo esencial. No obstante, pensad en la ropa interior. Es vergonzoso haber enviado a una hija del Elector al hermano del rey de Francia con seis camisas. Serían necesarias una docena para que esta boda fuera útil para los intereses del Elector, suponiendo que ninguna se estropee [...]. Es necesario que todos pongamos de nuestra parte. Madame se porta admirablemente y toda la corte la quiere y admira» [12]. Cuando Heidelberg recibió la carta, se produjo el efecto deseado. Madame tuvo sus camisas y, desde entonces, fue bien recibida en todas partes.

En los años siguientes fue Monsieur el encargado de regular los gastos de ropa de Madame, pero también hubo ciertas dificultades con las camisas: «Cuando necesito camisas y paños, me veo obligada a mendigarlas durante una eternidad, mientras que él da 10.000 táleros a La Carte para que le compre ropa interior en Flandes», escribe Madame, el 7 de marzo de 1696, a la tía que la había criado. La Carte era el favorito en aquellos momentos.

Desde entonces, provista de un ajuar suficiente, Madame pudo enfrentarse, con la cabeza muy alta, al ritual que dos veces al día se infligía a los príncipes: la presentación de las camisas de vestir y de los camisones a la que ya nos hemos referido. Aunque daba muestras de odiar el ceremonial y maldecía la «esclavitud» *(sic)* que implicaba la etiqueta de la Corte, en realidad, le concedía más importancia que las princesas francesas, quizá porque se había sentido frustrada a su llegada. «Noble y grande en todos sus actos», afirma Saint-Simon, «se empequeñecía en el último momento en lo que concernía a lo que le era debido».

Dondequiera que se hallara la Corte, los miembros de la familia real comenzaban el día mostrándose como un espectáculo, incluso antes de lo que hoy consideraríamos estar presentable. Para los grandes todo es grande. Ni siquiera era vergonzoso para las mujeres mostrar sus intimidades a las miradas ajenas sentadas en la silla retrete o durante el parto. Todo lo contrario, pues ello demostraba de forma simbólica la distancia que separaba la inalterable dignidad real del resto de los mortales. Como afirma Jean-Claude Bologne, «el rey es puro espíritu, sin cuerpo y, en consecuencia, sin pudor». El rey y los de su sangre. Madame Campan relata en sus memorias lo poco que le gustaban a María Antonieta semejantes tradiciones, ella, a la que en la ciudad consideraban escandalosa. Muy mojigata, como buena austriaca, y muy friolera, se bañaba con una camisa de franela de manga larga, abotonada hasta el cuello.

«Un día de invierno, sucedió que la reina, totalmente desnuda, se hallaba a punto de ponerse la camisa que yo sostenía desplegada. Entra la dama de honor, se apresura a quitarse los guantes y coge la camisa. Llaman a la puerta y abro: era la duquesa de Orleans. Se quita los guantes, se adelanta para coger la camisa, pero una dama de honor no debe entregársela. Me la da a mí y yo, a la princesa. Vuelven a llamar a la puerta: es la condesa de Provenza. La duquesa de Orleans le entrega la camisa. La reina tenía los brazos cruzados sobre el pecho y parecía tener frío. La condesa, ante su penosa actitud, tiró su pañuelo, guardó los guantes y, al ponerle la camisa, despeinó a la reina que se echó a reír para disimular su impaciencia, tras murmurar varias veces entre dientes: "¡Es odioso! ¡Qué impertinencia!"»

A comienzos de este siglo, en Gran Bretaña, el pijama comenzó a sustituir al camisón masculino; en el caso de las mujeres, la sustitución comenzó a producirse durante la Ocupación, debido a las dificultades de calefacción. Justo antes de la guerra, Chanel había lanzado el pijama de playa, de pantalón muy ancho, que tuvo mucho éxito. Pero el pijama no era una novedad, ni mucho menos.

A comienzos del siglo XVII, los colonos portugueses ya apreciaban el *epa-ejama* de las Indias. Esta ligera prenda indígena les parecía, con toda razón, mucho más agradable para el trópico que las calzas, las botas y el jubón. A los ingleses también les gustó, y en la National Gallery se puede contemplar un retrato, realizado por Van Dyck, de un tal Lord Denbigh, que lleva, en medio de un paisaje tropical, *calzones mogoles,* como se decía en 1663. El fusil que sostiene en la mano y los tirantes de las cartucheras cruzadas sobre la chaqueta abrochada con negligencia no indican que se tratara de una prenda de noche, sino para momentos de expansión.

Al igual que el resto de la ropa masculina, el pijama de los tiempos modernos hará de la fealdad una cuestión de honor hasta que la industria recurra a los diseñadores, que le darán un aspecto juvenil y deportivo.

## Los hijos de la camisa

Al principio, en la Edad Media, la falda *[jupe]* y el *gippon* designaban una prenda interior masculina, una especie de camisa sin mangas a la que se unían con siete cordones las calzas, a la sazón de tela cosida. Debajo de la armadura, el *gippon* requería, para que el cuerpo quedara separado del metal, un relleno de estopa o de numerosas capas de tejido (a veces hasta treinta). El forro se fijaba con multitud de pequeñas puntadas, lo que hizo que se le diera a la nueva prenda el nombre de *pourpoint* *.

Hacia 1350, el jubón pasó a la vida civil y a veces se le añadían mangas que se fijaban a las sisas con ceñidores. Muy largo y ajustado en el siglo XV, se acortó durante las guerras de Italia y se volvió a alargar en la época de Enrique II a Enrique III, añadiéndosele mangas si era necesario y dotándolo de un invento español y no polaco, como se afirma: ¡una almohadilla en el estómago! Esta panza podía descender hasta debajo del vientre y doblarse, como lo demuestra el traje de Polichinela de la *commedia*

---

* Literalmente: muchos puntos. Significa «jubón» (*N. de la T*).

*dell'arte.* Si el relleno no bastaba, se reforzaba con cartón, con cuero moldeado en la forma adecuada e incluso con láminas de acero. Se hacían almohadillas huecas para guardar en ellas la bolsa, mientras se adaptaban las corazas a tal efecto. Parece que este relleno tuvo un origen defensivo, como protección contra las balas y las hojas de las espadas, en aquellos agitados tiempos...

Con Enrique IV, el jubón perdió sus ridículas deformaciones, pero se le añadieron faldones reforzados con cartón en el dobladillo. Los faldones se alargaron con Luis XIII y desaparecieron durante la juventud de Luis XIV, en tanto que la forma del jubón se ensanchaba y las mangas se acortaban mucho.

Después de la boda del Rey Sol, el jubón se alarga tanto, ensanchándose en forma de faldón a la altura de las caderas, que no se le reconoce. Se convierte en la casaca. Las mangas descienden hasta el puño y se adornan con multitud de botones inútiles; en 1700 se ensanchan en forma de pagoda mediante una ancha vuelta. Los faldones, desplazados hacia atrás, se pliegan en la parte inferior de la espalda.

La casaca de finales del XVIII, muy elegante, de paño, de seda o de terciopelo, estaba cubierta de admirables bordados, de trencillas de seda o de oro o de una ornamentación briscada, tejida según el patrón. Después se estrechó, se hizo sobria y se le añadió un cuello vuelto, enorme durante el Directorio. Con el Imperio, los faldones se escotaron, ciñendo las caderas. Durante la Restauración, las únicas casacas con bordados fueron las de los altos funcionarios civiles. El traje de gala de los prefectos y de los académicos conserva aún el recuerdo. Para la vida de diario, la casaca del siglo XIX utilizó el paño de lana lisa, negra o de color, con cuello vuelto y solapas generalmente cubiertas de satén. El Segundo Imperio la convirtió en el frac, reservado para las veladas elegantes, de fino paño negro y faldones

que se proyectan hacia atrás y cuelgan. La casaca roja quedará reservada para los cazadores de montería.

En esa época, el redingote era sencillamente la prenda
que se llevaba de día. Tenía exactamente cien años, pues
apareció con la Regencia como prenda de equitación, *rid-
ing coat*. La anglomanía se hallaba en su máximo esplendor. Se trataba de un sobretodo que se llevaba encima de
la casaca y era un poco más largo que ésta, abotonado
hasta la cintura y provisto de una abertura en la espalda
que permitía cabalgar, lo cual facilitaba aún más un corte a
la altura de las caderas, en disminución desde las aberturas
de los bolsillos. El cuello se podía volver y abotonar, en
tanto que una corta esclavina —a veces varias— protegía
los hombros. Como todo el mundo montaba a caballo, el
éxito del redingote fue general y su corte sirvió de inspiración a la moda de la ciudad y de la corte, compitiendo con
la casaca. Las mujeres lo llevaron hasta la Revolución,
adornándolo con anchas solapas cruzadas. En época de
Luis Felipe, los grandes redingotes con doble esclavina se
denominaban «a la propietaria». En la actualidad, el término sigue designando un corte de abrigo entallado, con cuello bufanda y sin esclavina, que se reserva para el «carrick»
(gabán de cochero), y que se pone de moda de forma periódica, aunque Dior y Fath la usaron mucho en la época
del *new look*. El último redingote masculino desapareció
con los gobiernos de los años treinta.

La chaqueta, al principio masculina, nació hacia 1670, al
mismo tiempo que la casaca, y se llevaba debajo de ella.
Tenía mangas largas y ajustadas, y los puños añadidos, a
juego con la tela de la parte delantera. Los faldones sobresalían por debajo de la casaca. En la época de Luis XV se
acortó, perdió las mangas y se transformó en un chaleco,
con la espalda siempre constituida por un forro. Los elegantes de 1803 se ponían dos, tres o cuatro chalecos, unos
encima de otros. Recuperada en el Segundo Imperio, la

chaqueta, en principio una prenda de colegial y después, para ser llevada en el hogar, al sustituir al redingote y a la casaca de los hombres se masculinizó, convirtiéndose en *veston* \*, aunque conservó su nombre y género para las damas cuando, durante la III República, llevaron trajes de chaqueta. Es el único ejemplo del sexo de una prenda. Las solapas cruzadas o alargadas se ensancharon o estrecharon según el dictado de la moda, y desaparecieron con el cardigan, una chaqueta de sport que se ponía el fin de semana un *lord* inglés del mismo nombre.

Tenemos que referirnos asimismo a la carmañola. Antes de bailar en la Revolución, era una chaqueta corta que llevaba el pueblo siguiendo el ejemplo de los federales marselleses que la dieron a conocer con el pantalón a rayas y el gorro frigio. Tenía el cuello vuelto, anchas solapas y botones grandes de metal o de hueso que la adornaban por encima de un chaleco generalmente rojo o a rayas.

El chaqué, que se solía confundir con la chaqueta, deriva del *jaco* medieval, una especie de blusa que llevaban los campesinos. Se vestía con ella a los niños del siglo XVIII hasta que alcanzaban la edad —siete años— de llevar calzón. Los hombres redescubrieron el término en la época romántica para una prenda más sencilla que la chaqueta a la francesa. Después, al desaparecer el redingote masculino, tomó su puesto en las situaciones en que era necesario estar elegante, y se ha mantenido de forma obligatoria en las ceremonias nupciales de postín o en las carreras, si se pertenece al Jockey Club. Las señoras lo habían adoptado como prenda de equitación en el Segundo Imperio. En la actualidad, la chaqueta femenina se distingue de la chaqueta americana por ser más larga y generalmente recta. Pero en ningún caso, ni hoy ni ayer, son denominaciones forma-

---

\* Chaqueta (*N. de la T*).

les los términos de la moda. ¿No es la moda la expresión misma de la inconstancia?

## Costumbres y magia de las camisas

La camisa —y su versión nocturna, el camisón—, en contacto directo con el cuerpo, simboliza el yo íntimo, en primer término, pero la blancura de la tela con la que se confecciona le proporciona un valor añadido de pureza, de alma o de intenciones, cuando toma parte en un ritual pagano o cristiano, como en el caso de la camisa blanca *(vestis alba)* del bautismo por inmersión, que se ha convertido en el traje de los bebés para el bautismo por aspersión. Antiguamente, eran los padrinos quienes lo regalaban y sigue siendo un tesoro familiar de la misma categoría que el hermoso velo de novia.

Al nacer, el niño está desnudo, desarmado, carece de personalidad. En latín, inglés y alemán, la palabra que lo designa es del género neutro. La ropa lo convierte en un ser humano que adquiere un sexo determinado por la diferenciación de las prendas. Antiguamente, la matrona ofrecía al recién nacido al padre, que se quitaba la camisa para envolverlo en ella en un gesto de amor, pero también de apropiación, de admisión. La camisa paterna, envoltura material y cultural, sustituía a la placenta maternal, envoltura natural. Del estado natural al estado cultural. Se cree que se trataba asimismo de una protección contra los malos espíritus. Esta acción mágica de vestir simboliza, asimismo, que el padre tomaba al bebé a su cargo, y constituía una prueba jurídica de reconocimiento. Cubrir de este modo a un hijo natural con la camisa del supuesto padre, aunque se hiciera sin que éste lo supiera, impedía que repudiara al hijo. Por otra parte, la camisa paterna tuvo durante largo tiempo un valor profiláctico, tanto material como simbólico, y el símbolo bastaba para que fuera eficaz. En Normandía y en Mâconnais se envolvía en ella a la parturienta para prevenir las hemorragias uterinas.

Desgarrar la camisa de un moribundo aceleraba una agonía demasiado prolongada y abreviaba el sufrimiento, pues esta «segunda piel» envuelve el cuerpo y aprisiona el alma. ¿Contenía algo del alma del amado la camisa que la joven campesina le ha hurtado y con la que barre su habitación a medianoche? En cualquier caso, en Suiza es garantía de una boda rápida.

En la alta Edad Media, la camisa desempeñó una función en los juicios: Ricarda, segunda esposa de Carlos el Gordo, sospechosa de adulterio, demostró su inocencia cuando, vestida con una camisa impregnada de cera (¡blanca!), atravesó una hoguera sin quemarse.

## La técnica de la camisa

A la camisa de hombre le debemos el *prêt-à-porter*.

En el siglo XVIII, las camisas masculinas se podían comprar en tiendas donde se elegía el modelo, la tela y los adornos y donde se encargaban de confeccionarla a medida en sus propios talleres o en una fábrica. La fabricación en serie prácticamente no existía. En las manufacturas, como indica el sentido original del término, las obreras, en grupos, cosían *a mano,* pues las máquinas aún no existían. Las manufacturas comenzaron a mecanizarse en el siglo XIX, aunque conservaron su antigua denominación. Ya hemos hablado de la invención de la máquina de coser que, desde que se empezó a utilizar, trabajaba al menos diez veces más deprisa que la más rápida de las obreras. Los primeros talleres que las fabricaron en 1862 fueron, además de Pfaff, Opel en Alemania y Peugeot en Francia, nombres que en la actualidad se hallan unidos al automóvil.

La ciudad de Bielefeld (Westfalia) está situada en el centro de una región dedicada desde siempre al cultivo del lino y a la tejeduría. Esta industria textil aumentó en el siglo XVIII con las fábricas de camisas. Las camisas de faena, de formas sencillas, sin cuello y confeccionadas con tela basta, se hacían por anticipado, puesto que no tenían que ser «a medida». Sólo había dos tallas: una grande y otra pequeña. Fue el primer paso en la línea de la confección que hoy denominamos *prêt-à-porter.*

En 1834, la creación del *Zollverein,* una unión aduanera entre la mayor parte de los gobiernos alemanes, fue el origen de un rápido desarrollo económico que se tradujo en cierta elevación del nivel de vida medio y que se manifestó también en las manufacturas por la creciente demanda de camisas de confección más elaboradas. Para la nueva explotación, aportemos nuevos medios técnicos, se decía en todo el país; de modo que, a pesar de que Alemania había sido uno de los últimos países en los que se desarrolló la revolución industrial, en pocos años se puso a la altura de las demás potencias en el mercado mundial. El mismo espíritu de empresa y la misma preocupación organizativa se manifestaron tanto en las fábricas de camisas de Westfalia como en las acerías del Ruhr.

En 1862 se abrió en Bielefeld una fábrica de máquinas de coser con las que se equiparon fábricas, que iniciaron una verdadera producción en serie. En un primer momento, las camisas más elegantes, con pecheras añadidas, las confeccionaban a domicilio obreros y obreras propietarios de sus máquinas. Inmediatamente después, los empresarios crearon talleres dotados con los más perfectos y sólidos materiales, al tiempo que organizaban la división del trabajo en distintas fases de fabricación. Esta especialización dio origen a una nueva demanda: la de máquinas especializadas, por ejemplo para bordar ojales o coser botones. Cada unidad estaba situada de modo adecuado para obtener una producción continua. Fue la primera forma de trabajo en cadena, que se impuso en todas partes en las industrias nacientes.

Más tarde los empresarios se dieron cuenta de que era imposible imponer a las obreras un ritmo de trabajo perfectamente sincronizado, por ser demasiado rápido para algunas y, para otras, una pérdida de tiempo. Se sustituyó entonces por la «transmisión directa»; la tela cortada y lista para ser cosida se encaminaba desde una central de mando hasta los diversos puestos de trabajo autónomos, dispuestos en espiga a uno y otro lado de las dos cintas transportadoras continuas y superpuestas, una para distribuir el trabajo a realizar y la otra para retirar el trabajo realizado, que se repartía de nuevo hasta ser completado.

Una vez que el tejido había sido almidonado y verificado, pasaba, en primer lugar, por el taller de patrones. Cuando se inició la industrialización, se apilaban los paños en varias capas que se cortaban a cuchillo con gran esfuerzo, siguiendo el contorno de los patrones que formaban las diferentes partes de la camisa: el cuerpo, el canesú, las mangas, el cuello, la base del cuello, etc.; algunas partes había que cortarlas dobles. El patrón de papel se colocaba de modo que se desperdiciara la mínima cantidad posible de tejido. Hacia 1950 se utilizaba una cuchilla circular tronzadora. En la actualidad se emplean sistemas completamente informatizados regulados y controlados mediante un ordenador, al igual que sucede con los paños superpuestos —a veces hasta cien—, que se cortan con la máxima precisión. Las partes cortadas se envían al taller de confección en series que corresponden a las diversas tallas. En cada lado de la cinta transportadora a la que nos acabamos de referir, cada obrera cose, a su ritmo, una parte determinada, que envía en paquetes a la siguiente para que la añada a la suya; la última fase le corresponde a la máquina de los botones, que puede poner hasta cuarenta por minuto.

Las mejoras que experimentan los tejidos, así como los imperativos de la moda, requieren frecuentes cambios en la fabricación. Hacia 1957, por ejemplo, el tratamiento que el tejido recibía para no tener que plancharse hacía que las costuras tuvieran tendencia a enroscarse al lavarse. Se palió este defecto sustituyendo la costura de dos hilos utilizada hasta el momento por el «punto de seguridad», un punto en zigzag que asegura el refuerzo de los bordes.

Como los cuellos y los puños ya no necesitan ser almidonados, el triple espesor interior que tenían para absorber el almidón se ha sustituido por un ligero tafetán aprestado mediante una prensa eléctrica automática. Esta entretela está dispuesta en forma de «sandwich» y se corta unos milímetros más estrecha que el cuello para que no sobresalga en las costuras. Una sola máquina, en una única operación, pica, desbarba, vuelve del revés, pliega y repica.

Otra modificación técnica debida a los imperativos de la moda se produjo cuando la aplicación de bolsillos en la parte delantera de los tejidos que no necesitaban plancha no quedaba bien, porque las costuras paralelas al sentido de la urdimbre del tejido ondulaban misteriosamente en el primer lavado. Bastó con dar al bolsillo una forma trapezoidal en vez de cuadrangular para que el problema desapareciera.

Subsiste, sin embargo, un problema que puede parecer ridículo, pero que no hace ninguna gracia a los fabricantes, ya que su solución no depende de ellos, sino de la industria de las lavadoras. En efecto, las modalidades de lavado difieren a un lado y otro del Atlántico, lo cual es perjudicial para la exportación de camisas en ambas direcciones. En Estados Unidos y Canadá, todas las lavadoras con agitador reciben agua ya caliente por una conexión al circuito do-

méstico. Las normas europeas, por el contrario, sólo conocen las lavadoras de tambor, en las que el agua se calienta
de forma progresiva, al mismo tiempo que la ropa. De
modo que los tejidos de las camisas deben ser aprestados y
tratados de modo distinto según los países, si no se quiere
que se produzcan accidentes como la desaparición definitiva de los pliegues o la aparición de arrugas permanentes.

No obstante, como punto final a la confección, una etiqueta adherida a la envoltura de celofán donde se coloca la
camisa terminada, planchada y doblada, vuelve a indicar
las instrucciones de lavado en varias lenguas. Aunque ya se
ha alcanzado la Europa de las camisas, falta dar otro paso
para la normalización a escala planetaria. Pero pasará
mucha agua por las lavadoras antes de que la ONU dis-
ponga de tiempo para examinar este problema.

# El sexo robado del vestido

## El divorcio del vestido

*Che roba! ¡Vaya historia de tunantes!*

El vestido no apareció como una prenda específicamente femenina de las sociedades occidentales hasta el siglo XII, a pesar de que la forma general de envoltura tubular del cuerpo, con o sin mangas, existía desde la noche de los tiempos para ambos sexos. Por eso debemos ser generosos y atribuir a una distracción la definición del Diccionario *Larousse Universal:* «El vestido fue desde la más remota antigüedad la prenda femenina por excelencia, al tiempo que servía a los hombres como hábito de ceremonia, de lujo o de recreo».

No siempre hay que mirar las cosas desde el punto de vista de la propia geografía: en muchas civilizaciones tradicionales (orientales, de Extremo Oriente, africanas o de América del Sur), generalmente de países cálidos y sometidos al islam, el vestido sigue siendo una prenda masculina. Pero su escasa comodidad hace que, a veces, los obreros sólo se lo pongan en sus ratos libres, en eso tenéis razón señor Larousse. Asimismo, conviene señalar que, a veces, el pantalón, en cierto modo la antítesis del vestido, es exclusivamente femenino, sobre todo en Oriente. Es cierto que se trata de un pantalón no ajustado, pero pantalón al fin y al cabo. Hablaremos de ello más adelante. Por último, el empleo del vestido masculino como «traje de ceremonia» se ha perpetuado, con funciones doctas y sagradas. Volveremos sobre ello.

Desde esa «remota antigüedad» derivan del «vestido» infinidad de prendas diversas a las que se les han conferido nombres especiales que han ido cambiando de significado con las distintas modas, al tiempo que se modificaba la propia prenda. Así derivan del vestido largo, corto, ancho, estrecho, fruncido, suelto o ajustado, masculino o femenino: las túnicas grecolatinas, las dalmáticas bizantinas, las gonelas romanas, las sayas, los corsés medievales, los caftanes orientales, las chilabas árabes, los bubús africanos...

*¡Che roba!* ¡Vaya historia! O mejor dicho, historias, tantas como destinos ha tenido el vestido. Pero, en sus orígenes, hallamos una historia de ladrones.

Desde la caída del Imperio romano hasta el siglo XIII, *robe* [vestido] significaba todo aquello que se podía robar, rapiñar, hurtar. En francés antiguo se decía *raubôn,* del sajón *rauben.* De ahí derivan *robber,* en inglés, y *Raüber,* en alemán: ladrón.

¿Y quiénes, pregunto, fueron los mayores ladrones en aquellos agitados tiempos? Las hordas bárbaras que cayeron sobre Occidente, donde tanto había que saquear. ¿Y cuál de entre todos los botines —*rauba,* como decían los saqueadores— era más sencillo que el de la ropa? Prendas generalmente suntuosas, de seda o bordadas en oro fino, maravillas que se saqueaban en los palacios, las *villae,* las abadías o las iglesias.

A fuerza de oír «*Rauben! Rauben!*», los italianos, desvalijados por los lombardos y los godos, terminaron designando con el nombre de *roba* todo bien mueble que pudiera serles arrebatado.

«Buena robe», buena presa, se continuó diciendo en la Galia de la alta Edad Media de los mejores botines de guerra, en los que se hallaban incluidos las jóvenes más apetecibles y mejor vestidas.

Después «robe» pasó a designar unas prendas conjuntadas, cortadas de la misma pieza de tela o *garnement mis en mesme robe:* cota o sayal abierta por arriba y garnacha (vestidura larga, abierta en los costados, que llegaba hasta media pierna, muy escotada en las sisas), manteleta (esclavina abotonada en el delantero), y para los personajes regios, un vestido-capa guarnecido, con la misma piel que su forro. El *garde-robe* [guardarropa] fue al principio el armario donde se guardaban las *robes* y posteriormente pasó a designar el conjunto de prendas de una persona.

En el siglo XV, la «robe» es la única prenda que se lleva por encima, larga o corta para los hombres y larga para las mujeres. Cien años después, la «robe» era exclusivamente femenina, salvo en el caso de los clérigos, los magistrados y los profesores de Universidad. En el siglo XVII, sólo era «robe», el cuerpo y el bajo de la falda, partes de las prendas cuya confección era competencia y derecho de los gremios de sastres. Con Luis XVI, las costureras hicieron valer sus derechos y se acuñó de forma definitiva la acepción moderna: el vestido está formado por un cuerpo y una falda unidos. Más tarde, con el *vestido princesa* de 1865, la falda y el cuerpo fueron de una sola pieza, aunque el corte realzaba la cintura, en tanto que, desde 1925, el *vestido camisero* la escamoteó.

El *vestido de disfraz* del siglo XV no procedía de las mascaradas, aunque algunos espíritus conservadores así lo creyeran. Se trataba de un vestido a la última moda, muy elegante por tanto, al contrario que la *commune o ancienne guise,* un vestido de la temporada anterior, que, por tanto, se había vuelto corriente. En el siglo XVIII, el *falso vestido* carecía de cola, era de talle ajustado y se hallaba reservado a las jóvenes.

La bata [*robe de chambre*] es una prenda abierta, larga y con mangas, que se lleva en el hogar y que se mantiene cruzada mediante un cinturón de tela o un cordón. Desde la época de Luis XIV, la bata no ha cambiado de forma, aunque a finales del siglo XVII se pusieron de moda las telas estampadas y las indianas. En las representaciones de *El enfermo imaginario* o de *El burgués gentilhombre* aparecía este *déshabillé* (término que, con este sentido, sólo se empleó para los hombres hasta después de la Revolución, en tanto que el *déshabillé* femenino designaba los sencillos vestidos de diario). Los sastres de teatro, sobre todo los de la Comédie-Française y de la Société Française de Production se inspiran fielmente en documentos de la época.

A pesar de su fama, la bata de Honoré de Balzac no era tal al principio, sino un hábito de monje. A los caballeros del siglo XIX, muy amantes de la bata, se les ocurrió acortar su longitud transformándola en batín. En 1833, Delacroix representó al conde de Mornay recibiendo a Alexandre Demidoff en bata. El peinador es un falso sinónimo de la bata femenina, ya que se trata de una versión ligera que se lleva mientras una se arregla, para peinarse. Se transformó en albornoz, pero cada vez se lleva más fuera del cuarto de baño, pues se le considera más «moderno» que la bata burguesa.

En cuanto al *vestido de Gaulle,* se trataba de un vestido de muselina, suelto como una camisa, que, en vísperas de la Revolución Francesa, llevaban en las Antillas, criollas como Joséphine de Beauharnais, y que gozó de una corta aceptación en la metrópoli.

En tiempos merovingios y carolingios, los hombres seguían llevando el traje franco, una túnica corta y estrecha,
la famosa *gonela* (derivada de una palabra sajona) que llegaba hasta la rodilla y que dejaba ver los calzones de tela
o de cuero flexible enfundados en una especie de calzas o
de polainas o sujetos en las pantorrillas por las correas
cruzadas del calzado. Esta indumentaria, habitual en
época de Carlomagno, se observa en un fresco contemporáneo del emperador: *La lapidación de San Étienne,*
que procede de Saint-Germain d'Auxerre y que se conserva en el Museo de los Monumentos Franceses, en
Trocadero.

Esta gonela, convertida en *bliaud* corto, viste aún en el
siglo XI a los personajes de las estampas iluminadas de la
*Vida de Santa Radegunda* [1] y a los del tapiz de la reina
Matilde, en Bayeux; era una prenda práctica para cabalgar.
Los campesinos y los obreros llevaron una camisa-túnica
durante cinco siglos por lo menos, una especie de saco de
tela que dejaba las piernas desnudas cuando no se hallaban
protegidas por trapos cortados y cosidos a las calzas o,
para el mal tiempo, por bandas de tela, de piel o de cuero
enrolladas.

El *bliaud* femenino de la época romana llegaba hasta los
pies, en tanto que los sacerdotes seculares conservaban la
vestidura antigua y orientalizada; los monjes y los sacerdotes
pobres rurales se contentaban con la túnica popular de lana
basta y gruesa. Ya nos hemos referido a ello en otro momento. Esta túnica se iría alargando de forma progresiva.

La túnica bordada del traje bizantino, «larga túnica con
clámide y zapatos de los romanos», se impone, para las ceremonias, a partir de Carlomagno (a quien, según las crónicas, no le gustaba). De este modo, y durante siglos, coinci-
dieron las largas vestiduras de las autoridades civiles y
religiosas. Para su coronación, Napoleón recurrió a una de
ellas, para obtener de este modo legitimidad, pero antes,

los primeros ensayos de indumentaria de los representantes del pueblo en la Convención se habían inspirado en ella para imponer respeto a las masas.

El atuendo de las cortes medievales, lugar de elección de la autoridad, servía de modelo a la elegancia; en particular, los trajes de las opulentas cortes meridionales, asimismo importantes centros intelectuales en contacto con los árabes de España. Los vestidos se alargaron a partir de la boda de Roberto el Piadoso con la hija del conde de Arles, en el año 933, fiestas a las que también acudieron los barones provenzales.

Como recoge la pintoresca crónica de Ordéric Vital (o Vidal), bajo el reinado de Luis el Grande[2]: «Las túnicas se llevan estrechas pero muy largas, con mangas que llegan hasta los puños y provistas, como los mantos, de largas colas que arrastran por el suelo.» Según el monje anglonormando, esta elegancia sería un eco de las costumbres bárbaras, es decir, del sur o de Italia, contaminadas por el esplendor de los largos trajes de seda procedentes de los talleres árabes. Siguiendo a Ordéric, los censores suponían que la homosexualidad vestía de largo. Se conoce el famoso dicterio de san Bernardo: «¿Son los oropeles el arnés de un caballero o los adornos de una mujer? [...] Vuestros pies se enredan en camisas largas y anchas.» Hay que señalar, que en aquella época, oropel no significaba tela con lentejuelas, sino tejido de lamé de oro (del latín *aurea pellis*, piel de oro), al igual que las oriflamas (*aurea flamma*, llama de oro) eran los pendones hechos jirones, en su origen tejidos en seda roja y en oro.

Los ciento cincuenta años que van de mediados del siglo XIV a comienzos del siglo XVI constituyen una época de paroxismo en todos los sentidos, una época a veces apocalíptica: el doloroso parto de los tiempos modernos. Desórdenes, guerras, hambrunas, epidemias y el cuestionamiento del orden establecido, de sistemas de pensamiento, y de valores morales, con lo que esto conlleva de angustia y de licencia, de frenesí de vida entre el olor a muerto. En consecuencia, tenía que haber también una nueva forma de vestir, sobre todo para los que tenían medios. Porque los demás, los que proporcionaban los medios a los primeros, seguían dando gracias a Dios por el saco de tela que ceñía sus magras nalgas.

En el siglo XIV Occidente, quizá debido a su sufrimiento, vuelve a tomar conciencia del cuerpo, de ese cuerpo «creado a imagen y semejanza de Dios» que hasta entonces era considerado algo vergonzoso, condenable, algo que se negaba, hasta el punto de haber canonizado a Inés, la madre del emperador Enrique IV, por haberse abstenido de lavarse a lo largo de toda su piadosa existencia. Un cuerpo desprovisto de importancia hasta tal punto que quizá por eso se explica la falta de «pudor» de los baños desnudos en los baños públicos o los ríos y lo subido de tono del lenguaje. A las cosas hay que llamarlas por su nombre, ¿o no?

Ya en el siglo XIII, el arte, con el famoso álbum de Villard de Honnecourt, era consciente del modelo anatómico, pero habría que esperar hasta que el «Quattrocento descubra la carne triunfante» (J.-C. Bologne)[3].

Así, tanto para uno como otro sexo, el mundo occidental asiste al abandono definitivo (... hasta hoy) de la indumentaria de camuflaje, suelta. En primer lugar, las prendas se ajustan al cuerpo gracias a la nueva técnica de atar lazos o abrochar botones. El vestido del hombre se acorta hasta perder su denominación, pero el femenino conserva toda su largura durante cinco siglos.

Como el día sólo se demuestra por oposición a la noche, o el vestido sólo se comprende por su relación con la desnudez, la dicotomía de la indumentaria masculina y femenina sólo cobra sentido si se la compara con la uniformidad de los siglos precedentes. François Boucher así lo hace: «El uso por parte de los cristianos, laicos, sacerdotes y religiosos de una misma prenda larga debe subrayarse con tanta mayor insistencia cuanto que se halla en la base de la historia del vestido en Europa occidental, desde comienzos de la era cristiana hasta el siglo XII.» En efecto, como ya hemos señalado, todas las prendas modernas nacen de la transformación progresiva de la túnica-camisa-vestido.

«La cristianización de ésta [de Europa] va acompañada de un tipo de prenda colectiva, por así decirlo, vinculada cada vez de forma más estrecha al carácter "católico" de una comunidad que compartía fe y cultura, fiel a la herencia de la civilización legada por la Antigüedad. Mediante la difusión de una misma forma de vestir que se hizo general, la cristiandad del momento consiguió expresar su carácter universal.»

En el curso de las jornadas «Vestido y sociedades» de marzo de 1979 [4], y a propósito del antiguo traje unisex de los lapones, Y. Delaporte considera esta significativa ausencia de diferencia el «grado cero del signo». Al plantear que «las sociedades suelen tener conciencia de que la presencia o la ausencia de uno u otro signo de la ropa puede poner en peligro el orden social», sugiere tres interpretaciones de la «proximidad de la ropa», aunque recomienda prudencia:

*a)* Como igualdad real [...].

*b)* Como aspiración a una mayor igualdad [...].

*c)* Como inversión ideológica de la realidad. Como ejemplo, citaré las prendas que se llevaron en Europa occidental de los siglos III a VIII, muy semejantes para el hombre y la mujer por ser iguales ante Dios. Se observará que la aparición de la diferenciación sexual del vestido choca con la desaprobación de la Iglesia: aunque cambien los sistemas de valores, su transgresión se sigue sancionando del mismo modo.»

Es cierto que desde san Agustín y san Jerónimo, los Padres de la Iglesia y los concilios se plantearon el interrogante de saber si, en el Juicio Final, las mujeres resucitarían con forma masculina.

Sea como fuere, en el momento en que el traje masculino se divorcia del femenino, la misoginia alcanza cotas de violencia expresiva nunca alcanzadas. No hablemos de la sujeción de la mujer, ese ser «igual ante Dios», que santo Tomás de Aquino, entre otros, codifica, sino del proceso que se entabla contra ella incluso en los *fabliaux* y las narraciones, cuya ingenuidad refleja la opinión de la época y repite la de la Iglesia. El *Speculum* del favorito de san Luis, el dominico enciclopedista Vincent de Beauvais, lo afirma sin tapujos: «La mujer es la confusión del hombre, un animal insaciable, una continua inquietud, una ruina cotidiana, una casa de tempestad.» *Los Cuentos de Canterbury,* de Geoffrey Chaucer, y el *Miroir du mariage [Espejo del matrimonio],* de Eustache Deschamps, son de la misma pasta que las *Quinze joyes du mariage [Quince joyas del matrimonio],* de Antoine de La Salle o las *Cent Nouvelles nouvelles [Cien nuevas novelas],* de las que es coautor, o que la *Sylva ruptialis,* de Nevizan. A pesar de que éste se vio obligado por las damas de Turín a pedir perdón, de rodillas, al bello sexo, había llegado el momento de separarse por intermedio del guardarropa.

Mientras el bajo del vestido masculino iba subiendo, dejando al descubierto las piernas y, muy pronto, las nalgas, la parte superior del vestido femenino iba bajando, mostrando los encantos que Agnès Sorel prestará a la *Virgen con el Niño.* Como aconseja el goliardo Jean de Meung, de forma socarrona, por boca de la vieja en las «advertencias a las muchachas» del *Roman de la Rose.*

«Si ella posee un cuello esbelto y blanco pecho, que vigile bien que su sastre le confeccione vestidos bien escotados, para que se vea su piel limpia y tersa al menos medio pie[5] por delante y por detrás. De este modo, quedará más seductora *.»

Aunque, para escándalo de los conservadores se produzca el divorcio de los vestidos, el diálogo no se interrumpe. También para escándalo de los conservadores, ni los hombres ni las mujeres hacen un misterio de la seducción de sus respectivas redondeces, y hay que esperar tres concilios sucesivos para que la Iglesia consiga al menos que los clérigos renuncien a los hábitos deshonestos, *quod ostendum medias nates, sive naticas et membrum et genitalias.* Como más tarde demostrará el pillo de Mirabeau, hay ciertas cosas que sólo se pueden decir en latín. En 1338, el concilio de Patentia estipula que el hábito de los sacerdotes tendrá que llegar «hasta las pantorrillas o más abajo». El concilio de Basilea lo reitera en 1435, y el de Sens adopta mayor severidad: «Una túnica que llegue a los talones y un manto adecuado que llegue más abajo de la mitad de la pantorrilla».

Por tanto, se convierte en una sentencia que, para los hombres, el hábito largo sea privativo de los garantes de las virtudes morales y espirituales, y que la dignidad se mida por el borde del dobladillo. De este modo, la sotana, hasta entonces una prenda de vestir exterior, abotonada de arriba abajo, que ambos sexos llevaban, se convierte, de grado o por fuerza, en el hábito eclesiástico. Aunque los abades de la corte de los siglos XVII y XVIII la acortan en sotanilla, hay que esperar hasta el XIX para que sotana y sacerdocio sean la misma cosa. En la actualidad, la nueva generación de curas católicos —*clergyman,* al estilo anglosajón, o vestidos de «civil»— sólo la emplean en el culto o la representación: negra para los sacerdotes, blanca para el Papa, roja para los cardenales y violeta para los obispos; los prelados pueden sustituirla por un cinturón del color que les es propio sobre

---

* Jean de Meun, *Le Roman de la Rose.* Traducción de Carlos Alvar y Julián Muela, Ediciones Siruela, Madrid, 1986 (*N. de la T.*).

la sotana negra ordinaria. Se han llegado a ver sotanas azules turquesa y rosas, como las que, en 1967, llevaba el padre Fulbert Youlou, presidente de la República del Congo, lo que hizo que el ujier del Elíseo encargado de anunciar a quienes iban llegando, al verle entrar en compañía de otro jefe de Estado africano a una recepción que ofrecía De Gaulle, pregonara: ¡El presidente Maga y señora!

## Gente de toga

Al mismo tiempo que los clérigos conservaban el hábito largo, otro grupo social masculino lo confiscaba para sí y hacía de él su emblema, de forma que, desde entonces, para designar a sus miembros se dirá: «gente de toga.»

El aparato judicial francés se compone, en líneas generales, de magistrados encargados de instruir las causas y de dictar sentencia y de abogados con la misión de defender a los que han transgredido la ley o a quienes reclaman compensaciones o derechos.

Hasta 1879, los parlamentos —París y doce parlamentos provinciales— fueron las instituciones soberanas de justicia. En sus orígenes, la *Curia regis* consistía en un consejo de importantes vasallos eclesiásticos y laicos que asesoraba al rey. Sus atribuciones consultivas, políticas y judiciales lo convertían en el órgano habitual de la justicia del rey. Una sección puramente judicial, *Curia regis in parlemento,* o Tribunal del Parlamento, vio la luz desde el reinado de Luis IX y de la reaparición del derecho romano, como tribunal de apelación de los juicios realizados por los bailes y los señores provinciales. Aparecieron hombres nuevos, especialistas, juristas de carrera formados en las universidades cuyos conocimientos fueron desde entonces indispensables. Al principio sólo fueron ponentes, pues las sentencias las dictaban los consejeros-jueces, todos ellos prelados y barones.

A finales del siglo XIII, estos juristas profesionales o *consularii* se convirtieron en jueces. De origen burgués y, por tanto, de familias de comerciantes, sabían muy bien su oficio. Y los señores, generalmente ignorantes por ser gentes que se dedicaban a guerrear, terminaron haciendo ascos a las sesiones judiciales, sin ningún interés para ellos, en tanto que los prelados pronto se vieron expulsados de los debates por Felipe V (1319), con el pretexto de «permitirles dedicarse por entero a sus deberes espirituales».

La *Curia* o Tribunal del Parlamento celebraba sesiones regulares en el Palais Royal, en la isla de La Cité, en París, en el lugar donde hoy se halla el Palacio de Justicia. Desde 1278, el Parlamento estuvo formado por diferentes cámaras. La principal, la Gran Cámara o Cámara de los alegatos, se ocupaba de asuntos muy importantes, contando entre sus filas con los magistrados superiores y con el arzobispo de París y el abad de Cluny como únicos religiosos. A partir del siglo XV se crearon de forma sucesiva los doce parlamentos provinciales.

Al margen de su vocación judicial, los parlamentos —en particular, el de París— desempeñaron un papel muy importante en la vida política francesa a lo largo del Antiguo Régimen. Los grandes burgueses que los componían pronto tuvieron la pretensión de representar a la nación.

Aunque los consejeros —jueces de hecho—, como profesionales cualificados, debían poseer diplomas de derecho, tenían dispensa los pares de Francia, caballeros del más alto rango y miembros hereditarios por derecho de la Gran Cámara, en realidad eternos ausentes, salvo en casos de ceremonia o de grave crisis política. En el siglo XVI, Luis XII y Francisco I introdujeron la venalidad en los cargos. El edicto de la Paulette (por iniciativa del consejero Paulet), en 1604, estableció que el cargo adquirido mediante el pago de un canon era hereditario, lo que contribuyó a que los parlamentarios se convirtieran en una casta cerrada, orgullosa de su poder y privilegios y, sobre todo, muy opulenta. Más tarde, Luis XIV concedió títulos de nobleza a los consejeros que llevaran veinte años de ejercicio en el cargo. De este modo apareció la nobleza togada.

Desde la época de Carlos VI, el octavo arcano mayor del tarot es la Justicia, vestida con una toga roja bajo un manto azul. El rojo posee un valor sacramental, es el color de la ciencia, del conocimiento, del poder. En heráldica se traduce como «bocas», bocas ávidas y agresivas. Si se exterioriza, el rojo se vuelve peligroso como el fuego, cuando el instinto de poder no se controla. Por esta razón, el manto de la Justicia es azul, como la sabiduría.

Durante el Antiguo Régimen, los miembros del Parlamento no llevaban manto azul sobre su majestuoso traje. ¿Un traje? No, una dramaturgia: una gran toga púrpura (negra en el parlamento de Dijon), forrada de marta cibelina o de armiño, y un birrete de terciopelo con galones de oro. Con pocas variaciones, es el traje de gala de la alta magistratura actual.

Ni que decir tiene que Luis XIV no irrumpió por casualidad, en traje de caza, en medio de una sesión solemne del Parlamento de París. Los consejeros se habían permitido criticar su política económica, y el rey, con botas y el látigo en la mano, les prohibió deliberar sobre edictos ya publicados. Después giró sobre sus talones «sin escuchar ningún sermón». Si realmente no llegó a decir, como se pretende, «el Estado soy yo», para los togados fue como si lo hubiera dicho. Pero no se lo creyeron.

Al igual que en el caso de los príncipes de la Iglesia, el molesto traje de los jueces, envoltura específica, estructura en la que toma forma la majestad, esa toga disimulaba bajo sus pliegues cualquier desbordamiento del cuerpo y magnificaba el gesto en el movimiento que desplaza las líneas, convirtiendo a quien representaba la justicia en su propia encarnación, por encima del tiempo y de sus modos, pues la justicia es tan intemporal como inmutables sus principios. Traje pesado, pesada tarea. ¿Se trata, por eso, de un cargo?

Los abogados, que habían gozado de tanto prestigio en Roma, habían desaparecido en el curso de la alta Edad Media, para reaparecer en el siglo XIII, al mismo tiempo que los jueces laicos y el derecho romano. Cien años después se estableció la diferencia entre los abogados defensores y los abogados consultores (consejeros). En un momento en el que la indumentaria civil masculina se separaba claramente de la de los clérigos, y en el que la magistratura, a pesar de volverse laica, conservaba las pompas de lo sagrado, era importante para los abogados tener, en esta puesta en escena, un traje adecuado a su condición: ni frívolo ni ostentoso. Ahora que tanto se habla de la estrategia de la comunicación, aquí tenemos un caso: con discreción de buena ley, los abogados pretendían no granjearse la enemistad de los magistrados, manteniéndose a distancia de su suntuosidad, al tiempo que justificaban la confianza de sus clientes sin impresionarlos demasiado.

Ahora bien, ¿en quién depositar la confianza sino en los sacerdotes, en cuyas prédicas se unían la elocuencia y la técnica gestual a la eficacia persuasiva? Jean Bouchet [6] describía de este modo al abogado ideal:

> «[...] muy bien vestido con traje talar,
>     ni demasiado largo ni demasiado corto,
>     sino hasta el talón para diferenciarlo de los otros,
>     y de paño honesto como corresponde a su
>     condición.
> Que no vaya vestido de forma mecánica,
>     ni camine como persona guerrera.
>     Le conviene más asemejarse a los sacerdotes
>     que a otras personas, para no tener nada que
>     reprocharse.»

Así, a semejanza de los sacerdotes, los abogados llevaron una prenda talar (la toga en forma de *tau,* a la manera de dos escuadras unidas: «rectitud y equidad») en la que se daban cita la discreción y la ceremonia: para los abogados defensores, una larga sotana de honesto paño negro, cubierta por una esclavina de escarlata bermejo forrada de piel blanca cuando no era de armiño; para los consultores, la esclavina era de escarlata violeta. Hay que tener en cuenta que, por aquel entonces, el escarlata no designaba una tela roja, sino un paño de buena calidad, honesto. Si la tela estaba teñida de rojo, se denominaba «escarlata bermejo». En aquella época había escarlata blanco o verde.

Hasta finales del reinado de Luis XIV, quienes se relacionaban con la justicia, tanto abogados como jueces, llevaban la toga en palacio y en la ciudad. Posteriormente, sin duda por comodidad y porque los tiempos cambiaban, los leguleyos sólo la llevaron al desempeñar sus funciones en el interior del palacio. Si no hubiera marchado de este mundo de forma prematura, La Bruyère podría haberse sentido ofendido, él que ya afirmaba: «Falta poco para que la religión y la justicia vayan a la par en la república y para que la magistratura consagre a los hombres como lo hace el sacerdocio. El hombre togado no podría bailar en los bailes, aparecer en los teatros y renunciar a los hábitos sencillos y modestos sin consentir en envilecerse. Y es extraño que haya sido necesaria una ley para reglamentar su aspecto exterior, que le obliga asimismo a ser grave y más respetado.» Se refiere a una sentencia del Consejo que obligaba a los jóvenes consejeros a llevar golilla en la ciudad, en vez de corbata de encaje. Pero el alma del moralista quería asegurarse. Los encargados de la justicia hallaron en el hábito negro la dignidad requerida fuera del palacio.

El 24 de marzo de 1790, la Revolución, ingrata, suprimió los parlamentos que hasta cierto punto le habían abierto el camino. Se acabó la toga para los jueces de los tribunales revolucionarios, siendo sustituida por un traje completamente negro: casaca, calzones y sombrero adornado con un penacho de plumas.

Sophie Loubriat [7], en su interesante contribución al coloquio del CNRS, *Hacia una antropología del vestido,* de marzo de 1981, explica que los «nuevos jueces», que se sentían muy violentos por «mostrar las piernas en público» (es un problema típico de los oradores) «concibieron una especie de parapeto sirviéndose de una larga mesa cubierta con un tapiz que descendía hasta el suelo, el cual, al ocultar al público las extremidades inferiores, compensaba del mejor modo posible la falta de previsión o la malignidad de los promotores».

«Así, por vez primera, al menos de modo explícito, la toga revela la ruptura capital que tiene lugar entre el mundo judicial y el profano. Sus relaciones, aunque se amplían (lo penal se abre al público), se codifican aún más. Al servicio del ideal de la justicia, el hombre de toga se distancia del hombre de la calle. Su profesión es ahora una especie de sacerdocio» (S. Loubriat).

Cuando Napoleón restaure la magistratura francesa, devolverá a magistrados y abogados su toga. Legalmente designada como «traje de audiencia», la toga es obligatoria en los tribunales de primera instancia y de instancia superior para los procuradores, los jueces, los abogados, los escribanos forenses y los porteros de estrados. Su ausencia supone la anulación del juicio. Es evidente la función sacramental de la toga. Generalmente negra para los altos magistrados (los consejeros de los tribunales de apelación, que son herederos directos del Antiguo Parlamento, procuradores generales y presidentes de cámara) es roja, con la parte delantera de seda y adornos de armiño, en las ceremonias o entradas solemnes.

Para las mismas grandes ocasiones, los profesores, rectores y presidentes de las universidades se visten con soberbias togas que no se diferencian de las *simarres* de antaño. Los médicos actuales también llevan toga para dar fe de que poseen el título universitario de doctor.

Hay que aañdir que, desde 1900, las mujeres tuvieron acceso, aunque de forma progresiva, a la abogacía, la universidad y la magistratura. Los del otro bando se dieron cuenta de que la toga de la sabiduría y la ciencia les sentaba como un guante.

## Los engaños de la falda ceñida

Cada época se las ingenia para encontrar nombres evocadores para las distintas formas del vestido femenino que la caracterizan. Como dicen las cronistas actuales, los «puntos álgidos de la moda» conciernen sobre todo a la parte inferior del vestido, la falda. La falda —o mejor dicho, *las* faldas—, parte esencial del vestido, simboliza a la mujer. ¿No crían las madres a sus hijos en sus faldas?

Otra expresión, que ahora es arqueológica, pero estuvo en boga desde los tiempos de Corneille a los de Feydeau, designaba a las mujeres como las «personas del sexo». ¡A qué estado habían reducido a la mitad de la humanidad! «[...] la mujer sin naturaleza es la más oprimida por la cultura, debido a que es el sexo» (M. A. Descamps)[8]. Todo el cuerpo de la mujer es sexo. Y también su espíritu, aunque ni siquiera se tiene la garantía de que posea un alma. El sexo, fuente de todos nuestros males, debe ser controlado, neutralizado, oprimido. Y como la mujer es coqueta, oprimámosla mediante la coquetería.

La forma del cuerpo humano, prevista por la Naturaleza con fines funcionales, nos ha convertido en «el feo rábano hendido» que deploraba Shakespeare. «Realidad horrible de la hendidura», apunta Descamps, impasible, y añade: «Esta escisión se dobla en la mujer con una fisura que siempre ha despertado en los seres humanos el terror a la castración y que se intenta anular de forma mágica con la falda.»

Pero en nuestro mundo, construido de este modo para perpetuarse, una de las funciones de la ropa es la de seducir, y su discurso interpreta el lenguaje del cuerpo. El Renacimiento que llega de Italia marca el final de los valores medievales y, con el arte del retrato, la mujer, tal y como es en realidad, va a suceder a la mujer rectilínea del imaginario gótico. Estas imágenes parecen elevarse hacia el cielo: «Mediante el tratamiento con pequeños pliegues y caídas suaves, los personajes parecen la transposición al cristal de las estatuas-columnas de la Île de France [9].» Mujer longilínea, mujer columna, pero también un vientre proyectado hacia delante entre las estrechas caderas, como perpetua y castamente encinta, a imagen de María, Santa Madre de Dios.

Todo eso se ha terminado. Los vestidos de la mujer dejan de estilizarla, ya que la nueva pintura es italiana o flamenca. La nueva mujer del Renacimiento, la verdadera mujer, la *mamma,* la *moeder,* ya no forma parte del reino de los sueños ni pertenece al cielo, sino que tiene senos y caderas hechos para el amor al igual que para la maternidad. La línea del vestido, estrangulada en el talle, hace resurgir en dulces curvas «las dos zonas de los atributos secundarios sexuales femeninos» [10]. No hay que olvidar que, al mismo tiempo, se empezaban a diferenciar las prendas en masculinas y femeninas.

Con esta doble revolución de los hábitos del vestir, la moda femenina se concibe como una estrategia destinada a «realzar los encantos». Es un acontecimiento subversivo que dura ya cuatro siglos, peroque, una vez superado el primer estupor de sus censores, fue inmediatamente aprovechado para que la mujer cayera en la trampa de sus propias armas. Se produjo entonces una desviación de esta glorificación de las formas a través de una parodia de la silueta. Inhibida por la exageración, la verdad del cuerpo desapareció oculta por su caricatura, tan grotesca y agresiva que se guardaban muy bien de mirarla y, sobre todo, de pensar en ella. El escarnio es un arma muy eficaz... La Contrarreforma —especialmente la española, cuya misoginia, aún peor que la medieval, se agravaba con el machismo nacional— lo empleó sin piedad en su lucha contra el espíritu del progreso, de la libertad y del placer. Una lucha colectiva y neurótica que no era sino el dolor lacerante de un erotismo obsesivo totalmente reprimido.

Flugel, en 1930, lleva a cabo un análisis magistral [11]. Recuerda hasta qué punto la intolerancia frente al cuerpo desnudo «se enraiza en un fuerte complejo de castración», la eterna amenaza. Por debajo de nuestro espíritu civilizado, somos seres primitivos. Las gentes del siglo XVI lo fueron tanto como nosotros, ni más ni menos, por lo que algunas prácticas piadosas de los períodos de crisis nacional eran procedimientos mágicos, siempre llevados a cabo de buena fe. Esto sigue ocurriendo así. En este sentido, Flugel no deja de señalar el otro antiguo miedo universal, el del «mal de ojo». Reactualizada en aquella época en la versión de Satán y sus secuaces (los herejes y partidarios de la Reforma, cuya oposición a la Iglesia no podía ser sino diabólica, los cultos abominables y las tácticas insidiosas), «la idea del mal de ojo parece estrechamente ligada al complejo de castración».

«[...] Se diría que el simbolismo sexual global del vestido, en virtud del cual la ropa representa el sustituto inconsciente de la pura y simple exhibición sexual, se ve reforzado por la exhibición mágica de los símbolos sexuales como mecanismo de defensa contra el temor a la esterilidad [...] El vestido, considerado como medio de protección contra la inmortalidad, es muy similar por su naturaleza psicológica profunda y su relación con el simbolismo fálico [...] No hay una discontinuidad real entre las funciones protectoras simples y elementales y las reacciones más positivas frente a los peligros morales, pues el vestido nos proporciona en sí mismo la seguridad de una fuerza moral. De este modo, las prendas pueden convertirse en el símbolo de un carácter inflexible, de una intención moral severa y pura [12].»

El lector sabrá perdonar esta larga cita, porque, ¿cómo resistirse a la satisfacción de mostrar semejante testimonio? Recordemos que estas prendas, simbólicas y determinantes al mismo tiempo, son sobre todo las togas negras de los jueces, de los sacerdotes y, en nuestra época, de los masones...

En el siglo XVI, los trajes, rígidos y duros, pero no tan invalidantes como se cree, debido a las articulaciones abiertas y a las «cuchilladas», técnicas utilizadas en las armaduras, eran, en efecto, armaduras civiles que servían de envoltura protectora y abrigo contra el mal ambiente exterior, envoltura textil con simbolismo uterino que aislaba del entorno hostil y cargado de pecados. Con estos trajes, y gracias a la presión ejercida por la moda, que seguían todas las personas influyentes, se sustituyó la moralidad simbólica por una «moralidad efectiva»... de la que no se estaba muy seguro.

Una de las reglas del exorcismo es que nombrar el mal es el primer modo de combatirlo. La identidad masculina siempre se ha centrado en torno a los órganos genitales, lo que hace que la castración, aunque imaginaria, sea terrible por partida doble, en tanto que el erotismo femenino —la mujer no era más que la encarnación del pecado— gira en torno a sus famosos «encantos» [13].

No es, por tanto, casualidad que, en nombre de la lucha contra la impudicia y empleando el método infalible de la burla, las dos monstruosidades características de la moda llamada «a la española» que se extendió por la Europa del XVI fueran, con fines totalmente profilácticos, la bragueta, para los hombres, y el verdugado, para las mujeres. Si el imaginario gótico parecía elevarse hacia el cielo, la neurosis de la Contrarreforma —y también la de la Reforma— llevó sus imágenes a ras de tierra. Rabelais tenía razón al burlarse de ellas.

Un arranque de lucidez masculina hará de la bragueta, que ni siquiera tenía ya la coartada de las necesidades fisiológicas como en el caso de la armadura metálica, la aberración de únicamente una generación. Volveremos sobre ello. Respecto al verdugado, la prolongada estupidez de las mujeres las llevará a apreciar todo tipo de transformaciones coactivas durante quince generaciones. Vamos a referirnos a ello inmediatamente.

En tiempos de Carlos V, la siniestra corte de Sus Muy Católicas Majestades se regía por un complicado ceremonial, grandioso y mezquino, una etiqueta heredada por vía materna de los duques de Borgoña, como las taras y el prognatismo de los Habsburgo, pero tan despiadada como los sentimientos del emperador. El traje oscuro, pesado como el ambiente y recargado de adornos, encerraba a la persona en una coraza que la deshumanizaba y la constreñía a adoptar actitudes afectadas, de una rigidez hierática que concordaba con el modo en que había que pensar.

Este atavío era el de la nobleza, más exactamente el de la nobleza urbana, satélite del trono. A comienzos del Renacimiento, tanto en Francia como en los demás países, parecía que las diferencias soicales habían disminuido, por lo que los trajes, las costumbres y la mentalidad de la aristocracia española y portuguesa parecían proceder de un planeta distinto al que vivían el pueblo y la burguesía.

España alcanzó su apogeo como potencia con Carlos I. Toda Europa parecía fascinada por Madrid. Su supremacía política y económica creó, como es natural, el gusto entusiasta por el traje español, y no sólo en las naciones dominadas. ¿No fue el reloj de Versalles el que marcó la hora de

los siglos XVII y XVIII? En la imitación hay un ritual de cani-
balismo residual. Incluso Inglaterra, enemigo jurado de
España, no pudo escapar al influjo de su forma de vestir,
aunque los encantos de la incomodidad no duraron mucho
tras la pérdida de la Armada Invencible. Adiós a las almohadillas y a las braguetas, aunque durante cierto tiempo se
conservó la gorguera y, más tiempo aún, el verdugado,
como ya hemos dicho. Italia nunca se acostumbró a la
moda española, pues, con esos ridículos atavíos, le resultaba muy difícil reír, bailar y amar.

## El verdugado

En el vestido «a la española», tal como aparece en los retratos que Velázquez realizó de las infantas y de Isabel de
Inglaterra, las caderas eran anchísimas, hasta el punto de
dar forma de cruz a la silueta. ¡Qué coincidencia y qué
desviación! Era una arquitectura de encierro. Además,
nada mejor para la coerción que la parte superior del vestido, el *cuerpo:* rígido, llegaba hasta la altura del cuello, a
veces hasta debajo del mentón que se hallaba sostenido por
el capitel de la gorguera. Si se carecía de altivez natural,
esta disposición la suplía. El forro de la tela rígida, cosida
sobre una estructura de hilo metálico, aplastaba el pecho
ayer realzado («esas españolas con el pecho por delante»,
decía Montherlant) y hacía que la cintura se deslizase hasta
el vientre cóncavo, de donde salía la armadura defensiva
del famoso verdugado.

El verdugado fue en sus inicios una enagua de gruesa
tela atiesada con pespuntes como el forro del cuerpo y extendida sobre una jaula monumental hecha de mimbre
(*verdugo*) o de gruesos juncos marinos, cuya forma inicial
de cono se transformó en un paralelepípedo rectangular.

En Francia, durante el reinado de Carlos IX, se comenzó rellenando las caderas de forma desmedida con un cojín acolchado en forma de media luna, sobre el que se ahueca- ba la falda fruncida. A finales del reinado de Enrique III, el accesorio, llamado entonces «a la flamenca», había alcan- zado el tamaño de una rueda de carroza, inclinándose sobre el vientre y extendiéndose desde delante hacia atrás. Estaba compuesto por aros de junco o de hierro envueltos en estopa entre dos capas de tela rígida. Hubo que inven- tar sillas especiales llamadas «sillas de verdugado» para que las mujeres elegantes pudieran sentarse. En la falda, un faldón fruncido o plisado acentuaba el efecto de bandeja de los verdugados de tambor. Hacia 1650, los faldones de los vestidos de infanta, graciosos a pesar del exceso de bor- dados, podían descender hasta formar una sobrefalda. El verdugado de las niñas nobles se llamaba *guardainfante* o *tontillo.* No podían haber encontrado un nombre más apropiado.

La reina Margot disimulaba su obesidad —y parece que también los corazones de sus amantes «desaparecidos» conservados en cajas— bajo verdugos tan monumentales que pasar por las puertas, incluso de perfil, era todo un drama. Primer acto: empujar; segundo acto: tirar.

«¡Qué no sufrirán las mujeres por un cuerpo a la espa- ñola!», suspiraba el buen Montaigne preguntándose: «¿Por qué las mujeres cubren con tantos impedimentos, unos encima de otros, las partes en las que reside princi- palmente nuestra admiración? ¿Y para qué sirven esos grandes bastiones con los que se adornan los flancos salvo para engañar nuestro apetito y atraernos al tiempo que nos mantienen a distancia?»

Ya en el reinado de Luis XIV hacía mucho tiempo que se había dejado de pensar en los verdugos, pues el vesti- do, con frecuencia adornado con un delantal, se recogía sobre las faldas a la anchura deseada. Eran tres las faldas superpuestas: la primera era la *modesta;* la segunda, la *bri-*

*bona;* y la tercera, la *secreta*. Por eso, en 1660 causa asombro ver a la infanta María Teresa llegar a San Juan de Luz, para el matrimonio del rey, con un verdugado o, mejor dicho, un *guardainfante* de mayor anchura que la altura de la infanta.

La cola del manto, que sólo se arrastra en la corte, desaparece en la Regencia y la falda «volante», ancha y flexible, sostenida por enaguas superpuestas, denominada de forma errónea «vestido a la Watteau», resultará tan agradable de llevar que, hacia 1720, el género femenino se apresuraba a ponerse por debajo un enorme miriñaque oval, que pronto tendrá cuatro metros de circunferencia.

## El *miriñaque*

El verdugado nos llegó de España; el miriñaque, según unos, vino de Inglaterra *(hoop petticoat)* y según otros, de Alemania. Pero, en realidad, se trata de la generalización de unas enaguas de tafetán engomado sostenidas por tres filas de aros de barbas de ballena o de varillas de acero que las actrices y bailarinas se ponían debajo del traje al salir a escena para realzar la finura de su talle. Ni siquiera los actores se arredraban a la hora de inflar de este modo sus togas romanas. «Los actores calcan las modas francesas en el hábito romano. Vemos a Cornelia, llorando, con dos dedos de colorete, a Catón empolvado de blanco y a Bruto con miriñaque.»

Pocos años después de la muerte de Luis XIV, y aparentemente para disimular la gordura de una gran dama, aparecieron los primeros miriñaques, de proporciones modestas y confeccionados con pelo de caballo. Sus nombres se hacían eco de las preocupaciones altamente espirituales de la época: jansenistas eran los que defendían la doctrina de Port-Royal sobre la predestinación absoluta, y molinistas, quienes sostenían la opinión contraria del jesuita Molina. De grado o a la fuerza, la religión se suele mezclar con el vestido.

El miriñaque «a la burguesa» se ensanchaba en forma cónica, la cúpula tenía una forma semiesférica y la góndola se ensanchaba en los costados haciendo el extraño favor a las mujeres de «parecer acarreadoras de agua». A partir de 1770, al entrar en escena María Antonieta y sus amigas, las exageraciones tuvieron lugar a tanta velocidad que sólo se pudo hablar de miriñaques, en plural: uno a la izquierda y otro a la derecha. Los miriñaques «de codo» desplegaban tal envergadura que se podían apoyar los codos en ellos. Para no exponer a la reina Margot a las dificultades provocadas por un incendio, estos monumentos se articularon de modo que se podían levantar por debajo de los brazos para atravesar las puertas.

El miriñaque de los trajes que se llevaban en la corte había alcanzado con Luis XV tales proporciones —incrementadas por el bajo del vestido, una sobrefalda que formaba una cola— que ocasionó problemas de protocolo. El *Mercure de France* de marzo-mayo de 1728 cuenta cómo las princesas que acompañaban a la reina María y las dos duquesas que acompañaban a las princesas no podían sentarse en una única fila de sillones en los oficios religiosos o en las representaciones teatrales. Esto se convirtió en un asunto de Estado, en el que intervinieron los duques, furiosos al ver a sus esposas relegadas. En las carrozas sólo cabía una dama, y muy justa. «Le estoy muy agradecido al enorme miriñaque de Madame de Vambures, pues al llenar el fondo de la carroza, me ha indicado que me debía sentar en la parte delantera», constata con pena *Le Paysan parvenu [El campesino nuevo rico]* de Marivaux.

El célebre vestido «a la francesa» de 1730 era una maravilla por su corte. Gusta representarlo por la espalda, debido a su soberbio aspecto. La espalda, de una pieza, formada por pliegues dispuestos en capas dobles, arranca con un escote de un hombro a otro y se ensancha sobre el miriñaque hasta el bajo, que se prolonga en una cola. El cuerpo ajustado se fija a cada lado de la parte delantera formando un pequeño triángulo de tela que desciende hasta más abajo del talle, que con frecuencia se adorna con una «escalera», una fila de nudos de tamaño decreciente. El vestido se abre como un manto sobre unas enaguas, en realidad una falda, que pueden estar adornadas con volantes de fino encaje, cintas, guirnaldas de flores de seda, galones, bordados..., a veces todo junto. La Pompadour, como es natural, luce vestidos admirables en sus numerosos retratos. Los adornos bordean la parte delantera del manto y enmarcan el escote: bordados, volantes, encajes o pliegues. La manga se detiene en el codo debido a la multitud de volantes del puño de encaje.

El vestido «a la piamontesa», que no tiene nada de regional, fue en un principio el traje de ceremonia que llevó en 1755 la hermana de Luis XVI, Clotilda, princesa de Piamonte y, posteriormente, reina de Cerdeña, en su entrada a Lyon. Es interesante porque, aunque la línea es idéntica a la del vestido «a la francesa», la espalda, del mismo tejido, no es solidaria con el resto del vestido. Forma lo que se denomina un manto de corte. La idea se retomará para el traje que llevó en su coronación Josefina, con la excepción de que, para no sobrecargar de terciopelo los hombros de la frágil criolla, la larga y ancha cola arranca del talle alto.

Hoy está de moda lo que mañana ya habrá pasado. A imitación del sencillo vestido de los terratenientes y de los comerciantes burgueses británicos, la última moda llegada de Londres impedía que se llevaran en la vida diaria las ballenas, los miriñaques y la seda. La moda es ingenua, natural y blanca, como los figurines de los dibujos de Gravelot, ilustrador que volvió de Inglaterra en 1750 y a quien debemos este brusco cambio.

El vestido «liso» «a la inglesa» tiene algunas ballenas que sostienen las costuras de la espalda, que se ata con lazos por delante, pero son flexibles y ligeras. Los fruncidos de la falda se ven realzados por un pequeño miriñaque acolchado; el profundo escote se halla velado por un púdico pañuelo. En invierno, el vestido tiene un cuerpo cruzado y abotonado y la falda, con la holgura estrictamente necesaria para moverse, se abre o se cierra sobre otra falda más recta.

En 1739, grupos de jóvenes londinenses se vistieron como criados para parecer más modernos, pero en París no se dieron cuenta de que esta «moda» inglesa era la forma popular de vestirse desde hacía tiempo...

Faltan quince años para la Revolución. Los franceses elegantes, indiferentes ante las nubes que se amontonan por encima de sus cabezas —«¡Llueve, llueve, pastora!»— se apasionan por todo lo relacionado con los demás. Al capricho de la actualidad, aparecen los efímeros vestidos «a la turca», «a la levantina», «a la zarina», «a la insurrección» (¡de las colonias de América!)... Pero el vestido «a la polonesa» tiene importancia por dos motivos. Señala una fecha histórica dolorosa, la de la participación de Polonia, país muy querido por los franceses. Indica asimismo una fecha importante en la historia del vestido: es corto; en fin, por encima del tobillo. Pero es la primera vez y tiene un éxito extraordinario.

No se trata en absoluto del traje nacional de Polonia, si se puede tomar como referencia, en el momento de la partición, la sobrefalda dividida en tres faldones con los bajos redondeados con jaretas. Es una lástima que no sepamos quién fue su creador o creadora, pues el vestido corto existe desde entonces y aún no se ha dejado de hablar de él.

Cuando terminó el Terror, los vestidos que se ponían, mojados, las ciudadanas Tallien, Hamelin, Beauharnais y otras mujeres maravillosas, no ocultaban gran cosa de sus cuerpos encantadores y llenos de vida. «No es posible exhibirse con más suntuosidad», afirmaba Talleyrand, haciendo referencia al trozo de seda transparente y a las sandalias que dejaban ver los pies desnudos, que constituían el traje de noche de Teresa Tallien en la Ópera, en tanto que Madame Hamelin declaraba que el vestido era un saco ridículo y la mortaja de la belleza.

Estas damas se volvieron a vestir a partir del Consulado, y lo hicieron con cierto entusiasmo. Y no es que la pompa de la corte residiera en los vestidos sencillos y rectos, que llegaban a los tobillos y que daban a la mujer un aire muy juvenil. Es una coincidencia que el Código Civil la convirtiera en una eterna menor de edad.

Con la Restauración se estrecha la cintura enormemente y las faldas se acortan a la manera de las faldas polacas del siglo anterior, por lo que la mujer tiene el alegre aspecto de una campanilla. Desde el punto de vista jurídico, la mujer sigue igual de sujeta y, salvo algunas excepciones, le importa un bledo y es feliz.

Por sinécdoque, la crinolina se convirtió en el símbolo de la moda de la época de Napoleón III, al designarse con este término los voluminosos vestidos de las damas de alcurnia, aunque su aparición no está relacionada con los fastos del Segundo Imperio, sino que se remonta a 1842, durante el reinado burgués de Luis Felipe. La crinolina era una falda bajera destinada a acampanar las faldas desde hacía veinte años, que, al principio, fueron lisas en las caderas, pero que no habían dejado de alargarse y de recargarse de fruncidos. La crinolina realza la cintura de avispa, ya muy marcada por el corsé o por cinturones muy altos de gruesa hebilla.

La crinolina, como su nombre indica, estaba hecha de un tejido de crin y de lino y era más rígida que las enaguas almidonadas y, sobre todo, no requería mantenimiento. Desde 1850 adoptó la forma de una campana sobre la que se superponían las enaguas fruncidas todo alrededor o sólo en la parte posterior, con volantes en el bajo o a lo largo. En realidad, la crinolina ya no se merecía su nombre, pues desde entonces fue una jaula hemisférica de varillas de acero cruzadas cuyos tres o cuatro metros de circunferencia hacían que se pudiera prescindir de parte de las enaguas superpuestas. La primera patente que se conoce la obtuvo en 1857 un tal Auguste Person, que denominó el artefacto: *crinolina Sherwood.* ¿Fue a causa de un posible origen inglés? No podemos dejar de señalar que el nuevo Palacio de Exposiciones de Londres, el *Crystal Palace,* se inauguró en 1851 y que su estructura metálica en forma de cúpula sólo difiere de la de las jaulas de las damas por el tamaño.

La dama elegante se introducía y salía de la jaula bajando la parte anterior. La jaula se fijaba al corsé mediante una serie de ganchos. Como el progreso es imparable, apareció un modelo, la «enagua D.D.», en la que se podían subir las armaduras circulares como se hace con un estor, tirando de un cordel. Este modelo era mecánico, de hierro y moderno.

El mercado pronto fue importante y cada fabricante obtuvo una patente. La marca más apreciada y famosa fue la *falda bajera Tavernier,* unas enaguas con los aros cosidos en su parte interior, cuyo creador fue el primero, en 1857, en usar la publicidad para un artículo que, sin embargo, pertenecía al tabú de la intimidad.

Para ponerse encima, por protegerse de las corrientes de aire o de las miradas indiscretas al subir las escaleras (aunque la buena educación exigía que el caballero fuera delante al subir y detrás al descender), el Sr. Duchâteau, proveedor de su majestad, inventó un accesorio cuyo nombre no se atrevía a decir y, como se llevaba debajo de la falda, la denominó *falda bajera* al igual que la «crinolina». Consistía en una enagua con el bajo cerrado de forma horizontal de

una a otra rodilla, como los calzones zuavos, lo cual formaba un fondo muy ancho y totalmente eficaz, mucho menos
indecente que el pantalón, por entonces aún en el índice,
ya que no se revelaba la cualidad de rábano hendido ni la
posesión de muslos, palabra que jamás se pronunciaba en
la buena sociedad, ni siquiera para el pollo asado. Para el
invierno, la falda bajera Duchâteau era de lana y, en primavera, de algodón.

Este incómodo atavío no parece tener más justificación
que la de emplear la veintena de metros de tejido que requería el vestido, prueba de que se era lo suficientemente
rico como para poder permitirse el gasto. Ni siquiera el
modisto Worth, que se instaló en el número 7 de la Rue de
la Paix en 1857, mostró mucho entusiasmo por esta prenda. Pero como buen comerciante, y puesto que la crinolina
parecía indispensable para la felicidad de las damas, se dedicó a confeccionarla, sacando partido de la superficie a su
disposición para llevar a cabo las creaciones más onerosas,
adecuadas para hacer aún más grandiosas las recepciones
de las Tullerías o de Compiègne.

No obstante, no hay que considerar estas enormidades
como un atuendo específico de la corte; en primer lugar,
porque la corte ya no era lo que había sido y sólo contaba
con un número restringido de elegidas. La crinolina se llevaba en la vida diaria. Como señala Philippe Perrot [14], la
burguesía sin «linaje» se ha visto y siempre se verá perse-
guida por el «fantasma nobiliario». Se trata, una vez más,
de diferenciar las dos únicas clases que quedan en la sociedad; quienes tienen dinero (y/o una «posición») y quienes
no lo tienen.

En realidad, nadie obligaba a la mujer a la coacción de
la crinolina. Pero ¿cómo podía mostrar mejor la burguesía,
la gran beneficiaria de la Revolución, su conquista del territorio social? La burguesía, mediante el aire que despla-
zaba, trataba de hacérselo saber a los brontosaurios de la

nobleza, que habían regresado rápidamente, arruinados, del exilio. Se puede afirmar que el espíritu y la moda vuelven al punto de partida, la época de Trianón, pero las cartas han cambiado de manos. Tanto más cuanto que pronto se observará la fijación de la emperatriz con María Antonieta —¿no era tentar a la suerte?—, en las transformaciones que aporta a las Tullerías el arquitecto Lefuel, las colgaduras y tapices «al estilo de» y los vestidos. Hay que recordar que Su Majestad se encarga, de nuevo, de relanzar la industria textil y suntuaria.

Hay que señalar, por último, que las extravagancias en el vestir son, desde ahora, del dominio femenino. El hombre (padre, marido, amante) alaba a la mujer que se embellece con los vestidos y que se calla y le deja ocuparse tranquilamente de sus negocios. La inversión material y simbólica (Perrot) en el traje femenino atestigua la eficacia de estos caballeros, del mismo modo que la apariencia masculina, voluntariamente neutra, oscura y sobria, demuestra la seriedad y respetabilidad del hombre burgués, presunto heredero de los banqueros flamencos del siglo XIV y de los comerciantes ingleses de la época de Cromwell. Los dandis que dan que hablar por su elegancia masculina, y que no se arredran ante los colores, son aristócratas como el conde de Orsay o el príncipe de Sagan.

No, nadie obliga a la mujer de buena sociedad a desplegar las amplias dimensiones de esas faldas-símbolos, a enarbolar tejidos tan brillantes como coloreados, a exhibir un escote tan opulento como sus cuentas bancarias. Aunque éste, en términos de Perrot, «consumo supletorio [...] reduzca a la mujer a llevar la librea del que la mantiene y a servirle de valedora», ¿no sería más justo reconocer que Madame Le Trouhadec se halla embargada por la satisfacción de su propia autoridad? A pesar de que las crinolinas la hagan parecerse a un globo lleno de aire, a pesar de que finja ser tonta para preservar su comodidad personal, es, en el fondo, una parte totalmente fundamental en la unidad social bicéfala que acaba de aparecer: la pareja. Desde ahora se dirá los Le Trohuadec, los Le Quesnoy, los Groseillew. Antes eran inimaginables los Noailles, los Turgot o los Sganarelle.

Pero la crinolina no podía dejar de pasarse de moda, como el resto. Cesó de gustar a Sissi en 1860, lo cual no tiene nada de extraño, y pronto aparecieron signos de cansancio en dos grandes ejemplos: la reina Victoria y la emperatriz Eugenia... En Longchamp, en 1866, Worth presentó sus maniquíes vestidas con una «túnica» que realzaba las caderas y que retomaba la idea del delantal del siglo XVIII, con un drapeado elevado en forma de *pouf* sobre un semigiro que acentuaba el talle. La crinolina cedía su puesto a una enagua cuyos fruncidos sólo daban forma al dobladillo de la falda.

Tras el desastre de 1870 y la Comuna, Francia lleva luto por sus muertos civiles y militares, así como por sus ilusiones. Las Tullerías se hallan reducidas a cenizas y, en nombre del pueblo, la burguesía, por fin, se ha apoderado del poder. La III República es una época de ahorro. Por primera vez en la prensa femenina, muy abundante, se recomienda transformar los trajes viejos adaptándolos al gusto del momento. Con dos crinolinas viejas se hacen tres vestidos, un método que origina una mezcla de tejidos característica. Se acabaron las cantidades de metros impresionantes, aunque se sustituyen por un batiburrillo de pequeños detalles asimismo impresionante: volantes, fruncidos, tableados... o accesorios que posibilitan la transformación visual del vestido. A la cúpula drapeada le sucede una columna textil con un capitel reducido, por desgracia, a su mitad posterior: el famoso *polisón,* en el que se superponen volantes, drapeados y nudos. La cola posterior sube de forma horizontal a la cintura, de modo que las mujeres, calipígicas, se asemejan a centauras con las patas delanteras amputadas.

Ya se había asistido a un buen número de monstruosidades a lo largo de la historia del vestido, pero es difícil
comprender el porqué de semejante glorificación de la
grupa en una época tan moralmente mezquina. Ni las
damas ni las señoritas dejaron de usarlo; ¿Hay que perdo-
narles esta moda obscena porque no sabían lo que hacían?
¿Pero se puede perdonar su fealdad?

En 1891, las mujeres se vuelven a sentar sin problemas,
la falda recupera la línea del cuerpo y los volúmenes vienen
dados por las mangas de farol o de jamón. Con la ayuda
del corsé, se pasa de la línea arqueada a la línea sinuosa.
Las mujeres quieren parecerse a modernas ondinas ondu-
lantes. Como no es cuestión de usar trucos como las faldas
ahuecadas para que la cintura parezca fina y las caderas
amplias, la dama de 1900 sólo deviene esteatopígica por el
corsé. De la actriz Polaire bien se puede decir:

> La cintura fina de mi divina
> cabría, creo, en mis diez dedos.

Como los fotógrafos retocaban los retratos, puede que
la realidad fuera menos alarmante de lo que nos quieren
hacer creer estos testimonios. Pero llega el momento de
la creación, en Alemania, de una asociación, impulsada
por un arquitecto berlinés, el profesor Schultze-
Naumberg, para promover «trajes artísticos e "higiéni-
cos" para las damas». ¿Recurrieron los filántropos a
Poiret? Hacia 1910 protestó airadamente contra el corsé
opresor y puso de moda vestidos rectos que no por ello
eran más prácticos, pues se hallaban trabados a la altura
de los tobillos.

Se afirma que este tipo de falda había sido, en realidad,
una creación de la casa Paquin y que no había tenido
mucho éxito; Sara Bernhardt proclamó que se negaba a llevar un vestido que suponía una ofensa al buen sentido y a

la seguridad. Pero a la moda no le importan ni el uno ni la otra, basta con que haya un buen lanzamiento: Cécile Sorel, en un papel que iba a crear —en el que todavía no tenía que bajar graciosamente las escaleras— se apoyaría en una columna, tratando de formar con ésta un conjunto estético y simbólico. Poiret puso manos a la obra y fue un éxito.

El éxito del vestido trabado produjo un acortamiento de la falda para que se pudiera llevar fuera del escenario. Con este acortamiento tuvo que iniciarse al mismo tiempo un cambio en el concepto de ropa interior. La prensa afirmaba de la mujer concebida por Poiret: «Hoy va a gozar de una libertad nuevamente conquistada, a la vista de las creaciones que, al tiempo que envuelven su cuerpo, revelan su belleza...»

Es realmente la primera vez que el vestido se convertía en símbolo de libertad. De las formas estrechas de la falda iban a nacer trucos en el corte como las aberturas o los tableados, que, en efecto, daban al moverse y al andar la libertad que requería la evolución ineluctable del modo de vida y de la apariencia.

Sabemos que en la posguerra se acortaron las faldas y el pelo y aumentaron las pretensiones de autonomía de las mujeres. Ya en 1916 —los caricaturistas, sobre todo los de *Rire rouge,* así lo atestiguan—, como la guerra parecía demasiado larga y triste, se había intentado elevar al mismo tiempo los dobladillos de las faldas y la moral de la retaguardia con una especie de crinolina corta, por debajo de la rodilla, una liberación que duró el tiempo de una sonrisa a través de las lágrimas.

La falda, por fin, a la altura de la rodilla, la cintura en las caderas y las caderas, como el pecho en ningún sitio, son los famosos imperativos de los vestidos-camiseros de 1925-1929. ¡Sólo fueron cinco los «años locos»! Hay que observar asimismo que aparece por primera vez el traje de noche corto: muy escotado por delante, por detrás y en la sisa, pero admirablemente adornado con lentejuelas o perlas.

Había que marcar la llegada de 1930 con un alargamiento y, sobre todo, con el empleo del sesgo y de la flexibilidad, que caracterizan el encanto y la distinción de una época en la que el vestido fue el más seductor y proporcionado de los tiempos actuales. Los términos «moda» y «elegancia» fueron entonces rigurosos sinónimos.

De modo que se planteaba el siguiente problema: ¿cómo se presentaba el futuro: largo o corto? Entre los oráculos, Jean Patou, por aquel entonces, EL modista por excelencia, creador del vestido negro [15] del que ninguna mujer podía prescindir, declaró, en una entrevista a la revista *Liberté* del 12 de diciembre de 1929, que la falda corta era la «negación de la elegancia» y que «nacida del cerebro de algún palurdo, no puede reivindicar el padrinazgo de la alta costura». Tampoco pudo ser madrina del fascismo, ya que Mussolini prohibió la falda corta, *manu militari,* en territorio italiano.

¡1947! Se ha recuperado más o menos el conocimiento, pero es muy difícil salir del marasmo general. Frente a tantas cosas urgentes, ¿era indecente reanimar también la industria del lujo, símbolo característico de París, fuente de divisas y de empleo? Que al menos se venda nuestra moda... Pero en la fosa donde se hallaban en todos los sentidos, no había moda. Se recurrió a rebuscar en el fondo de los cajones y a los apaños. Las usuarias, en general, se encargaron de adecuar la ropa al aire de los tiempos, a la vez que expresaban sus sentimientos. («No es tanto la prenda en sí misma, sino su espíritu lo que hay que captar», decía Balzac). Parece que en esta posguerra lo único que se podía expresar era un profundo desánimo. No había moda.

Pero ¡qué coincidencia! A partir de este momento, la mujer comienza a existir desde el punto de vista civil y legal. El primer gobierno de De Gaulle le concede el derecho al voto. El vestido *new look* de la nueva electora realza sus formas justo lo necesario y las idealiza gracias al corte magistral del mejor taller del planeta. La falda, ancha, baila de placer. La cintura, muy fina por los años de penalidades, trata de permanecer así, al tiempo que se realzan las caderas redondas y el pecho «subido». La mujer está más que guapa, está encantadora y el mundo entero se enamora de ella.

Las creaciones de Dior cuestan mucho más caras de lo que hasta entonces era habitual. Se necesitan trescientas horas de trabajo para confeccionar un vestido en el que todas las partes son de percalina. Muchas personas modestas critican esta ofensa a la miseria, pero el éxito es tan grande y el deseo de cambiar de piel tan intenso que el *new look* invade las revistas y tiendas, sale a la calle y realiza el milagro. Era el exorcismo requerido. No podía haber mejor definición —que acuña con entusiasmo una de las madrinas de la moda americana— para el fenómeno: el *new look,* la nueva apariencia es la renovación. El engranaje de la moda se vuelve a poner en marcha y funciona: el *new look,* una vez agotado su momento, desaparecerá para dar paso a su contrario.

El cambio se produce en 1965. En tanto que sus colegas, grandes modistas, continúan creando vestidos femeninos para damas ricas, André Courrèges se inventa un corte «estructurado» —lo que significa, según parece, tubular—, sin pinzas, sin cuello y sin mangas, y el más corto de toda la historia: por encima de la rodilla, que más vale que sea perfecta. Un vestido que se lleva con calcetines blancos y botines de «cosmonauta». Llegan en el momento oportuno, cuando el soviético Alexei Leonov abandona la nave espacial Voskhod y flota en el vacío por espacio de veinte minutos. La prensa, que ya no consideraba muy nuevo el *new look,* pone por las nubes a Courrèges, pero la locura se desencadena cuando las tiendas londinenses de Carnaby Street, con Mary Quant a la cabeza, acortan de forma tajante todas las faldas en los vestidos, incluso de los no estructurados.

La minifalda modifica toda la ropa interior, que ya no se puede llevar como ayer. Se acaban las enaguas, las combinaciones y, sobre todo, las medias. En un artículo de la revista *Elle,* Philippe Sollers, una especie de amable Voltaire de este siglo XX lleno de alegría, así lo afirma: «Por razones técnicas, los leotardos son inevitables, irreversibles [...] La ironía ha recuperado sus derechos tras una fase moral y militante. Pero era necesario un paso más. Este paso es la minifalda. Sin los leotardos, es impensable.»

No obstante, en el verano de 1969 (tras Mayo del 68), la mayor parte de las chicas se disfrazan de falsas gitanas, ante el estupor de sus madres vestidas de corto. El camino de la protesta ya no pasa por la limpia Sorbona, sino por Woodstock y Katmandú. Las «baba-cool» y las hippies llevan faldas largas y desvaídas de algodón hindú, el pelo largo y sin peinar y toda la antimoda ecológico-folclórica que, sin embargo, sus usuarias no consideran una moda en absoluto.

En cualquier caso, el día en que las revistas de moda vuelven a transmitir la moda en vez de la foto de arte agresiva, que da preferencia a lo insólito y lo desmesurado, la mujer recupera el vestido que la libra de la incertidumbre y con el que se siente hermosa al sentirse segura. Esto puede que explique por qué desde hace algún tiempo se ha abierto el capítulo del pantalón. Algunas jóvenes no tienen ni un solo vestido y siempre llevan vaqueros. Desde 1975 se fabrican más pantalones y pantalones vaqueros que faldas. En 1970, Jacques Esterel intentó lanzar vestidos masculinos de moda unisex. ¡Ni siquiera los usaron los homosexuales!

Una de las bases de la acusación contra Juana de Arco fue que usaba trajes masculinos, acusación que profirieron hombres togados, jueces y sacerdotes. Al principio, antes de que se inventara este tabú, los hombres y las mujeres llevaban una misma prenda: la vestidura larga. Quizá un día vuelvan a llevar una única indumentaria: el traje pantalón. Y puede que éste sea el orden de las cosas...

## MORAL Y TÉCNICA DEL SASTRECILLO VALIENTE

En 1885, Alejandra, la princesa de Gales, que deseaba renovar su guardarropa, encargó al modista angloparisiense Redfern esta importante empresa, dejándole que concibiera trajes prácticos y elegantes para acudir, en cualquier estación, a una revista militar, la botadura de un navío, la inauguración de una escuela... John Redfern se inspiró en el traje masculino, a la sazón confeccionado por los sastres, y en su traje de sastre *(tailor made costume)* se unieron el corte riguroso de la americana y una falda sencilla y recta. Debajo de la chaqueta, un corsé de lencería compensaba la austeridad del conjunto. Las inglesas, todas a una, imitaron a su futura soberana.

El traje de sastre, sin adornos ni cursilerías, cortado de una sola tela, pronto llegó a París, pero, en un principio, no sedujo a las francesas. Aún estaba de moda el estilo «tapicero» de mezclas y drapeados, y les parecía que esta moda inglesa era pobre. No obstante, con inusitada rapidez, la idea se feminizó y enriqueció, pero de forma heroica, sin sobreabundancia de detalles. Hay que subrayar que las damas de la aristocracia, mucho más modernas, emprendedoras y liberadas que sus hermanas burguesas, fueron las primeras adeptas del *traje de chaqueta,* como se llamó desde entonces el conjunto.

En los años anteriores a 1914 no hubo ni una sola mujer, por modesta que fuera, que no tuviera su traje de chaqueta. Además, su confección, con algunos retoques, parecía hecha a medida, y en cada estación las tiendas lo convertían en el artículo de máxima novedad. Las jóvenes tenían derecho a llevarlo desde que dejaban de jugar al aro y sus ajuares se enriquecían con un traje de chaqueta negro «por si acaso», es decir, para los posibles entierros que jalonaran su nueva vida familiar. Hasta los años setenta, el traje de chaqueta negro será la prenda básica del vestido pequeñoburgués, siendo a veces la única prenda «de vestir». En los años de la II Guerra Mundial, esta prenda se vuelve para ocultar el brillo.

Refugiada en Deauville en 1916, Chanel, que aún no es más que Gabrielle Chanel, descubre el jersey y lo emplea para unos trajes de chaqueta muy personales. ¡Ah! Todavía no se trata del que la hizo famosa, sino de un conjunto «de dos piezas» muy flexible, con una túnica provista de bolsillos y abierta sobre una blusa también de cuello abierto.

El martes anterior a las elecciones legislativas del 23 de noviembre de 1958, la revista *Elle* sale a la venta con esta afirmación: «Diez millones de mujeres votan hoy por Chanel.» Al contrario del new look, el traje de chaqueta de Chanel llevaba dos años esperando a las puertas de la gloria. La vuelta de «Coco» en 1954 había sido recibida con bastante frialdad, debido a sus amistades equivocadas durante la guerra y también a que la dama volvía con la misma falta de sentimentalismo que antes, en opinión de sus colegas y de la prensa: «La moda se ha vuelto absurda, los modistas olvidan que son mujeres lo que hay en el interior de los vestidos».

El traje de chaqueta de Chanel no representa una moda, ni siquiera un estilo, como pretendía Chanel, sino un género. El buen género, según la burguesía. En toda mujer que tiene los medios para acudir a un modista hay una burguesa en potencia. Y como en toda mujer que carece de los medios para acudir a la Rue Cambon hay asimismo una burguesa en potencia, el traje de chaqueta de Chanel será el más imitado del mundo, año tras año, y se venderán imitaciones o falsificaciones, según el precio que se pague, pero siempre se llevará con mucha fe en la «distinción social del vestido» (R. Barthes). Chanel se burlaba de las imitaciones diciendo, con toda razón, que eran sólo imitaciones, sin la perfección del original.

Esta «distinción social», según el título que le concede el filósofo, ha convertido al Chanel auténtico en el traje casi típico de muchas mujeres activas e importantes de nuestro tiempo. Simone Veil es, quizá, la más «chanelizada» de las francesas, pues, prácticamente, no lleva más que este tipo de traje de chaqueta, seguida de cerca por Claude Pompidou.

Hablando del traje de chaqueta femenino, el de Chanel forma parte de la Historia. Recuerde el lector, en Dallas, el 22 de noviembre de 1963, a Jacqueline Kennedy con su traje de chaqueta rosa fucsia y azul marino manchado de la sangre del presidente asesinado, que agonizaba apoyado en ella. Jamás se limpió el traje. Hay manchas que nunca desaparecen. El traje, tal como lo llevó la última vez, se halla en el Museo de Washington.

La chaqueta del traje de tweed rosa de Jacqueline Kennedy estaba ribeteada del mismo tono —azul marino— que las solapas y el dobladillo, a juego con la blusa y el pañuelo anudado. Era un Chanel verdadero, desde luego, pero todas las copias e imitaciones mostraban sus características: blusa del mismo tejido que el forro de la chaqueta, casi siempre ribetes, trencillas, galones o empleo de ribetes de tweed a modo de adornos de pasamanería, algo que nadie habría imaginado y a lo que no se habría atrevido. Los bolsillos suelen ser cuatro. Se abrocha de un extremo a otro mediante botones dorados (grabados con una doble «C» en los modelos originales), aunque la chaqueta se suele llevar abierta para que se vea la blusa. Vuelve a haber muchos botones en la abertura de la manga, que lleva un corte. Las mangas son ultraestrechas, muy pegadas y al tiempo holgadas gracias a un truco en el corte y al trabajo de curvatura hecho con la plancha, y muy cortas en la parte superior del puño para que sobresalgan los de la blusa.

El traje es flexible porque Chanel excomulgó el refuerzo de la tela, la entretela y la percalina que mantienen la solidez de la confección masculina. En este caso, el traje es femenino, realizado por mujeres. Sin embargo, no es vaporoso. El tweed, siempre ligero y a veces un verdadero encaje, requiere el sostén de la organza para no formar groseras bolsas en las nalgas, los codos y las rodillas. La doble, y sin embargo ligera, capa de organza, se corta sobre el mismo patrón y las partes se unen entre sí mediante costuras rebajadas al máximo. El forro, exactamente igual, se incorpora a la prenda y después se unen los dos lados, revés contra revés y se le da la vuelta como si fuera un guante.

A continuación se procede a las pruebas: a pesar de haber sido confeccionado a medida para la clienta se prueba repetidas veces. Los pespuntes que se hallan en las mejores imitaciones le proporcionan la solidez necesaria, al tiempo que respetan la sacrosanta flexibilidad. Pueden enmarcar el borde de la prenda y/o seguir el derecho del tejido. Una cadeneta dorada, colocada a lo largo del dobladillo de la chaqueta supone, a la vez, un refinamiento y la seguridad de una buena caída. Su colocación, como la de los galones, las trencillas y los ojales, se ejecuta a mano y constituye una verdadera labor de bordado. Todo ello implica doscientas horas de trabajo. Es el precio de la perfección.

# El controvertido sexo del pantalón

## El orden establecido

El Viejo Mundo conoció el pantalón hace más de tres mil años, cuando los jinetes de las estepas comenzaron a llegar a las regiones del Asia ulterior. Forzándose entre sí a retroceder hacia el oeste, estos guerreros llevaban la indumentaria adecuada para su única ocupación: cabalgar. En etnias como la de los sármatas, establecidos al noreste del mar Caspio, las mujeres —para los griegos eran las amazonas— se vestían elegantemente con pantalones de cuero o de piel, más o menos largos, acompañados de botas sin tacón, lo que les permitía confundirse con la montura, al mismo tiempo que se protegían las piernas del roce de los flancos del caballo. La silla tal y como la conocemos ahora apareció en el siglo IV de nuestra era; los estribos, doscientos años después. Hasta entonces se contentaban con sentarse sobre un montón de mantas o de pieles dobladas.

El caballo moderno *(equus)* es originario de América del Norte. En el pleistoceno, los rigores del clima le obligaron a emigrar al otro lado del estrecho de Bering, cuando éste se transformó en un istmo que permitió a las hordas humanas cruzar del Antiguo Continente al Nuevo. Los animales que quedaron prisioneros sólo sobrevivieron hasta el décimo milenio antes de nuestra era.

Así, puede que los antepasados de los pieles rojas se cruzaran con los antepasados de los caballos que montarían más adelante. Unos 50.000 años antes de nuestra era, los caballos que llegaron a Siberia se dispersaron en grandes rebaños salvajes a través de Asia y Europa. Pero los hombres de Cromagnon occidentales no los domesticaron, sino que sólo los utilizaron como alimento. Los primeros pastores criaron caballos por su carne, su cuero y la leche de las yeguas. Los convirtieron en animales de tiro hacia el año 2000 a.C. en Oriente Próximo; se cree que los habitantes de las estepas, desde Asia Central hasta el sur de Rusia, llevaban diez siglos practicando la equitación a pelo.

Cuando se hicieron sedentarios, al final de su carrera, los iberoligures, los celtas y los germanos conservaron el recuerdo de su antiguo deambular en los pantalones (*bragae* en latín), que les distinguieron durante mucho tiempo de los pueblos mediterráneos. Por eso los romanos diferenciaban la Galia del Norte, *Gallia Bragata* o Galia con calzones, de la Galia Narbonesa, *Gallia togata* o Galia con toga.

En realidad, la toga se remonta en esta zona a la época de la colonización romana de las antiguas colonias griegas (siglo II a.C.). Los pueblos ligures de la Provenza más antigua (siglos VI o VII a.C.), considerados, por tanto, indígenas por derecho de precedencia llegaron acompañados del caballo, y éste ha sido esculpido o grabado en los santuarios prerromanos como Mouriès, Roquepertuse o Entremont (en el norte de Aix-en-Provence), caballo que era un dios en sí mismo o un dios menor dependiente del dios jinete protector. ¿Cómo iban vestidos estos héroes divinizados? «Pertenecen a un tipo social mediterráneo, diferente del tipo convencional celta [...]. La armadura de los guerreros de Entremont es de dos piezas de cuero: la *broigne,* cuya malla está formada por un punteado, como en los jubones de los prisioneros galos del Arco del Triunfo de Arles; y el pectoral, que, superpuesto sobre una corta camisa que está en contacto con la piel y bordado con un festón denticulado o con una banda, cubre el antebrazo y baja desde las axilas siguiendo la línea de la caja torácica; un calzón ceñido o *perizoma* protege el bajo vientre y la parte superior de los muslos[1].

El *perizoma* es el pantalón corto y ajustado común a los pueblos mediterráneos muy antiguos; íberos, ligures, sardos y etruscos. Los jinetes hititas llevan uno exactamente igual. La llegada de esta prenda con la de las civilizaciones primitivas parece más probable que su introducción a través de relaciones comerciales momentáneas en un período tan antiguo.

Cuando el traje drapeado se convirtió en un signo de civilización, es decir, en la forma de vestir de una sociedad sedentarizada, al abrigo de las murallas de una ciudad, aquellas prendas que envolvían las piernas, el *perizoma* (corto) o el *anaxyride* (largo), designaron durante mucho tiempo a los jinetes nómadas de inseguros recursos, despreciados por los griegos, a los esclavos del Estado o a los metecos de origen asiático que usaban los pantalones de su país de origen.

Después de que las tribus que hostigaron el Asia ulterior transmitieran a los persas, junto con el caballo, el pantalón que aparece en los frisos de Apenada, en Persépolis (comienzos del siglo V antes de nuestra era), a los compatriotas de Darío les pareció una prenda muy cómoda, a la vez que consideraron que el animal era un medio muy poco efectivo para dominar el mundo. No obstante, se apresuraron a cubrir el *anaxyride* con la larga túnica tradicional. Incluso a pie, un noble se reconocía —acaso etimológica-

mente noble no significa «conocido» «señalado»— gracias
a sus pantalones. Éstos implicaban la posesión de un caballo y de los medios para mantenerlo, e indicaban que se trataba de un guerrero de rango superior al que iba a pie.

En la antigua Roma a partir del año 121 a.C. y después
de los Graco, los jinetes, ya constituidos en ciudadanos con
fortuna, terminaron formando un orden hereditario: el
*ordo equester,* u orden ecuestre, una verdadera nobleza del
dinero que disfrutaba de privilegios particulares y ejercía
las funciones militares y civiles más elevadas. Sin embargo,
en la caballería militar no se llevaban pantalones bajo la túnica (augusticlave para los jinetes), por ser incompatibles
con la dignidad romana, sino el *perizoma* etrusco, convertido en un calzón muy estrecho o *femoralia*[2]. Es sabido que
en los tiempos feudales, la caballería fue la institución principal de la sociedad medieval, «clase dirigente porque en-
carnaba la función de la defensa militar». La «más noble
conquista del hombre» ha estado por tanto, en el origen de
la nobleza, después de haber dado origen al pantalón.

Hacia 1690, los pieles rojas heredaron los caballos que
ya habían sido olvidados por los conquistadores, y rápidamente se las ingeniaron para inventar unas polainas de piel
o *mitas,* como dicen en Québec, que se ataban a la cintura
mediante correas de cuero y que se cubrían por la vestimenta larga o por el taparrabos. Hacia mediados del siglo
XVIII ya usaban el mismo pantalón de paño o de piel que
llevaban los cazadores. Antes de ponerse los pantalones
que les regalaban los blancos, los indios les cortaban el
fondo de la entrepierna, cosa que causaba el regocijo de
aquéllos. Un misionero cuenta que se sorprendió mucho al
ver a un sioux con esa parte de su persona a la intemperie:

—¿Pero no tienes frío?

El indio, señalando a su vez el rostro del sacerdote, con-
testó:

—Y tú, ¿no tienes frío aquí?[3].

Debe señalarse que, a pesar de ser ocasionalmente buenas amazonas, las mujeres squaws no tenían derecho ni a polainas ni a los pantalones que, finalmente, sus maridos adoptaron hacia 1850.

Los celtas galos, al igual que los germanos y los godos, llevaban calzones de tela o de cuero, que, como las *mitas* de los indios americanos, consistían generalmente en dos perneras independientes cuya parte superior se cruzaba por encima de las partes genitales y de las caderas. Más tarde, hacia el siglo VI, a pesar de que el Imperio las había pasado canutas por culpa de Teodorico, los pantalones bárbaros fueron en Bizancio lo más «chic», en tanto que los francos de la Galia preferían la moda de las polainas de lana bajo la túnica, sujetas a las pantorrillas con correas o cintas. La parte superior se enrollaba siempre en torno a la pelvis a la manera celta, como los pañales de los bebés, y después se pasaba por entre las piernas y se ataba a la parte delantera de la cintura. Poco a poco estos pantalones se fueron acortando hasta convertirse en calzoncillos, también usados por las mujeres.

Hacia el siglo X, el término «calzas» (del latín *calcea,* forma femenina de *calceus,* calzado) comenzó a designar una prenda adaptada a las extremidades inferiores. Al principio fueron una especie de polainas o de medias generalmente sin pie. De forma progresiva fueron subiendo por el muslo y ajustándose a él, al contrario de los calzones, que seguían siendo holgados. Siempre independientes una de la otra, las calzas se ataban a un cinturón con cordones o ceñidores, o bien a calzones cortos que llegaban a la mitad del muslo. En cambio, las calzas femeninas se detenían bajo la rodilla, y se sostenían mediante unas ligas.

En el siglo XIV, cuando el vestido masculino ya comenzaba a desaparecer, se tuvo la excelente idea de juntar las dos calzas, que de este modo cubrían la parte inferior del cuerpo, desde los tobillos hasta la cintura, como los leotardos actuales; en realidad, eso es lo que eran. No obstante, como por imperativo natural había que quitárselas varias veces al día, se practicó una útil abertura en la parte delantera, ocultada por el faldón de la camisa, posteriormente, la bragueta, que se convirtió en un adorno ya en el siglo XVI.

En el Renacimiento las calzas se dividieron en dos, o mejor dicho, en tres. La parte que cubría las nalgas y los muslos fue la que se llamó calzas atacadas, en tanto que las mitades inferiores, que cubrían las rodillas y las pantorrillas eran las medias calzas, de las que nos ocuparemos al hablar de la ropa interior. Las calzas atacadas se llevaban con las medias calzas cubriendo la pierna hasta los muslos.

Las calzas atacadas en forma de calzones, que estuvieron de moda en el siglo XVI, no incluían una bragueta prominente, y se las vio nuevamente en tiempos de Luis XIV.

En el retrato de Enrique II, de Clouet, que se conserva en el Louvre, se pueden contemplar calzas atacadas como bombachos y con cuchilladas, que no resultan nada desproporcionadas. Carlos V, en el Prado, lleva un *tonelete* con un ligero relleno. A medida que el siglo XVI avanza, la extravagancia se extiende desde el tonelete, muy corto a la altura de las nalgas, hasta los *gregüescos* (a la griega), a veces desmesuradamente ahuecados y siempre rellenos «como una bolsa». En la época de Luis XIII, las calzas atacadas pierden el relleno y se alargan «a la veneciana», tendencia que ya se había iniciado en el reinado precedente. Primero son flexibles y ceñidas a las rodillas, después, rectas, en «cañón»; fueron creadas, según se afirma, por el duque de Candale. El hermoso retrato de Enrique II de Lorena, en el Museo de Reims, muestra los ceñidores que unen las medias, evidentes por encima de los faldones del jubón.

Aunque la moda de la época de Luis XIII es muy elegante por su mesura no dura mucho, ya que, poco después de la Fronde (no hay relación de causa-efecto), se pone de moda el *ringrave*. En el momento en que se representa *El burgués gentilhombre,* en 1670, la moda, que viene durando veinte años, ha alcanzado tal extremo de extravagancia que Molière no exagera casi nada al presentar a Monsieur Jourdain vestido con un *ringrave,* ante el cual su sirvienta Nicole se parte de risa, a pesar del escándalo de Madame Jourdain: «¿Qué es, marido mío, esa indumentaria? ¿Os burláis del mundo al haberos ataviado de esta suerte? ¿Queréis que en todas partes se burlen de nosotros?»[4].

En la calle no faltaban los burlones, que escoltaban a los marquesitos gritando: «Cuidado, señor, se os están cayendo los ringraves». En efecto, el jubón, acortado hasta lo que hoy denominamos bolero, dejaba sobresalir la camisa ahuecada hasta más abajo de la cintura y parecía que el *ringrave* se resbalaba por las caderas.

*Ringrave* es palabra francesa derivada del alemán (conde palatino del Rin), aunque no se trata de una moda que llegó a Versalles de la mano del hermano de la princesa palatina, segunda esposa de Monsieur. Hay un retrato de 1656 en el que aparece Luis XIV adolescente recibiendo a la reina Cristina de Suecia, en el que está vestido con dicha prenda. El *ringrave,* de origen holandés, fue lanzado en Francia por otro conde palatino, el *Rheingraf* Eduardo, esposo de Ana de Gonzagues de Nevers, cuya corta vida estuvo ocupada en excentricidades de la vestimenta y de otras clases.

Al contemplar *El hombre de negro*, de Ter Boch, en el Louvre, se comprende que Molière describiera «esa indumentaria» como «refajos llamados calzas atacadas» (*La escuela de los maridos*). No se trata en absoluto de una falda tableada, sino ¡de una falda pantalón tableada! La anchura de cada pernera o cañón podía llegar a ser de vara y media —más de un metro y setenta y cinco centímetros— y se sostenía mediante un calzón ahuecado, ceñido a las rodillas con montones de cintas e incluso de volantes de encaje

Como señala La Bruyère, la boda del rey con Madame de Maintenon supuso un golpe mortal para el *ringrave;* ¡bendita sea al menos por eso! Fue entonces cuando reaparecieron las calzas atacadas estilo calzón, con una sencilla bragueta abotonada con botones a la vista, y provistas en las costuras de los costados —lo cual era una novedad— de bolsillos horizontales que después se hicieron verticales. Pegados hasta las rodillas, los «calzones» —así se llamaron desde entonces— requerían más botones al comienzo del muslo y una escotadura para no estorbar el movimiento en el hueco poplíteo.

En el siglo XVIII desaparecieron los bolsillos horizontales, pues la casaca ya tenía suficientes, se sustituyó la bragueta, y el talle, elevado hasta el estómago, invitaba a llevar tirantes bordados o de tela de tapiz. Los calzones a la francesa de los lacayos son los que se llevan en época de Luis XV y Luis XVI.

Tras la Restauración, a pesar de la generalización del pantalón, los calzones, que se llevan con medias, se reservan para los trajes de gala hasta el Segundo Imperio, y para algunos uniformes de caballería, en cuyo caso se acompañan de botas. En 1831, George Sand, en *Indiana,* emplea la expresión «calzones de piel» para designar al viejo militar que conserva los hábitos y sobre todo, la mentalidad estricta de un oficial. Por haber estado originariamente relacionado con la caballería, el cuerpo de la gendarmería ha conservado el traje de montar, aunque las monturas de los policías motoristas actualmente sólo sean máquinas. El pantalón de equitación se ensancha, para mayor comodidad, a la altura de los muslos, y una polaina de badana, con aplicaciones de cuero, protege del roce contra la silla. Van ceñidos a la altura de la pantorrilla mediante una goma y se meten dentro de las botas, en tanto que los *jodhpurs,* generalmente femeninos, bajan hasta los tobillos y acaban en una vuelta sobre la bota. En origen fue una prenda hindú que introdujeron los oficiales británicos.

Durante la I Guerra Mundial, y posteriormente a comienzos de la Segunda los soldados llevaron un pantalón de paño «azul horizonte» y después caqui[5], con bandas de tela haciendo las veces de polainas. A partir de 1910, y hasta finales de los años treinta, los deportistas usaron, tanto para hacer alpinismo, andar, cazar, jugar al golf o patinar usaron sobre las medias de lana, un pantalón de este tipo, pero más ancho, confeccionado en tweed, en lana gruesa a cuadros o en pana; fueron los *knickerbockers* o *knick'ers,* que ya habían usado los oficiales del ejército británico. Su extraño nombre es el de un personaje de *Historia de Nueva York,* una obra extravagante pero muy popular de Washington Irving, Knickerbocker representaba al holandés fundador de la ciudad, que al principio se llamó Nueva Amsterdam. A semejanza del atuendo frisón, el pantalón de golf es ancho y cae sobre las pantorrillas, siguiendo el ejemplo de las prendas preferidas por el príncipe de Gales y duque de Windsor de entonces: el futuro Eduardo VIII.

Estos pantalones se convirtieron en el uniforme obligatorio de los jóvenes, y ni uno solo dejó de llevarlo en el período de entreguerras. Una hermosa mañana de 1929, en las columnas del *Petit Vingtième,* suplemento semanal infantil ilustrado del diario católico belga *Le Vingtième Siècle,* apareció un adolescente: el admirable Tintín, que Hergé, su creador, casi tan joven como él, hacía viajar nuevamente, y a nosotros con él, «al país de los Soviets». Admirable y eternamente joven, Tintín se mantendrá fiel a sus pantalones de golf hasta 1976, cuando los cambió por... ¡Silencio! Después hablaremos de ello. Esa prenda tenía, en cierto modo, una especie de magia. Abandonarla fue, quizá, tentar a la desgracia. Tintín no le sobrevivió, ni tampoco Hergé.

Pero para contar la carrera particular del pantalón, ese triunfador hijo de los calzones, tenemos que regresar a finales de la Edad Media, cuando las vestiduras largas dan paso a una moda masculina que ya no permite ignorar que los varones elegantes de la especie humana tienen piernas.

Sin embargo, la multitudinaria infantería de los pobres conserva durante mucho tiempo la prenda ancestral de los trabajadores, la camisa-túnica y los calzones cortos o largos. Aunque en Europa occidental se generalizan las calzas, los campesinos de Europa central y oriental, que viven hasta cierto punto aislados, siguen fieles a la antigua indumentaria, que sigue viva y se ha convertido en el traje folclórico, con variantes regionales: sujeto al talle con un cinturón de lana arrollado en torno a los riñones o con un corpiño de cuero, es la amplia *gatya* de los húngaros, los eslovacos y los croatas, y la más estrecha de los rumanos, los ucranianos y los rusos. Ninguna llega más abajo de las pantorrillas y todas se introducen en los calcetines, en bandas de buriel o en cortas botas flexibles. Esta insistencia en lo ceñido volvemos a encontrarla entre los montañeses del Pirineo, los calabreses, los sardos y los corsos.

Los marineros y los obreros de los puertos mediterráneos conservaron también los calzones por su gran comodidad para efectuar sus labores. En el cuadro de Claudio de Lorena, *Puerto de mar* (en los Uffizi de Florencia), aparecen pescadores y marineros trabajando en un muelle, con una indumentaria que, a pesar de ser de mediados del XVIII, no parecería anacrónica en ningún puerto actual, en tanto que los elegantes paseantes se identifican a primera vista con su época. Cuando el panorama de la vida presenta pocos cambios, la expresión de la vestimenta permanece estable, afirma Bruno du Roselle [6].

Claudio de Lorena representa de este modo, en 1640, a los marineros mediterráneos, en una época en que el teatro popular italiano, la *commedia dell'arte,* disfruta del éxito en todas partes. Herederas de las atelanas y de las pantominas latinas, estas compañías extraían la base de su repertorio de las diversas tradiciones de sátira social de la península. Los personajes que aparecían en escena se reducían a unos pocos tipos básicos que se caracterizaban notoriamente por llevar un determinado traje de origen local, una máscara de cuero y diversos accesorios significativos [7]. Los más ridículos eran dos viejos a los que las parejas de enamorados hacían todo tipo de jugarretas. Uno de los ancianos, el rico y avaro veneciano Pantalón, apodado Magnífico, llevaba, por avaricia, el sencillo atavío de los pescadores de La Laguna, es decir, los *calzoni,* unos calzones cortados a la altura de la tibia, que volvemos a encontrar en el *zanni* (criado) Franca Tripa de Bologne y en Piero, el tierno poeta soñador, nuestro amigo Pierrot.

Hacia 1630, los elegantes adoptaron la moda de las calzas atacadas al estilo Pantalón, que pronto cambiaron su nombre por el de *pantalón* y que entonces llegaban a la mitad de las pantorrillas, y quedaban ajustadas a unas botas cortas con forma de embudo. Como ya había aparecido el *ringrave,* en la capital no se pensaba en las calzas, en tanto que la gente del mar y la gente de presidio, tan insensibles a la moda, seguían vistiéndose como lo habían hecho siempre. Cuando los federales de Marsellla llegaron a París en 1792, sus pantalones de rayas rojas o azules, que eran el símbolo del populacho tolonés, tuvieron tanto éxito que todos los patriotas se vistieron así, aunque prescindiendo de los calzones, todavía considerados aristocráticos. El pantalón, y no los calzones, será la prenda que los miembros de la Convención reconocerán oficialmente en 1794, en los festejos en honor de Saboya.

Hay que tener en cuenta que, desde hacía varios años los plantadores de las Antillas y de las Mascareñas, así como los esclavos, usaban un pantalón de tela, que resultaba una prenda mucho más agradable en los trópicos que las medias y los calzones. En 1775, los niños son retratados con ropas, al estilo inglés, con traje de marinero: pantalón largo y flexible, sujeto por botones a una chaquetilla.

Aunque Robespierre hubiera querido vestirse a la antigua, en plena reacción al Termidor, el pantalón de los acérrimos de los clubes se hizo tan estrecho y tan difícil de poner como los calzones. Iban metidos en unas botas cortas. Durante la Restauración se hizo más largo, cubriendo los botines, pero manteniéndose muy estirado sobre la pierna mediante una trabilla de cuero. Era de color claro para el día, y oscuro para la noche. La trabilla desapareció hacia 1855 y se puso de moda la tela a cuadros, porque todo el mundo leía a Walter Scott. No obstante, era impensable que alguien llevara puesta una chaqueta de la misma tela que el pantalón hasta 1875, cuando apareció el terno completo para el atuendo cotidiano. La elegancia de las ceremonias sigue prescribiendo en nuestros días que la chaqueta oscura y el pantalón de finas rayas no vayan a juego.

Desde finales del siglo pasado hasta finales de éste, los pantalones sólo han cambiado en algunos detalles. En 1910 eran ceñidos y con una vuelta en el bajo, a imitación de Eduardo VII, cuando se encaminaba hacia el peaje en Longchamp, bajo la lluvia. El rey lanzó asimismo la moda del pliegue marcado, la raya.

Después de la I Guerra Mundial se llevaron los pantalones muy cortos y acampanados para poder enseñar las nuevas polainas claras y los zapatos puntiagudos. Después, a finales de los años treinta, fueron más amplios, «a la americana». Durante la ocupación, la moda *zazou* impuso a los jóvenes una línea estrecha que se quebraba sobre el zapato, similar a la de los *Teddy Boys* ingleses.

Haste ese momento, nunca había habido moda exclusiva de los adolescentes, ya feuron chicos o chicas, pero en 1958 se cayó en la cuenta de que la juventud imponía la

moda. Esta moda espontánea fue aprovechada por los creadores no sólo para vender en un mercado que prometía ser
considerable, sino, muy pronto, para responder a la demanda de los adultos en busca de un aspecto juvenil. Es lo
que Bruno du Roselle denomina el «fenómeno estilo». *Sty-
lists* se llamó en un principio a los primeros creadores ingleses que tuvieron en cuenta las preferencias de ese nuevo
medio, los jóvenes: [...] «este nuevo medio va a tener una
vía específica. Ésta se traduce, al principio, en la canción.
El fenómeno de los ídolos viene de América, donde esta
evolución social había tenido lugar antes. La clientela de
los ídolos estaba compuesta por jóvenes burgueses y por
bandas de gamberros [...]. Elvis Presley fue probablemente
el creador del género, junto a James Dean en el cine».

Como los ídolos tienen pies de barro, entonces, se disi-
mularon con la «pata de elefante», un ensanchamiento del
bajo del pantalón tan importante que superaba en el ancho
de una mano la longitud del zapato y lo hacía invisible. A
partir de 1972, la pata de elefante dejó el puesto a la línea
«tubo» o «pitillo». La industria textil había encontrado
una fuente de ingresos en la exageración; el futuro traería
más, desde luego.

Y esto es todo sobre los pantalones masculinos, en conformidad con el orden establecido.

## Libertad, igualdad y paridad en el vestir

Usar pantalones femeninos ¿significará algo así como
colgar el antiguo hábito de la mujer? El tan natural deseo
de beneficiarse también de las ventajas prácticas o psicoló-
gicas de dicha prenda sólo se ha podido expresar, en la
mayoría de los casos, a través de una protesta global contra
el orden establecido. No obstante, en alguna ocasión se

produjo naturalmente esa adaptación o mutación como los cambios irreversibles que hacen evolucionar las especies.

En los días de la Revolución francesa se produjo cierto malentendido. Cuando al comienzo de la función, Luis XVI convocó los Estados Generales, decidió que cada orden de la nación llevara un traje que lo distinguiera, obligación que la Asamblea Constituyente se apresuró a derogar, ya que «todos los hombres nacen y viven libres e iguales por derecho...». Más tarde, en el segundo año del XVIII Brumario (29 de octubre de 1793), la Convención dictó un decreto que es una obra maestra de la casuística: «Cada uno es libre de llevar el vestido o atuendo que le conviene, según su sexo».

En este texto hay que tomar las palabras al pie de la letra y en su sentido más restrictivo. Si, por casualidad, los autores así lo hubieran querido, tendrían que haber especificado. «Todos los hombres [...]» o bien «Todos los seres humanos [...]». Pero no lo hicieron, ya que, desde siempre, la mujer había estado al margen de los debates: física e intelectualmente. Ni siquiera en ese tiempo de modernidad, la mitad de la Humanidad contó con mayor personalidad legal y jurídica que dos mil años antes.

El decreto de la Convención sobre la indumentaria debía entenderse del modo siguiente: «Nadie —y especialmente una mujer, que no es nadie— es libre de llevar por propia conveniencia tal o cual vestido o atuendo que no pertenezca a su sexo». Se prohibía ponerse la ropa del sexo opuesto: ¿es necesario que recordemos la condena a prisión de una mujer, rebelde por hambre, forjadora de profesión y culpable de vestir unos pantalones de cuero que los peligros de su trabajo hacían necesarios? Bajo las apariencias no sólo se encuentra el individuo sino también sus sueños. Los revolucionarios, al igual que los Padres de la Iglesia, lo sabían muy bien e intentaban prevenirse contra las veleidades femeninas sobre la igualdad sexual, social, jurídica, política... sobre la igualdad, en una palabra, que implicaba forzosamente la igualdad en el vestir, tanto más cuanto el traje masculino, desde su invención, permitía una mayor libertad de movimientos.

Cuando el Consulado colocó nuevamente las cosas en su lugar, una orden policial puso definitivamente los puntos sobre las íes al prohibir el pantalón o los calzones a «toda mujer que desee vestirse como un hombre sin autorización especial de la Prefectura». Roma había sustituido a Esparta y ya el Código Napoleónico se abría paso con Bonaparte.

Engañadas por la Revolución, las mujeres no podían ponerse pantalones, si les venía en gana. Tendrían que esperar hasta mediados del siglo siguiente para caer en la cuenta de que, en nombre de la democracia, la burguesía conservadora las había utilizado, a ellas en particular, y al pueblo en general, así como hiciera con los filósofos. Y sin intención alguna de gratificarles. En tiempos de la antigua Roma, los pobres ciudadanos de la sexta y última clase, que tenían prohibido vestir la toga, sólo contaban por el número de hijos que tuvieran, ya que a través de ellos aseguraban la continuidad de la *Urbe*. Su denominación, *proletarii*, proletarios, significaba, precisamente, creadores de descendencia. Ser mujer, por tanto, significa ser proletario.

Alain Decaux lo dice muy bien: «El carácter burgués de la Revolución se confirma por su antifeminismo militante. Los burgueses en el poder se escandalizan ante la idea de que pueda imaginarse siquiera la igualdad política entre ellos y sus esposas, que han sido creadas y han venido al mundo para cuidar de la casa y criar a los hijos. La Revolución es una obra masculina. Así debe seguir[8].

¿No era Arnolfo el que daba a Inés la siguiente lección?:

Vuestro sexo sólo os da sujeción,
la omnipotencia está del lado de la barba.
Aunque seamos dos mitades de la sociedad,

las dos no tienen, sin embargo, igualdad:
la una es mitad suprema, y la otra, subalterna;
la una está sometida a la otra, que gobierna [9].

También lo señala M.-A. Descamps: el vestido, como la mujer, está abierto por abajo. Por tanto, la mujer occidental, que no se halla protegida por las rejas del harén, está a merced de ser violada, lo que la obliga a la discreción: «El vestido es la prenda que ha situado a la mujer en su puesto en la sociedad, manteniéndola al margen de toda actividad (económica, deportiva...) que no sea la maternidad».

Pero mucho antes que los revolucionarios, los conciliares habían intentado preservar la dicotomía sexual instituyendo la dicotomía en el vestir: «Si una mujer cambia su atuendo y toma el del hombre será excolmugada». En cualquier caso, durante la Edad Media se experimentaba un miedo cerval ante cualquier cosa fraudulenta, o irregular, o cualquier sustitución. La severidad de las reglas de penitencia se confundía con la del derecho secular: tres años de penitencia por cambiar de atuendo. E incluso cuando la vestidura larga era común a todos, siempre cabía la posibilidad de «virilizar» la indumentaria por medio de los detalles, aunque sólo estuvieran en el peinado: cabellos largos para las mujeres, cortos para los hombres. Pero, eso sí, para la «mitad subalterna» de la humanidad estaba absolutamente prohibido el atuendo del guerrero, por esencia viril: la armadura con sus calzas y botas que destacaban la entrepierna.

Esta «inconveniencia» fue uno de los setenta cargos con que abrumaron a Juana de Arco, a quien el sastre encargado por la duquesa de Bedford para probarle un vestido, en la prisión, quiso tocarle los pechos. Recibió una bofetada, pero Juana prefirió conservar su traje masculino, un taje escandaloso que al menos la defendía de las manos de los carceleros que no se separaban de ella ni de día ni de noche y, que intentaron, alguno al menos, violarla. «Me gusta mi traje, porque Dios quiere que lo lleve», dijo a sus jueces. ¿Habló de los piojos cuando los jueces mencionaron ese otro pecado mortal? «¿Y la cabellera que Dios le ha dado como velo, ¿la lleva mal cortada a propósito?»

Sin embargo, era posible llevar una armadura y no por ello ser menos mujer. La célebre heroína italiana del *Quattrocento,* la bella rubia Catalina Sforza, a la que se aplicó por primera vez el término de *virago* [10] demostró ser mejor guerrera que su marido. Su armadura de embarazada se halla en el Museo de Bolonia. Prácticamente no se la quitó nunca, pues casi siempre estaba encinta, y llevaba encima un vestido que se alzaba delante de quienes le habían robado a su hijo mayor: «Aquí dentro tengo con qué hacer más...».

Durante la Fronda, como escribe en sus *Memorias* el marqués de Fontenay-Mareuil, las francesas —en fin, las que hacían mucha ventolera en París— «tienen más conocimiento de los asuntos públicos que en otros países». Pero ninguna de tales amazonas —en sentido propio y figurado—, desde Ana de Longueville hasta la Gran Mademoiselle, pasando por la duquesa de Montepensier o Ana de Gonzagues, decidió vestirse de hombre para intervenir en los asuntos públicos y amargarle la existencia al togado Mazarino. La falda cruzada para hacer equitación les parecía infinitamente más favorecedora.

Unos años atrás había existido una sorprendente mujer que, aunque no intervino en política, fue calificada por sus contemporáneos de «agresiva y masculina». El cumplido carecía del valor admirativo del italiano *virago.* La condesa de Saint-Belmont se pasaba el día a caballo y fue una notable duelista. Su estilo de vida y el respeto que inspiraba su espada le permitieron a ella, la primera, vestir pantalones sin problemas. En realidad, hay que tener en cuenta, que a pesar de que se acababa de inventar esta prestigiosa prenda y todavía no era más que las calzas atacadas «a la Pantalón», a la dama le pareció muy práctica y se hizo retratar con ella sobre su piafante caballo de batalla.

Otro retrato del siglo XVIII, existente en el Museo de Versalles, representa a un personaje de pie, vestido con una capa guarnecida con trencilla y forrada de piel que él echa hacia atrás con gesto altivo para descubrir un traje también guarnecido con trencilla, bajo el que asoman unos calzones rojos. En los cabellos empolvados lleva una pequeña toca de piel adornada con plumas. Se trata de un traje polaco, pero el personaje no es otro que la reina de Suecia, no la célebre Cristina, sino otra soberana igualmente excéntrica: su prima menor, Ulrica Eleonora, que reinó dos años antes de devolver la corona a su príncipe consorte. Al igual que Cristina, Ulrica manifestaba cierto gusto por la ropa masculina. Las dos suecas no tenían prejuicios y ambas dieron pábulo a las crónicas escandalosas; fueron las dos primeras mujeres que llevaron oficialmente calzones, tanto en sentido literal como figurado.

Más escándalos... Carlos Genoveva Luis Augusto Andrea Timotea de Beaumont, caballero de Éon, hizo correr ríos de tinta. En tiempos de Luis XV y Luis XVI, toda Europa se preguntaba cuál de los nombres masculinos o femeninos, extrañamente unidos en el acta de bautismo, había que tomar en consideración: ¿Carlos? ¿Genoveva? ¿Se trataba de un hombre con vestido y miriñaque o de una mujer con calzones? ¿Caballero de Éon o caballera de Éon? Era lectora de la emperatriz Isabel de Rusia y capitana de los dragones del rey de Francia, pero, fuera hombre o mujer, era agente secreta, creadora de embrollos, pródiga y discretamente paranoica.

Al contrario que el abad de Choisy. Otro notorio travesti de la generación anterior, aunque en su caso no había dudas sobre su identidad masculina, Carlos Genoveva... de Beaumont jamás tuvo aventuras amorosas ni como Carlos ni como Genoveva. Con destino en Londres y en posesión de

comprometedores secretos de Estado, como el plan de de-
sembarco de las tropas francesas en territorio británico, él
—o ella— intentaba lograr que su gobierno resolviera sus
enormes dificultades financieras, mientras muchos se em-
bolsaban sumas igualmente cuantiosas, producto de las
apuestas que se corrían sobre su identidad. Presa de irrita-
ción y prometiéndole una pensión, Luis XVI ordenó a
Beaumarchais que le hiciera firmar una declaración de su
feminidad. De vuelta a Francia, Mademoiselle d'Éon fue
obligada a usar siempre ropa femenina, aunque pudo conservar la Cruz del Espíritu Santo que había ganado en el
campo de batalla. Arruinada por la Revolución, volvió a Inglaterra, donde se ganó la vida como duelista, vistiendo calzones y botas bajo las faldas. El final de su existencia se prolongó en medio de una pobreza extrema. Murió mientras
dormía, en 1810. La casera, al ir a ponerle su último y hermoso vestido, comprobó con horror, según se dice, que su
inquilina era, en realidad, un anciano caballero, lo que también confirmó la autopsia. Pero puesto que el rey de Francia había ordenado que Carlos Genoveva fuera una señorita, se grabó sobre su tumba: «Éon de Beaumont
1728-1810», sin mayores precisiones. No sabemos si la ente-
rraron con un vestido o con unos pantalones. Carlos Genoveva de Beaumont, caballero de Éon, dejó, además de una
copiosa obra literaria, unas memorias políticas, un tratado
sobre la masonería y unos sorprendentes encargos de vestidos a Rose Bertin, la costurera habitual de María Antonieta.


*George Sand*

La mojigatería minuciosamente codificada del siglo XIX
tenía en su punto de mira, sobre todo, a las piernas femeninas, mientras que los vestidos de noche o de gala eran tanto
más elegantes cuantas más carnes rollizas asomaran desnu-

das por el escote. Por eso el paso —en sentido propio y figurado— que dio Georges Sand al ponerse un traje masculino cuando le apeteció, provocó estremecimientos en el interior de los castillos y en el barrio de Saint-Germain. Era un caso desesperado: su seudónimo masculino, su doble sexualidad, sus amantes, su postura a favor de los derechos de la esposa... No tenía necesidad de fundamentar su rechazo al yugo de la crinolina, y al aspecto y el estatus social de la mujer «bien». Como su cigarro puro—pronto sustituido por una pipa—, los pantalones de George Sand se convirtieron en un gesto político, que nadie pudo ignorar pues «el traje es el más enérgico de los símbolos» tal como afirma Balzac. Aún más en este caso, ya que las proporciones de la novelista contribuían sobradamente a la demostración.

Sin embargo, no hay que llamarse a engaño. A George Sand se le ocurrió vestirse de hombre para el estreno de *Antony,* el drama de Alejandro Dumas que, incluso antes de ser representado, ya había suscitado polémica. Todos los amigos del autor consideraron una obligación acudir a la representación y como aún no se había olvidado la «batalla» de *Hernani* del año anterior, la joven tomó la precaución de sustituir sus vestido por una chaqueta y unos pantalones, que parecían más seguros. Como se sintió a gusto, los volvió a vestir con frecuencia.

Hacía ya tiempo que se temía lo que entonces sucedió: tanto en sentido moral como físico, la mujer podía llevar pantalones. La definición de esta expresión se hallaba ya en los escritos sociales del reverendo Edward Whitebread, autor de *The Use and Importance of Early Industry* (1753): «Ponen a trabajar su lengua, sus manos y su espíritu para imponer su voluntad y no cesan hasta haber alcanzado la victoria completa. Cuando sienten la necesidad, no cejan hasta "llevar los pantalones"».

Por llevar pantalón o calzones y luchar por la igualdad de los sexos, el autor de *Lelia* merecía el mismo anatema que, en el siglo pasado, se lanzó contra Anne Hutchinson, la abuela de las feministas americanas, culpable de inmiscuirse en la enseñanza religiosa: «Habéis abandonado vuestra posición, habéis sido un marido en vez de una esposa; una predicadora en vez de una oyente».

Años después de que el traje y el puro de George Sand hubieran dado que hablar, Fourier, uno de los padres del socialismo, preveía que en los falansterios, comunidades cooperativas, la igualdad entre los sexos sería total y el pantalón de paño, común a todos y a todas. Con la llegada de la Revolución de 1848, florecieron nuevos y grandes proyectos utópicos sobre la condición femenina. El Club de las Vesuvianas propuso una *Constitución política de las mujeres,* pero, con buen sentido, las usuarias recomendaron tacto en los cambios del vestido: «Las mujeres deben trabajar sin que se note, para borrar las diferencias existentes entre el atuendo masculino y el femenino, sin por ello sobrepasar los límites del pudor y del ridículo, ni alejarse de las formas elegantes y de buen gusto». No cabe mayor lucidez. En cambio las gacetas, no, no podían dejar de hacerse notar. Publicaron caricaturas de la «nueva mujer» sansimoniana, vestida con un blusón por encima de un pantalón ajustado en los tobillos que la hacía sobrepasar los límites del ridículo.

La norteamericana Amelia Bloomer lanzó en 1851 el «vestido racional», en el curso de una serie de conferencias sobre los derechos de la mujer. La reina Victoria, ya muy victoriana y doblemente ultrajada, por el traje y por las declaraciones, afirmó que «los pantalones de Mrs. Bloomer atentaban contra la santidad de los hogares británicos y podían provocar la emancipación de las mujeres y la degradación de los hombres». Obsérvese el paralelismo del espanto ante las dos posibilidades.

El pantalón de la Bloomer cayó en el olvido y volvió a aparecer cuando ya no se pensaba en él. Hubo una revolución que trastocó las costumbres de finales del siglo XIX: la

del deporte. La pequeña reina (la bicicleta), los grandes
baños (de mar) y el tenis. Al igual que el caballo provocó la
aparición del pantalón de las primeras amazonas, la bicicleta, en la que también se montaba a horcajadas, requería un
atuendo adecuado.

A fin de cuentas, el pantalón bombacho de Mrs. Bloomer no había sido una idea tan mala, pues esta prenda racional se adaptaba a la perfección al juego de las piernas,
al tiempo que salvaguardaba el pudor. ¡Además la idea
venía de América!: un país nuevo, un país de millonarios,
de progreso, por tanto. Plisado en el talle y ceñido con
una banda a la rodilla, hasta donde llegaban las medias o
las botas con cordones o botones, esta prenda, al principio considerada audaz, se volvió elegante a partir de 1890.
Ciertamente, había que cubrirla con un vestido, que, con
el paso de los años se fue acortando hasta convertirse en
una blusa. Las mangas, inicialmente de jamón, fueron
adoptando progresivamente unas medidas más razonables
y, finalmente, desaparecieron, cuando el mismo traje, al
tener que adaptarse a otro medio, se convirtió en bañador.

## La guerra

Durante la gran guerra, tanto en uno como en otro de
los campos de batalla muchas mujeres sustituyeron la
mano de obra masculina en las fábricas, en los campos y al
volante. Al mismo tiempo que aceptaban estas responsabi-
lidades, las mujeres adoptaron la ropa de trabajo que sus
compañeros habían dejado al marcharse al frente: el
mono, el traje de faena, con la cual se ganaron el reconocimiento mundial. Cuando concluyeron las hostilidades, el
estilo de vida occidental tuvo que cambiar forzosamente.
Quienes habían sobrevivido querían encontrar lo que se
suele denominar «el tiempo de vivir», es decir, el ocio

agradable. Muy pronto, diversas administraciones públicas o empresas privadas decidieron conceder cada año a sus empleados varios días de vacaciones pagadas. En Francia, el Frente Popular de 1936 dio carácter legal a este permiso remunerado, y en las playas se hizo común el pijama de playa, hasta entonces reservado a los elegantes de Deauville o de Jean-les-Pins. Su pantalón se ensanchó mucho, a veces sólo a la altura de los tobillos («patas de elefante») y solía ir a juego con una blusa con la espalda desnuda o una chaqueta cuyos detalles evocaban el traje de marinero. La muñeca Bleuette apareció con esta indispensable vestimenta en el catálogo del verano de 1937 de *La Semaine de Suzette*, de crespón blanco guarnecido de galones azules.

Al mismo tiempo, apareció el *short,* que lucían las soberbias heroínas de largas piernas, en las pantallas, protagonizando las películas de aventuras americanas. Esta prenda era una copia de los pantalones del ejército británico, ya que la jungla de la India inspiró numerosos guiones. Al principio llegaban hasta la rodilla y eran bastante anchos para no destacar las formas, en previsión de no irritar a las temibles Ligas femeninas, que velaban por las buenas costumbres de Hollywood. Los pantalones cortos invadieron las playas y todos los ambientes deportivos, y siguieron acortándose y estrechándose, al tiempo que los pantalones se consagraban como el más común de los atuendos femeninos, para el tiempo libre. Por ejemplo, desde hacía diez años se usaba para esquiar una variación del pantalón de golf, largo hasta el tobillo, que se llamaba pantalón noruego.

Más tarde, en la Europa asolada por la Segunda Guerra Mundial, y acosada por el desabastecimiento, las mujeres decidieron por sí mismas. Si al principio, se habían ingeniado para hacer faldas de las perneras de los pantalones del marido, del hermano, o del padre aunque tuvieran los fondillos transparentes por el uso, ahora, carentes de calefacción, obligadas a hacer cola a las puertas de las tiendas, y a andar mucho tiempo, por ejemplo, en las operaciones de resistencia, llegaron sin proponérselo al uso normal del pantalón por tratarse de una prenda cómoda, y no sólo para los momentos de ocio.

Bruno de Roselle opina que «estas mujeres ascendidas a cabezas de familia obedecen de este modo conscientemente, al instinto de sencillez y de desenvoltura, e inconscientemente al instinto de emancipación. Puesto que las circunstancias les imponen un papel de responsabilidad que, en condiciones normales, debería desempeñar el hombre, manifiestan, al adoptar el pantalón, su nueva función de cabezas de familia, que las iguala al hombre». Estamos de acuerdo, pero habría que haber vivido aquellos tiempos siniestros para comprender que entonces no se iba más allá de la búsqueda de más abrigo. Cuando se tiene frío, cuando se tiene mucha hambre, no se tiene tiempo —ni tampoco se tiene la idea— de «obedecer», aunque sea de forma inconsciente, al instinto de emancipación. Como las valientes soldados de 1792 las mujeres decidimos porque no hay otra opción y porque conviene a nuestras necesidades. La emancipación entonces no nos concernía.

Poco a poco, las mujeres soldados, las mujeres policías y las mujeres conductoras recibieron el uniforme oficial, incluyendo los pantalones, así como en los hospitales las enfermeras cambiaban la blusa y el delantal por un traje con pantalón. Los pantalones ya no estaban reservados a la juventud, y muchas abuelas los llevaban por comodidad, sobre todo en aquel tiempo de economía energética. Coincidiendo con la generalización del pantalón para ambos sexos, los derechos de la mujer se hicieron habituales, sobre todo en nuestras mentes. Curiosamente, algunos creadores, como Jean-Paul Gaultier, cuando han querido imponer el vestido masculino, obtuvieron el fracaso del siglo. Ya no lo quieren ni los curas.

## Mitolojeans

«Érase una vez, durante la fiebre del oro, un tal Jean, un francés de Nîmes, que emigró al Oeste americano. Toda su fortuna consistía en una basta tela de algodón azul, especialidad de su ciudad natal. En California se asoció con Oscar Levi-Strauss, un sastre bávaro a quien se le ocurrió confeccionar con esta tela sólidos pantalones de trabajo para los buscadores de oro. Tuvieron un éxito increíble y todos reclamaban los pantalones de Jean en tela de Nîmes fabricados por Levi-Strauss. Se les llamó *Blue Jean's,* después *jeans* y a la tela *denim.* En la primera tienda que se abrió se leía este rótulo: "Levi's Blue Jeans in Denim"».

Ésta es la última leyenda del Oeste, con su mesiánico vendedor ambulante y su artesano, padre fundador de una nueva religión que tuvo como símbolo un pantalón de tela azul: «Y Levi-Strauss creó los vaqueros».

Como en todos los mitos de fundación, las tres cuartas partes de éste son falsas. En San Francisco, en el número 250 de Valencia Street, hay una placa de bronce que indica: «Usted está ante la fábrica de Levis más antigua. Construida en 1906 y remodelada en 1976». La más antigua, pero no la primera. Porque es verdad que entre 1853 y 1860, Oscar Levi-Strauss se sintió inspirado en el corazón de San Francisco, pero en Sacramento Street, en un modesto almacén. Debido al éxito, la empresa se trasladó a Battery Street. Desde entonces, el impero Levi's —L.S. and Co.— se convirtió en un negocio familiar que fue pasando de tíos a sobrinos. Tras los Stern llegaron los Haas. El actual director general, Bob Haas, prototipo de *businessman* americano «made in Harvard Business School», es el tataranieto del fundador y el presunto heredero del Chairman of the Board, Peter Hass, que reina sobre 46.000 empleados —2.000 de ellos burócratas—, desde uno de los cinco edificios de cristal y ladrillo de la Levi's Plazza de Battery

Street, a unos pocos metros del asentamiento inicial. Los negocios van bien, aunque en 1984 tuvieron problemas. Se estima que en 1990 habrán llegado a venderse cerca de tres mil millones de Levis 501, el modelo principal, a partir de su nacimiento, hace ciento treinta años. Sólo en Estados Unidos se han utilizado anualmente más de 13 millones de bobinas de hilo color naranja para hacer las costuras de tamaña producción. Y esto no forma parte de la leyenda.

La verdadera «epopeya» de los pantalones vaqueros es, en realidad, más sorprendente que una leyenda. El origen de «la prenda más igualitaria desde la hoja de parra», como afirmaba el *Sunday Times,* se remonta a una historia judía, como la Biblia.

La historia, al menos la historia oficial, comienza con la leyenda, durante la fiebre del oro, en 1853. Entre las decenas de millares de emigrantes que se precipitaban hacia California, en barco a través del cabo de Hornos o los puertos de Panamá, o en carromato a través del continente, los más astutos no fueron quienes confiaron en hacer fortuna lavando la tierra, sino los previsores que optaron por proveer de víveres y materiales en general, a una región completamente desabastecida, sobre todo de sentido común. Entre estas sagaces personas se hallaba un joven judío alemán de venticuatro años, valiente como el que más, llamado Oscar Levi Strauss, que había llegado a Nueva York siete años antes, para reunirse con su cuñado, David Stern, y, según parece, con dos hermanos mayores que ya estaban establecidos como comerciantes textiles en la costa Oeste.

Oscar trabajó para su familia como vendedor, vendiendo la mercancía en las granjas de los alrededores. Después se embarcó en un velero con rumbo a San Francisco, con un cargamento de lonas para hacer tiendas y toldos para carromatos, considerados de primera necesidad, por lo escasos que eran los sitios donde pudieran guarecerse los buscadores de oro. Pero éstos se burlaban de todo lo que fuera abrigarse y el comercio de las telas fue muy decepcionante. Sin embargo, hete aquí —y en esto todas las biografías idelizadas de Levi-Strauss coinciden—, que en Montgomery Street, en un lugar que llegaría a señalarse con una placa conmemorativa, un buscador de oro, se acercó cierto día a la carreta donde el joven Oscar esperaba a los parroquianos. El hombre demuestra su decepción. ¿Vende usted tiendas? ¡Vaya una idea! Si aquí lo que se necesitan son monos (pantalones u *overalls*). Preferiblemente monos que lleguen hasta la cintura *(waist overalls)*, prácticos, con mcuhos bolsillos y muy sólidos. Los que se encuentran en el mercado no resisten para andar entre las piedras.

Entonces, se asegura que Levi-Strauss prometió al minero que le conseguiría los *overalls* esa misma tarde. ¿Qué no habría prometido para realizar su primer negocio? Buscó rápidamente a un sastre que cortó y cosió la prenda con una de las telas de su carreta, tan tiesa que se sostenía de pie ella sola, pero que prometía una solidez a toda prueba. Por la tarde, el cliente, encantado, se dio una vuelta por los *saloons* para proclamar que había encontrado al hombre providencial. De la noche a la mañana, Levi-Strauss se quedó sin un metro de tela disponible para el sastre, que tuvo que contratar a algunos ayudantes. De vendedor ambulante, aquel muchacho pasó a empresario e instaló un taller. Por desgracia, las crónicas olvidan citar los nombres del cliente milagroso y del sastre. De todos modos, hay que descubrirse ante aquel artesano diligente y particularmente hábil, ya que cortar y coser un pantalón con tela de toldo es una verdadera proeza; una proeza física. También hay que agradecer a la máquina de coser su solidez, bello ejemplo de la calidad de antes de la guerra, capaz de dar puntadas a semejante tejido. Quizá ahí resida el verdadero milagro. Trate el lector de coser unos vaqueros con una máquina de coser familiar, ahora que el tejido se ha humanizado. Ni una sola aguja resistirá. En aquellos tiempos mitológicos, hasta las máquinas de coser y las tijeras se hallaban en estado de gracia.

Los primeros *overalls* de Levi-Strauss fueron de tela marrón, ya que así era la tela de toldo; no tenían bolsillo trasero ni presillas para el cinturón. Siguiendo la costumbre del momento, se sostenían con tirantes. Un correo urgente comunicó a la familia de Nueva York que renovara las existencias, y pronto —en fin, es un modo de hablar, pues las comunicaciones entre California y Manhattan tardaban meses— Oscar recibió un nuevo surtido de tela de tienda junto con paquetes de una tela asargada y compacta, archisólida y al tiempo flexible, de color azul, por estar teñida con añil; el *denim*. Ésta fue la versión oficial del evento.

La denominación de *blue jean* apareció en 1920, aunque la primera edición del diccionario inglés *Chamber's Twentieth Century,* publicada en Edimburgo en 1898, incluye la palabra *jean* con la siguiente definición: «*A twilled cotton cloth*» (prenda de sarga de algodón). Si se busca *denim,* se lee: «*Coloured twilled cotton goods for overalls*» (tela de sarga de algodón teñida para monos). ¿Sería que los pantalones de faena, los futuros *blue jeans* de Oscar Levi-Strauss, gozaban de tal reputación ya en 1898 que el reverendo Thomas Davidson, autor del Chamber's, no pudo por menos que registrar su existencia en el vocabulario inglés? ¡Desde luego que no, *my goodness*! El reverendo, como el resto de los lingüistas, trabajaba con la ayuda de referencias: *Jean* ya aparecía en el venerable *Oxford English Dictionary* de 1567 y *denim,* en la edición de 1695.

En 1567, los ingleses entendían por *jean* un basto tafetán de lino o de algodón que se conocía desde el siglo XIV. Fabricada en Génova, y después en todo el Mediterráneo y, sobre todo, en Marsella, donde se llamaba *cotonina,* esta tela proporcionaba las mejores velas para los barcos. Se podría afirmar que Cristóbal Colón llevó los vaqueros a América, ya que el velamen de sus carabelas era de tafetán de Génova, ciudad natal del navegante.

A partir del siglo XVI se empezaron a fabricar, con esta tela, mandiles para los trabajos pesados y para los pantalones de los marineros. El algodón, como hemos visto, se importaba de Levante, pero se acabó prefiriendo para la ropa un tafetán de Alepo (Siria), teñido de azul con añil. Inglaterra, país marinero por excelencia, consumía tanto tafetán de Génova o *jean,* cotonina y Alepo que no tardaron en imitarla en los talleres del reino, en este caso con lino. Recordemos que el tafetán se obtiene tejiendo de la manera más sencilla: 1 y 1.

Más resistente es la sarga (3 y 1, 2 y 1 ó 3 y 2), que los ingleses denominan *twill.* A partir del siglo XVI, la ciudad de Nîmes, en el Languedoc, se especializó en la industria de la sarga, empleando lana de calidad muy inferior, procedente de la cría regional, y cadarzo, desechos de la seda (capullos abortados, etc.) de Cévennes o de Italia. Este tejido, que en provenzal se denomina *burat,* una especie de sayal, era muy económico a pesar de su solidez, en tanto que las prendas finas de algodón tenían otro prestigio. La ciudad obtenía grandes beneficios de la exportación del sayal o «tela de Nîmes», después el *denim,* teñido con granza (rojo) o añil (azul). Las principales exportaciones se hacían a Sudamérica, las Antillas y el sur de los futuros Estados Unidos, carente de industrias de tejido hasta la independencia. Se utilizaba el *denim* para la ropa de los esclavos, hasta que a finales del siglo XIX la fabricación local sustituyó a la exportación y el algodón reemplazó a la borra de lana o seda. Entonces *denim* pasó a designar una tela de algodón, también resistente a toda prueba, de tejido *twill* o asargado y de color azul. Pero las fábricas de Nîmes no pudieron sobrevivir.

Por tanto, no podemos saber si el denim que los hermanos mayores de Levi-Strauss enviaron a San Francisco, en

1860 era de origen francés o americano. Unos años después, en 1877, la empresa confió la tintura con añil a la fábrica de Amoskeag, en Nueva Inglaterra, cuyos productos fueron excelentes.

En cualquier caso, la tela de toldos o de tiendas con la que el joven fabricó, según se cuenta, los primeros pantalones de faena, procedía del jean, tafetán de Génova (1 y 1), de algodón o de lino, en tanto que el denim, enviado con el nuevo surtido, era la tela más conveniente para las prendas de la segunda generación. Al término «jean» se asoció una connotación de resistencia que siempre ha sido un argumento para su venta, al tiempo que demuestra hasta qué punto la primera fabricación había impresionado al consumidor, tanto más cuanto la empresa fomenta cuidadosamente este «amor» hacia los orígenes.

## El refuerzo del remache

Esto es todo sobre el material de los pantalones de faena que se llamarán *blue jeans* en 1929, a lo que el anciano Levi-Strauss siempe se opuso. Pero lo que confiere su particularidad —más tarde se dirá su encanto— a los vaqueros son los remaches que aseguran la solidez de las costuras, en especial las de los bolsillos. También en este caso la historia auténtica de los vaqueros auténticos se halla oculta por la leyenda.

Aparece en ella otro emigrante judío, Jacob Youphes, un sastre artesano, originario de Letonia, que había cambiado su nombre por Jacob W. Davis, que sonaba mejor en el nuevo continente. Davis, al igual que Levi-Strauss, esperaba hacer fortuna con los toldos y las tiendas. Pero en el momento en que interviene en nuestra historia lo hallamos malviviendo en Reno donde, como en San Francisco, se necesitaban más pantalones que techos de tela. ¿Llegó a sus oídos la reconversión de Levi-Strauss o se decidió por propia iniciativa? La hagiografía de L.-S. and Co. deja planear aquí la imagen borrosa que conviene al mito y hace intervenir únicamente a la mujer de un leñador como mensajera anónima del destino, que reclama *overalls* indestructibles para su laborioso marido. Davis fabricó unos pantalones de faena con las existencias de las que no conseguía desembarazarse y, de repente, tuvo una idea genial: reforzar las costuras de los bolsillos con remaches, del mismo modo que se unían los arneses de los caballos.

En 1872 no daba abasto para atender la demanda y, temiendo que la competencia se apropiara de su invento, pensó en patentarlo siguiendo los consejos de su amigo y correligionario, el farmacéutico William Franck. Pero una patente costaba cara y tenía que encontrar a un socio capaz de disponer de los 68 dólares necesarios para el depósito de la patente y de asegurar un buen futuro al producto. Dicho socio no podía ser otro que ese Levi-Strauss de San Francisco que, según se decía, acababa de celebrar su primer millón de dólares, obtenido por la venta de pantalones de faena sin remaches. Fue un farmacéutico quien redactó una proposición de contrato que Davis envió a San Francisco con dos pantalones provistos de remaches. Se sabe formalmente que la carta existe aún, así como el informe de la patente.

La información de Davis era exacta: Levi-Strauss se había convertido, en el plazo de quince años, en un importantísimo hombre de negocios de San Francisco que no sólo vendía pantalones de faena en denim y jean para toldos, sino también prendas bonitas. Su millón de dólares, como no podía ser menos, llamaba a otros, y en cuanto recibió la carta de Davis, presintió la posibilidad de un gran golpe. Dirigió a Wahington una solicitud de patente, sin tratar ni por un momento de lesionar los intereses de Davis al apropiarse de la idea, y después de modifcar algunos detalles, obtuvo la patente en mayo de 1873. Davis se instaló en San Francisco para dirigir la fabricación de *overalls* con remaches —era lo mínimo que se merecía— así como la de chaquetas y chalecos reforzados del mismo modo. Había entrado en el sistema L.-S. y no se dijo nada más.

En la Navidad de 1873 se vendieron 1.800 docenas de cada modelo de prenda, confeccionadas en la pequeña fábrica de Sacramento Street, por un importe de 43.510 dólares. En 1874, el inventario de final de año indicaba 5.875 docenas de prendas y 148.471 dólares. Además, gracias a la patente, se pudo contrarrestar la labor de los dos primeros de una larga serie de falsificadores.

Ésta es la versión ortodoxa del nacimiento de los Levi's.

Daniel Friedmann, en *Une histoire du blu-jean [Una historia de los blue jeans]* [11], considera que la destrucción de los primeros archivos de Levi-Strauss a causa de un incendio, fue la oportunidad del destino para volver a escribir el guión adecuado, con el fin de que los pantalones de tela de tienda se convirtieran en el gran acontecimiento cultural de la conquista del Oeste. Decimos «pantalones de tela de tienda», y, como señala Friedmann, parece manifiesta la intención de ocultar que el término *jean* designaba asimismo en aquella época a *twilled cotton cloth* (según el Chamber's). Fue necesario que transcurriera una generación después de la muerte del padre fundador para que se cambiara en el catálogo el término de *waist overall* por el de 501. No se trata de un número mágico, aunque así parece que sea su función, sino de la cifra del lote originario del doble X denim de 10 onzas (es decir, un tejido que pesa 490 gramos por metro cuadrado). Nunca, ni siquiera en la actualidad, la publicidad empleará otro nombre que el de Levi's. En Levi-Strauss el término «jeans» es tabú. No se puede pronunciar, como el nombre de Dios: se ha «sacralizado».

¿Por qué? Porque el joven Oscar ya había vendido *jeans* cuando despachaba la mercancía familiar en Connecticut.

«En efecto, toda la estrategia de la compañía ha consistido en llevar los jeans a la fuente bautismal californiana, y en hacer del fundador de la firma el padre simbólico de los jeans, para provocar en el consumidor el deseo, a su vez, de «entrar en la leyenda...» de la compañía Levi-Strauss, según su eslogan publicitario. Y como se exclama en otro anuncio: ¡Funciona! ¡Funciona!

De Davis, sin duda el padre biológico de los vaqueros, sólo queda su papel de operador, ya que no tuvo la oportunidad de poseer la única magia que cuenta, la del dinero: 68 dólares. El precio de la gloria.

No todo es mistificación en los vaqueros; también hay símbolos. Un encadenamiento de símbolos, como no podía ser menos. Recuerde el lector: los pantalones los trajeron los jinetes, pero sólo tomaron su forma y su nombre modernos gracias a los marineros mediterráneos vestidos con tafetán de Génova, con «jean». La asociación simbólica del caballo y el mar es tan antigua como el primer sueño de la Humanidad. Se vuelve a encontrar en la última leyenda de nuestra civilización, el gran sueño colectivo, ese Oeste hacia el que siempre nos hemos dirigido y cuyo arquetipo es el jinete en vaqueros «cortados para la aventura» [12]. «Los pantalones vaqueros suponen la evolución epistemológica en la historia del vestido: producto de la conquista del hombre a caballo, ha nacido de la adaptación de la tecnología del vestuario de la raza caballar al hombre, cuando se hizo necesaria la invención de nuevas prendas más aptas para el trabajo de los pioneros» (Friedmann). Se trata, desde luego, del uso de los remaches, sin los que los vaqueros no serían lo que son. Con los vaqueros con remaches se cierra el círculo.

# Las grandes maniobras de la ropa interior

## La compostura

Primer grado del lujo por ser totalmente innecesaria, la ropa interior, en cuanto tal, devino indispensable cuando lo superfluo se convirtió en uno de los motores económicos de la sociedad. En la actualidad, las tres cuartas partes de los seres humanos siguen sin conocerla.

Pero hay que establecer una dicotomía entre la ropa interior femenina y la masculina. Ésta, que apareció mucho más tarde (hacia 1830), sólo se justifica por motivos de comodidad e higiene. Aunque no perjudica una posible elegancia que contemple la sobriedad de las formas o la calidad del material, su prosaísmo le impide toda ambición de seducir. Las maniobras tramposas son del dominio de la mujer, hipócrita pecadora por definición.

Ya sea masculina o femenina, la ropa interior está en contacto con las partes más íntimas del cuerpo; pero en la era burguesa del siglo XIX, cuando nace la lencería masculina, el Hombre, el Macho, es el Hombre invisible: el traje oscuro que dibuja púdicamente a este ser, dueño del mundo, es una cáscara vacía. El cuerpo del hombre es invisible e inefable. Por eso el silencio que planea sobre la envoltura secreta de su envoltura carnal es la única respuesta adecuada a cualquier alusión sacrílega. Un silencio siempre molesto que sale al paso de una posible burla.

La milenaria ausencia y la ejemplar discreción actual de la ropa interior masculina la han excluido prácticamente de los grandes momentos de la historia del vestido, por lo que sólo la mencionamos a título recordatorio. Carece de lenguaje para poder pasar más desapercibida. En cambio, el prolijo discurso de la lencería femenina no necesita preocuparse por lo no dicho. Por propia confesión, el cuerpo que oculta para mejor descubrirlo no puede ser sino el cuerpo del delito. Es tan rica en encajes y labores artísticas como en secretos mal guardados.

«La historia de la ropa interior femenina es la de un desatino que explota todos los recursos de lo imaginario. En tanto que la ropa interior masculina se halla gobernada por un sentido rayano en la indiferencia, la femenina ilustra una semántica sensual», advierte de sopetón Cécil Saint-Laurent en el prólogo a un libro encantador y encantado [1]. Más que ninguna otra prenda —más incluso que el vestido—, la ropa interior es el símbolo tanto de la mujer y de los deseos que suscita, como de sus maniobras de seducción. Estas prendas, «objetos de culto», según el padre de *Caroline Chérie,* «forman parte de un éxtasis místico que une al hombre a la feminidad».

En cualquier caso, la lencería femenina, esas prendas misteriosas por estar destinadas a ser llevadas en el misterio de su disimulo, esos joyeros de los tesoros de la intimidad, contiene, especialmente cuando es elegante y bella, una gran carga erótica, como dicen los filósofos de actualidad. «Objeto de culto», del culto de la amada real o imaginaria, tanto en su forma material como en su reproducción fotográfica (véanse las tiendas y la prensa especializadas), la lencería femenina no sólo implica un mayor o menor grado de fetichismo en el caso del hombre, como complemento o sustituto de las relaciones con la mujer viva que representa, sino que expresa el amor que la mujer se tiene, pues la mujer se quiere a sí misma y necesita repetírselo.

Una encuesta de *Femme pratique* de diciembre de 1986 indica, en primer lugar, que la mayor parte de las compras de lencería se llevan a cabo por placer personal: son una golosina del vestir, tan compensadora como la de verdad. Este placer personal también se manifiesta en la adquisición de pieles, otra voluptuosidad.

A la primera pregunta de la encuesta, «¿Qué le sugiere la palabra «lencería»?», las lectoras respondieron: refinamiento (67%), estar bella para una misma (53%), seducción (48%), realce del cuerpo (37%). Sólo un 7% de las mujeres daban una razón utilitaria. Esto explica por qué el material preferido es la seda (76%), frente al algodón (14%) y las fibras sintéticas (3%). Esta gran mentira es la expresión de un sueño, ya que no se corresponde con la realidad de las ventas, a pesar de la democratización de la seda. Nuevas telas químicas ofrecen su suavidad y belleza, a la que añaden grandes facilidades de conservación, pero las mujeres prefieren no darse por enteradas. La desaparición del sueño de la seda y de los encajes está todavía muy lejos, sobre todo cuando ya no se tiene la edad y la figura para la gracia de las camisetas. A pesar del Movimiento de Liberación de la Mujer, la mujer se prefiere objeto. Y, de hecho, el acoso publicitario no le deja ninguna alternativa.

Coincidiendo a través de los milenios con esta encuesta, la primera —y ridícula— demostración de una prenda interior fue un refinamiento secreto. El *apodesmos,* fina banda de tela con la que las griegas del período arcaico, desnudas bajo el chitón, ceñían sus caderas y pechos, significa exactamente la ligadura que delimita (o separa). Su color, generalmente rojo, resaltaba la blancura de la piel. En nuestros días se ven cadenitas de oro que, a la altura del ombligo, realzan las curvas de afortunadas *pin-ups* en biquini. En la época clásica, el *apodemos* se convirtió en una ancha banda de tafetán ligero, casi invisible bajo la túnica, que envolvía el pecho elevándolo o sosteniéndolo en secreto. La mujer —no sólo la hetaira— daba a entender al hombre que su cuerpo no estaba hecho únicamente para engendrar.

El *zona,* más ancho, ceñía el vientre, presionándolo para hacerlo tan plano como el de un chico. En estos tímidos artificios se hallan los antepasados del sostén y de la faja. Pero el *zona* podía ser también una especie de suspensorio que los soldados llevaban a la guerra o a la lucha antes de que se admitiera el desnudo integral en los estadios. Recordemos que «gimnasta» significa desnudo.

Esta libertad y este respeto por el cuerpo hicieron que la mujer griega no experimentara ninguna otra necesidad de sujeción o de ornamentación. Los sabios paños del *chitón,* cerrado o abierto, bastaban para sugerir, sin realzarla, la plenitud de sus formas mediterráneas. El concepto de pudor, nacido de los fantasmas semitas, aún no imperaba fuera de Oriente Próximo, por lo que no hay que tachar de hipócrita la discreción del *apodesmos* o del *zona.* Sencillamente, la mujer hallaba mayor comodidad y un discreto perfeccionamiento de la silueta en la contención de los desbordamientos, aunque los hombres todavía preferían, para su placer, la solidez bien construida de los efebos. No hay que olvidar que los mitos de creación designan a la mujer como la calamidad por la que, al final de la Edad de Oro, la Humanidad, dichosa hasta entonces por ser toda masculina, tuvo que pagar el fuego heredado de Prometeo.

Bajo el *chitón* o el *peplos* no se llevaba, llegado el caso, más que otra túnica y las ligeras bandas del pecho o el vientre. El sexo no se tapaba, pues la vestidura bastaba para disimularlo sin dibujarlo, lo que no era vergonzoso, sino que carecía de interés. A veces, las jóvenes deportistas o las acróbatas profesionales usaban una especie de taparrabos cosido en la entrepierna, pero no cabe considerarlo como una prenda interior. Tampoco lo había sido el sorprendente corsé-balcón de las cretenses de la civilización mediterránea precedente, fruto probable de una ginecocracia arcaica. Haciendo las veces de cuerpo del vestido (por tanto, no de prenda interior), glorificaba el pecho expuesto a las miradas, desnudo y maquillado, que la compresión del talle hacía aún más generoso. Lo que nos muestran las pinturas y las estatuas no nos permite saber si se trataba de prendas rituales, de sacerdotisas o diosas, o de prendas corrientes. ¿Y se puede llamar «ropa interior» la armadura de junco o de metal que sostenía las faldas de volantes, como lo haría la crinolina del siglo XIX? No sabemos si era independiente o si iba cosida a la falda. Aunque hay historiadores que no tienen dudas.

El célebre mosaico de la villa siciliana de Piazza Armerina, que data de comienzos del siglo IV, muestra a mujeres deportistas entregadas a los placeres de los juegos náuticos, la pelota y las pesas, vestidas con un traje de baño de dos piezas: una banda en el pecho y unos pantalones cortos. Es imposible discernir si éstos están cortados como tales o si se trata de un *subligaculum,* taparrabos muy corto que pasa entre las piernas al modo del eterno *dhoti* asiático y que era de uso obligatorio para las bailarinas. En su loca junventud, la emperatriz Teodora llevó uno, cuando era «mimo» (es decir, cuando hacía *strip-tease*).

Las cortesanas romanas, y posteriormente las matronas, creyeron durante un tiempo que el *subligaculum* les confería una capacidad de seducción suplementaria, al precisar lo que, virtualmente, ya escondía la larga túnica, *pallia,* cada vez más trasparente con la generalización de la seda, al menos en las clases acomodadas. Pero, sin duda, a los caballeros no les pareció excitante el subterfugio y, muy pronto, las muy tunantas renunciaron a él.

En cambio, el sostén prosiguió la carrera que había comenzado en el Ática, con la salvedad de que, en vez de sostener, tuvo, al principio, la misión de contener, pues, durante la República, los signos externos de la femineidad eran incompatibles con la virtud. Por eso, para encontrar esposo, las niñas decentes tenían que impedir el crecimiento de esos senos que no se sabían ver, empleando una venda muy ceñida para aplastarlos. Si, a pesar de esta compresión sistemática, la naturaleza triunfaba devergonzadamente, la *mamillare* de cuero aprisionaba de forma irremediable los más insolentes encantos adultos. En cualquier caso, dar de mamar no era un problema, ya que de ello se encargaban las esclavas nodrizas. Este sistema de contención, que quizá contribuyera en buena medida al mal carácter proverbial de las matronas romanas, no duró tanto como la República. El *apodesmos* griego —siempre una pequeña banda de lino blanco o púrpura— se llamaba en latín *taenia...*, vocablo que también se aplicaba por metonimia a lo que el lector ya sabe (Catón y Plinio).

El *strophium,* una banda más ancha que la *taenia,* pronto bastó para moderar los desbordamientos y sostener los hundimientos. No se llevaba sobre la piel, sino sobre el *saffarum,* túnica corta y generalmente sin mangas que para las ricas patricias fue de seda amarilla desde que este tejido se extendió por el Imperio, seda adornada con franjas doradas.

El *zona* se convirtió en Roma en el *caestus,* el cinturón de Venus que la diosa se anudó sobre los senos al salir del agua y que recomendó a Juno para seducir a Júpiter, su esposo. Alargándose y adornado con bordados, llegó a las caderas. El día de la boda, la criada personal o la antigua nodriza de la novia anudaban el *zona* de su ama, pero no bajo la *pallia* nupcial teñida de ocre y azafrán, sino por encima, transformado en *cingulum,* en cinturón. El nudo especial y simbólico, denominado nudo de Hércules *(nodus Herculei)* tenía que ser desatado por el esposo cuando hubiera desposado a la joven bajo la manta púrpura del lecho conyugal. Por eso la expresión *zonam solvere,* desanudar el zona, significaba casarse. Una vez casada, la mujer romana llevaba el *cingulum* en *caestus,* muy alto por debajo del pecho, completando de este modo la acción de sujeción del *strophium.*

La *castulla* (de *castus,* púdico y casto), al igual que la *kasas,* que se conoció en Grecia en la época alejandrina, es una falda o fondo de vestido que llega hasta los pies y completa el corto *saffarum.* A estas prendas interiores tan decentes, las jóvenes enamoradas añadieron un accesorio cuya única utilidad era turbar a quien lo descubriera: una cinta de seda anudada debajo de la rodilla y con el nudo fijado por una joya. Como no había ninguna media que sujetar, puesto que aún no existían, esta antepasada de la jarreta (que comenzó su carrera a la altura de la corva) confirió a la pierna, por vez primera, un interés erótico.

¿*Feminalia* o *femoralia?* Al emperador Augusto le gustaba mucho llevar bajo la toga estos calzoncillos de tafetán, de longitud media —es decir, que cubrían el muslo, el fémur—, que había conocido a través de las guarniciones romanas en Germania, que las copiaron de los calzones de los mercenarios autóctonos. A comienzos del siglo II, después de Trajano, a quien también gustaba esta cómoda prenda, la moda se instaló en Roma para los civiles. Una moda absolutamente masculina. Nunca, ¡por Juno!, se hubieran aventurado las púdicas y castas enaguas a sufrir semejante acortamiento de origen tan vulgar. Por tanto, el término *feminalia* parece muy extraño y nada prueba, a pesar de que posteriormente el obispo Vital afirme que las mujeres galorromanas y bárbaras usaban dicha prenda. Puede que sea un error de transcripción, fruto de la distracción de un copista, que el venerable cronista recogió.

Después se olvidaron durante siglos las bandas arrolladas y la mujer se contentó con la superposición de vestidos, el más interior de los cuales, la *camisia* gala, se convertiría en la camisa. La moral cristiana tomó el relevo de las virtudes romanas.

El erotismo de las novelas medievales se construye sobre el juego del secreto y de la revelación. El *Roman de la Rose* es un buen ejemplo. A pesar de apreciar la gallardía, la sociedad medieval carecía de buenos modales. Hay, por ejemplo, una sorprendente miniatura de las *Très Riches Heures,* del duque de Berry, en la que aparecen unas personas calentándose ante un fuego, en febrero. El primer personaje, una mujer, se sube ligeramente el vestido que lleva sobre una larga camisa y muestra las pantorrillas. El hombre situado en el medio no lleva calzas atacadas, puesto que se detienen debajo de la rodilla y expone sus partes viriles al calor. Ejemplo de abandono que sigue el tercer personaje, otra mujer. Ninguno ofende, no obstante, la vista del vecino, y la malicia del artista consiste en mostrar lo que sólo la chimenea podía observar y cuyo secreto habría guardado. Pero, gracias a este subterfugio, sabemos que hasta la generalización de las calzas atacadas con el acortamiento de la túnica, ni hombres ni mujeres se molestaban en llevar una prenda particular para cubrir sus vergüenzas, aunque existían los calzoncillos para los religiosos. Hablaremos de ellos al hacerlo sobre la ropa interior masculina.

Las personas muy pobres de ambos sexos raramente usaban ropa interior, pues cualquier otra prenda usada hacía las veces de ésta. En tanto que los hermosos trajes y lo que se podía ver de las camisas, los cuellos y las mangas que sobresalían testimoniaban por su suntuosidad la riqueza de los nobles, la ropa interior, generalmente modesta y raramente lavada, mantenía la humildad de su uso en la intimidad. Humildad que formaba parte del símbolo del arrepentimiento o de la sumisión; véanse los burgueses de Calais y la condena de las mujeres adúlteras. Humilde ropa interior que aumentaba aún más la vergüenza de los condenados. No era extraño que un vendedor exigiera su entrega como triste prueba de rendición.

Hasta el siglo XIV, la casta y mística Edad Media no quiso enterarse de que la mujer poseía senos. La saya ablusada o la sobresaya escamotearon sus formas hasta que, como hemos visto en la miniatura de la que acabamos de hablar, la mujer, cansada de parecer una columna, «descubre su poder de seducción donde la Iglesia sólo había visto tentación» (J-C Bologne)[2]. El cuerpo del vestido moldea el busto presentando, mediante un juego de pinzas y un canesú fruncido, un pecho discreto y redondo, sin recurrir a ningún truco interior. Al menos nadie lo menciona, tanto más cuanto que el corte y la costura no inspiraban ningún tipo de literatura. Sin embargo, en la *Clef d'amors [Clave de los amores]* (versos 2.515 y 2.516), un manual «cortés» que es una especie de puesta al día del *Ars Amandi,* de Ovidio, se aconseja «una camisa ceñida en la que están bien inscritas las formas de las dos tetitas», en tanto que el *Roman de la Rose* va directamente al grano: «Si sus senos son demasiado grandes, tome telas y paños y hágaselos ceñir rodeando su pecho y costados, y luego se los ate, cosa o anude»[3]. Puede que el autor se exprese sin rodeos para que el consejo sea eficaz.

Un consejo eficaz que la moda que llegaba haría pronto obsoleto. La moda del vestido de Chipre vino de los reinos francos de Oriente Próximo: «Un cuerpo de vestido tan grande que se enseñan los pechos y que se ciñe tan poco que los susodichos pechos quieren salir de su seno»[4]. «Tanto que todos meditan sobre ellos y se quedan boquiabiertos», concluye la *Clef d'amors.*

Creerá el lector, con toda razón, que las jóvenes hermosas de Francia y de otros lugares se esmeraban para dejar boquiabiertos a los galanes. Según los cronistas, corrían el riesgo tanto de coger una bronquitis como de condenarse. En el *Purgatorio* de Dante, vemos esperando a ser castigadas: «Alle sfacciate donne fiorentine l'andar mostrando con le poppe il petto [...]. Ma se le svergognate fosser certe di quel che'l ciel veloce loro ammanna, già per urlar avrian le bocche aperte». (A las desvergonzadas damas florentinas por ir mostrando la garganta y los pechos [...]. Pero si supieran las sinvergüenzas lo que el cielo veloz les prepara, ya habrían abierto la boca para gritar.)

Agnès Sorel no hubiera sido la menos desvergonzada. Al triunfar en uno de los particulares concursos a los que tan aficionados eran los que rodeaban a Carlos VII, lanzó la pícara moda de llevar un seno dentro y el otro fuera de la saya con lazos que se convertiría en el corsé con ballenas destinado a comprimir el talle y a ofrecer el pecho como en bandeja. La saya con lazos no era una prenda interior, ya que se llevaba encima de la camisa.

A lo largo de la historia del vestido ha habido prendas que han pasado del hombre a la mujer (nunca de la mujer al hombre) conservando su denominación al cambiar de destino. El corsé, por ejemplo, fue al principio una corta prenda de vestir masculina del siglo XV, antecedente del jubón. Para las damas se convirtió posteriormente en un vestido ajustado con bolsillos y forro.

Isabel de Baviera introdujo en la parte superior de este vestido o *cuerpo,* ballenas (barbas de ballena) para contener la obesidad que la invadía. Después, a partir del siglo XVI, aparecieron cuerpos de hierro calados, como los del Museo de Cluny. Su relleno original había desaparecido, por lo que estos artefactos poco se diferenciaban de los instrumentos de tortura judicial, teniendo en cuenta las escaras y las dolorosas deformaciones que producían.

«La actual forma de vestir lleva a condenar la antigua con tan gran resolución y con un consenso tan universal que se diría que es una especie de manía que trastorna el entendimiento [...]. Es forzoso que a menudo las formas despreciadas vuelvan a estar de modo y que, poco después, vuelvan a ser despreciadas», escribía Montaigne sobre los elegantes[5]. La moda a la española durante el Renacimiento alejó la atención del pecho tan celebrado hasta entonces. El cuerpo con ballenas fue sustituido durante cierto tiempo por la basquiña, un cuerpo de saya descotado y sin mangas, atado con lazos muy apretados y confeccionado con tafetán rígido y con ballenas, lo que daba al torso una forma cónica. El verdugado se apoyaba en su base.

Fue entonces cuando esta coraza pasó definitivamente a ser una prenda interior, sin dejar de estar construida con materiales rígidos; el tafetán almidonado o incluso el cuero empleados seguían recurriendo a las ballenas o a varillas metálicas, a las que se añadió un nuevo perfeccionamiento, el *busc,* que podía llegar a pesar un kilo. Del italiano *busco* (astilla), esta pechera armada hacía la parte delantera del cuerpo aún más abrupta, desde los senos hasta el talle o el vientre, que aplastaba. En sus orígenes, una tablilla de madera fue la que le dio nombre; después se empleó acero, plata e incluso un esternón de pavo, a falta de marfil o nácar. A pesar de estar metido en un estuche de tejido, se esculpía, se grababa y se cincelaba. El acabóse fue el empleo de una lámina de acero que no era sino un verdadero puñal bien afilado.

Para no dañar las caderas al comprimir el busto, el cuerpo se ensanchaba a partir de la cintura con faldones («colas de cangrejo»), rellenos de modo que sostuvieran los frunces de las faldas que se llevaban encima del verdugado, al que acabaron sustituyendo. El armazón contenía asimismo ballenas horizontales en forma de media luna, a la altura del estómago y los senos. En el siglo XVIII, el cuerpo «abierto», más flexible, se separaba por los dos lados de la pieza del estómago. En la época de Luis XV y Luis XVI, las piezas del estómago, bordadas en seda u oro o con adornos de pasamanería, se prendían con alfileres en el cuerpo de ballenas y se podían ver a través de la larga abertura triangular del cuerpo del vestido. El corsé de ballenas contenía, en un principio, hombreras —con ballenas, desde luego—, pero no iban unidas a él. Mediante ojetes se podían introducir ceñidores o herretes, que en el caso de las damas elegantes como Ana de Austria, eran diamantes.

Al descubrirse la lactancia materna con el *Emilio,* de Rousseau, no se abandonó esta tortura privada. Se inventaron corsés de ballenas provistos de aberturas para dar el pecho al niño. Los embarazos tampoco fueron una excusa, y corsés con cuatro lazos, uno delante, uno detrás y uno debajo de cada brazo, permitían una relativa comodidad a medida que se iba engordando. Quizá no habría que buscar más lejos para hallar el motivo de tantos abortos naturales, coxalgias congénitas e incluso úlceras de estómago no siempre imputables a una alimentación aberrante o a un envenenamiento criminal.


## El cuerpo del sufrimiento

«Para tener un cuerpo a la española, ¿qué tormentos no sufrirán, tiesas y ceñidas, con grandes llagas en los flancos que pueden llegar a estar en carne viva? A veces hasta la muerte», deploraba Montaigne en el siglo XVI. Y con él, podríamos perdernos en los abismos de la reflexión sobre las razones que mantuvieron, durante cientos de años, a la mujer sufriendo este tormento, un verdadero autocastigo que hoy nos resulta inexplicable. Puede que procediera de la moda española que dominaba en tiempos del autor de los *Essais,* de acuerdo. Pero esta moda duró lo que duran todas las modas. El argumento de la seducción tampoco es suficiente, porque al igual que a nuestro filósofo, a generaciones enteras de hombres les pareció una cosa odiosa.

Entonces, ¿era una defensa contra el atrevimiento de los seductores? Pero, ¿quién se atrevería a afirmar que las mujeres elegantes, protegidas por esta barricada, eran las más castas?

En cualquier caso, como Paule Constant subraya [6], desde hacía tiempo se intentaba modelar el cuerpo de las niñas mediante «el uso rectificador del pañal que mantiene los miembros rectos». Y añade: «Vemos cómo la niña, considerada más frágil y de naturaleza más débil que el niño, pasa de forma natural y sucesiva del caparazón modelador del pañal que le da un cuerpo humano al caparazón del corsé, que le da un cuerpo de mujer y que se corresponde con la idea, generalmente admitida, de que el cuerpo femenino, a diferencia del masculino, no se forma desde el interior, por el trabajo muscular, sino desde el exterior, por contención.»

Por otra parte, ¿cómo no señalar que el antepasado del corsé se denominaba cuerpo? No se trata de una homonimia, sino de una sustitución. El cuerpo carnal femenino desaparecía como el de los moluscos o el de los crustáceos en el interior de un caparazón, a la vez impostura y mutilación.

Otra mutilación, la de los pies de las mujeres chinas, suscitó un reflejo de horror en los occidentales. Sin embargo, aunque el hombre chino aprobara los muñones vendados de sus compañeras (que despertaban en él cierto interés erótico) y aunque el hombre europeo no dejara de echar pestes contra el corsé (alabando al tiempo la cintura de avispa que producía), en realidad, ambas coerciones tenían puntos en común, aunque sólo fuera porque derivaban de la misma obstinación femenina por sufrir.

Los corsés y los pies vendados constituían un signo innegable de superioridad social para ambas civilizaciones, ya que la coerción distinguía a la aristócrata —o a su imitadora burguesa— de la mujer del pueblo. Ésta, como productora, necesitaba toda la disponibilidad y autonomía de su cuerpo para trabajar. La mujer acomodada, como consumidora, sólo existía por su inactividad, su pasividad de abeja reina.

La más libre de las dos era la sierva, ya que al sufrimiento producido por las trabas de la elegancia se añadía el condicionamiento de una educación que consistía fundamentalmente —y no por casualidad— en lecciones de «compostura» que completaban la contención del vestido. La mujer «privilegiada», china o europea, se mantuvo doblemente sujeta a restricciones físicas e intelectuales que la incapacitaban y la convertían en una inadaptada ante un mundo del que sólo podía depender. Paule Constant recuerda justamente una obrita educativa de 1749, *Conseils à une amie,* en la que una tal Madame de Puisieux resume en una línea la falta de derechos de la mujer en corsé: «No hemos nacido para gozar de nuestra libertad: las costumbres se oponen a ello». Y no podemos por menos que sorprendernos de que ciertos caracteres enérgicos pudieran desprenderse de sus ligaduras morales y materiales de esclavas, con tantas ballenas y tan bien cerradas.

Las mujeres del pueblo de la generación de Madame de Puisieux llevaron corpiño, continuador de la saya con lazos medieval, pero no debajo sino encima de la blusa, y muy poco ceñido para realzar la cintura y el pecho. El corpiño se ataba por delante, a diferencia del corsé aristocrático que requería una ayudante que lo ajustara por detrás. Pero cuando María Antonieta y sus amigas jugaron a las pastoras con la sencillez de la muselina, ninguna de ellas omitió bajo el vestido campestre la novedad del momento: el corsé a la inglesa, en forma de reloj de arena, al que se fijaba, en la parte inferior de los riñones, una almohadilla rellena de crin que llevaba hacia atrás la amplitud de las faldas con un bonito movimiento cimbreado.

El viento de la libertad revolucionaria se llevaría el corsé a la inglesa, ¡Basta de esclavitud! Si es necesario, se lleva bajo el vestido únicamente un pequeño relleno, pero no sobre los riñones, sino rodeando las caderas. Y como el corsé ya no está para sostener los senos, se inventa el *pecho engañoso,* un pañuelo cruzado sobre el vestido a la altura del pecho, provisto, donde es necesario, de un contrafuerte disimulado.

Al dirigirse al cadalso, María Antonieta llevaba una larga camisa blanca, unas enaguas negras (para disimular sus violentas hemorragias) y una especie de vestido ligero llamado «de mañana» que era lo único blanco que poseía, con su gorro y el chal que le rodeaba los hombros. La viuda capeta quiso llevar el luto blanco de las reinas de Francia. No había corsé en el inventario de sus escasas pertenencias, enviadas a un hospicio.

En la época del Directorio, «las parisinas pretenden, de forma muy consciente, adecuar su forma de vestir a la retórica de un tiempo en que los griegos y los romanos aparecían en todos los momentos cruciales del discurso», afirma, muy justamente, Cécil Saint-Laurent. Resucita el *zona,* pero se sitúa más arriba para elevar el pecho, que tiene que mostrarse subido en la profundidad del escote.

Ya no hay corsé bajo el traje ajustado de maravillosas líneas rectas, puesto que durante el Consulado y el Imperio gustan las mujeres entradas en carnes, siguiendo el ejemplo de la nueva dueña de Francia. Los países vecinos, tanto si están de acuerdo con Napoleón como si no, imitan las preferencias francesas. El corsé a la Ninón se impone en toda Europa al mismo ritmo que los ejércitos imperiales. Es muy ligero, a pesar de que no desdeña las ballenas para elevar el talle y separar los senos.

En el inmenso inventario del guardarropa de Josefina que se lleva a cabo en el momento del divorcio, en 1809, se halla, desde luego: «[...] percal forrado adornado con encaje de Valenciennes o bombasí forrado de percal, rara-

mente satén blanco forrado de tafetán. No hay casi ballenas. Los corsés ordinarios cuestan 40 francos; los de satén,
10 más»[7]. María Luisa, con fama de más ahorradora, sólo
gasta en cuatro años 2.500 francos en corsés, pero curiosamente nunca los indica en la lista de efectos que hay que
prepararle a diario, lista escrita de su puño y letra que se
conserva en el Archivo Nacional.

Ya durante el reinado de Luis XV, en 1750, varios médicos eminentes, Desessartz, Vandemonde y, sobre todo,
Winslow (*Memoria sobre el mal uso del corsé de ballenas,*
presentada en la Academia de las Ciencias de París en
1741), un filósofo como Rousseau y un naturalista como
Bouffon habían protestado violentamente contra la coerción del corsé de ballenas. Si estas eminencias no habían
sido escuchadas, ¿qué repercusión podía tener, en 1770, un
opúsculo de un tal Bonnaud titulado: *Degradación de la especie humana por el uso del corsé de ballenas, obra en la que
se demuestra que es ir contra las leyes de la naturaleza, aumentar la despoblación y envilecer, por así decirlo, al hombre,
sometiéndolo a la tortura desde los primeros momentos de su
existencia, con el pretexto de formarlo.* En aquella época, los
títulos de los libros hacían las veces de los resúmenes actuales que se envían a los críticos, pero las damas tenían mejores cosas que hacer que leer lo que preferían ignorar.

Después de 1789 tiene menos importancia la nueva
ideología en la desaparición del corsé, la espada y la peluca
que la necesidad de deshacerse de todo lo que podía evocar un comprometedor aire aristocrático. Con la Restauración se borró todo lo anterior y se comenzó de nuevo. En
tanto que los caballeros estaban muy contentos de haberse
librado de la espada, de la peluca y de las hermosas casacas
multicolores, las señoras sentían nostalgia de lo que las
martirizaba por propio gusto. Y volvieron fabricar su cuerpo para que expresara mejor la «femineidad»[8]: senos altos,
talle estrangulado, caderas generosas...

El corsé a la Ninón fue rápidamente modificado, convirtiéndose en el molde en forma de reloj de arena con el que se rellenaba la flacidez de las carnes que había que remodelar según lo que Philippe Perrot denomina «el principio aristocrático de la traba ostentatoria a todo lo que permitiera al cuerpo femenino proporcionar e indicar un trabajo útil». La nueva reina del hogar burgués vuelve a ser la gloriosa abeja reina, perezosa y deliciosamente dolorida al abrigo de un corsé de ballenas reforzado, de un caparazón que, por primera vez, tiene en cuenta los senos, que presenta, por separado, como peras en compotera, mediante cazuelas hemisféricas, rellenas para las más desfavorecidas.

A finales del reinado de Luis Felipe se suprimen de forma definitiva las hombreras del corsé, que se sostiene únicamente gracias a su estructura. Es la moda de los hombros caídos y de los escotes profundos, que supone uno de los triunfos de la emperatriz Eugenia. Desde antes del Segundo Imperio, para conseguir el talle cada vez más fino, el corsé se apoya en las caderas y reencuentra las ligas, olvidadas desde la época de Luis XIV. Se cosen al borde del armazón de modo que se estiren al mismo tiempo que las medias, que ya no necesitan jarreteras.

La religión de la cintura estrecha fue uno de los temas preferidos de los caricaturistas como Daumier, y desarrolló la nueva industria de la corsetería que fabricaba artículos *prêt-à-porter*. Se expusieron en los escaparates lo que ya no pertenecía al secreto de las alcobas, y los primeros anuncios y las primeras postales libertinas mostraban a señoras extremadamente esbeltas, que, sin embargo, debían lo exiguo del contorno de su cintura más al arte del dibujante o del fotógrafo que a la constricción de las ballenas. No obstante, no hubo ni una sola fotografía de nuestras bien pensantes antepasadas en la que el émulo de Nadar no procediera a un sabio retoque. ¡No nos engañemos al hojear el álbum de la familia! La única que no llevó fue la condesa de Castiglione. Tenía un tipo tan admirable para el gusto de la época que no hubo necesidad de retocar sus fotos.

La primera fábrica, inaugurada en Bar-le-Duc en 1832, lanzó el corsé tejido con la forma adecuada, pero provisto de ballenas metálicas; seis años más tarde, se produjo un verdadero progreso que permitió, por fin, prescindir de la ayuda mercenaria o amorosa para el ritual de vestirse o desvertirse; el abrochado «automático». Para compensar esta simplificación apareció una prenda interior complementaria, el cubrecorsé, una especie de segunda camisa adornada con hermosas labores de lencería.

Entre las grandes marcas de corsés, en Francia se preferían los modelos de «Sirène» y en América, los de la «Spirite»(!). El «Chicago Waist» de Gage, Down and Co. se completó, en 1898, con tirantes. «Better than any other corset» y sólo por ocho dólares y medio. El ejemplo cundió rápidamente en todas partes.

Sabemos que la medicina había hecho progresos y que el público prestaba atención a los médicos, pero ni los razonamientos científicos ni las diatribas moralistas tuvieron efecto alguno sobre el principio del corsé [9]. Quizá desalentados o, en cualquier caso, diplomáticos ante su clientela femenina, algunas lumbreras médicas dieron opiniones que se podían interpretar según sus convicciones: «El corsé es el armazón de la mujer, el sostén del edificio», exclamaba un tal Dr. Delmas, en la seria revista *Fashion Theorie* de marzo de 1861.

Y no fueron, por tanto, los reproches de los higienistas puros y duros ni los soponcios, las clorosis debidas a la compresión del hígado, los abortos naturales, las úlceras estomacales ni las insuficiencias respiratorias los que modificaron en 1880 el corsé en forma de reloj de arena, sino, simplemente, la moda que cambió. La mujer ya no tenía que parecer un carrete de hilo sino un cisne, por no decir una oca con la rabadilla elevada.

El nuevo corsé, para hacer bascular la columna vertebral e implantar una auténtica lordosis, se apoyaba en el vientre y penetraba en el pliegue de la ingle. Había que arquear los riñones y contraer los músculos abdominales para no hacerse daño y equilibrar el peso del pecho. Bajo el corsé «recto», sin cazuelas para el pecho, la camisa apenas bastaba para sostener los senos, y fue esto lo que produjo la revolución del 89, de 1889: la invención del sostén por Herminie Cadolle, que lo obtuvo cortando en dos el corsé a la americana.

El deporte (tenis o bicicleta), al igual que la perseverancia de las ligas reformistas americanas, inglesas y alemanas, fueron los que primero hicieron tambalearse al corsé de ballenas que, desde 1900, se sustituyó, para hacer ejercicio, por un corsé hecho a punto mecánico de algodón, flexible y ligero, o un cinturón, cortado con la forma adecuada, que aplastaba el vientre y llevaba pegado el relleno de las caderas. Después llegó Poiret, excomulgó la línea en «S» y corrigió las grupas, cuatro años antes de la I Guerra Mundial, cuyo único mérito fue el de liberar al menos a las jóvenes. Una faja de dril o de satén tuvo la función de afinar la silueta; se elegía en colores suaves: amarillo, azul, lila y, sobre todo, coral, que hicieron que la lencería abandonara, sin lamentos, el blanco más que milenario.

Aún carentes de gracia, las fajas y los ligueros, ajustados mediante lazos en los costados, seguían sin contacto con la piel por impedirlo la camisa, muy corta, o a veces lo que hoy consideraríamos un «body». Fue quizá esta falta de elegancia lo que hizo que en los *años locos* las jarreteras se llevaran no por encima de la rodilla, sino en mitad del muslo para las faldas cortas de la época.

La *garçonne* era una mujer sin caderas ni senos. La casa Cadolle, siempre genial, confeccionó para Chanel la primera faja tubular de punto elástico, a la que podía añadirse una pieza de cutí o de satén grueso para disimular el vientre, del

mismo modo que otra pieza del mismo creador escamotea-
ba el pecho. Todo ello se llevaba sobre la piel, por lo que la
camisa, como prenda interior, desapareció y no se volvió a
usar salvo en estos últimos años, cuando se la ha bautizado
como «chambra» para parecer más «retro». Al mismo tiempo, la lencería —en fin, lo que quedaba de ella— adoptó
todos los tonos de rosa —salmón, coral, caramelo— y los
conservó hasta después de la II Guerra Mundial.

En 1931, la firma americana Warner llevó a cabo una
pequeña revolución: una forma de tejer totalmente elástica
en ambos sentidos, en el de la urdimbre y en el de la trama.
Realizado con este material apareció el *combinado,* faja y
sujetador a la vez, que una cremallera hacía más práctico.
Era una sujeción perfecta y agradable para el deporte,
como decía la publicidad, y fue seguida de modelos que
empleaban la patente «Two Way One Way», una unión, siguiendo un patrón, de piezas con distinto grado de elasticidad según la parte del cuerpo que había que sostener, sujetar o disimular. Esta técnica permitió que la faja Scandale,
cuyo nombre ya es un hallazgo genial, se hiciera indispensable gracias a su eficaz ligereza. Después de la guerra, el
dibujante Gruau contribuiría al éxito de esta marca francesa con anuncios antológicos.

Una vez terminada la guerra, pero no las restricciones,
los modistos decidieron que había que seguir ciñendo la
cintura; la moda que renacía exigía un estómago hueco,
talle fino y pecho y caderas menudos pero redondos.
Marcel Rochas lanza el sostén con cuerpo o sostén largo,
tres años antes del golpe de efecto del *new look,* prenda
que desempeña el papel de liguero y que puede unirse a
una enagua fruncida para sostener las nuevas faldas en co-
rola.

En los años sesenta, por el contrario, se llevó la mujer
delgada, por no decir flaca, y flexible, cuyos arquetipos serían Audrey Hepburn y la modelo Twiggy. Para ellas fue el

*panty* que vino de América: una faja pantalón que llegaba a mitad del muslo y disimulaba las ligas.

Aunque se le acusó de producir celulitis, el panty se tragaba los centímetros, pero anulaba la redondez de las nalgas, por lo que pronto dejó de ser considerado compatible con los pantalones, que con él resultaban poco graciosos, como «deshabitados».

Se idearon entonces pequeñas fajas pantalón cortas en *licra,* escotadas en la espalda y moldeando las formas donde era necesario. El blanco volvió con fuerza, seguido del negro y de tonos pastel con estampados de flores.

La era de los leotardos o de los calcetines debajo de los pantalones volvió caduco todo lo anterior. En el último decenio de este siglo, que adora todo lo que los anteriores despreciaron, parece que vuelven los ligueros como arma de seducción. El corsé y su hija, la faja, se hallan en el purgatorio, en tanto que la mujer ha descubierto en el *body building* y en el *jogging* —¡perdón, señor Decaux!— una forma natural de modelar un cuerpo con el que se ha reconciliado o que, al menos, ha aceptado.

JARRETERAS Y LIGAS

Destinadas a sujetar las medias, que en un principio fueron calzas, las jarreteras son contemporáneas de este invento, accesorios tanto femeninos como masculinos que se ponían por encima o por debajo de la rodilla. Como demuestran los restos de la reina franca Arnegunda, exhumados de la cripta de Saint-Denis, las primeras jarreteras fueron tiras de cuero para ambos sexos. Las de Arnegunda, cruzadas varias veces sobre el jarrete y la pantorrilla, se sujetaban mediante un cierre de plata cincelada. Con el paso de los siglos, las jarreteras se volvieron más delicadas y ligeras: tiras de tafetán, de cinta, o de seda para los ricos. Tras el asesinato de su marido, el duque de Orleans, en 1455, Valentina de Milán se sintió muy apenada, hasta el punto de que no dudó en adornar con lágrimas de oro sus jarreteras de viuda. «Nada me pertenece ya, ya nada me pertenece», fue su lema desde entonces.

En el Renacimiento se comenzaron a adornar las jarreteras con multitud de costosos encajes. En tiempos de los últimos Valois, las mujeres elegantes las enriquecieron con joyas que mostraban como por descuido al levantarse mucho la falda para montar a caballo. Al final del reinado de Luis XIV se volvieron a emplear, para las jarreteras de tela de tapiz o bordadas, las hebillas o los ojetes, sistemas más seguros que el nudo con lazada.

Se solían bordar en ellas lemas galantes, pero el famoso «malhaya el que mal piense» sólo fue inscrito en la insignia de la no menos célebre Orden de la Jarretera, *The Most Noble Order of the Garter,* que Eduardo III de Inglaterra fundó en 1348. Según la leyenda, el rey recogió una jarretera que la condesa de Salisbury había perdido mientras bailaba. Su ayuda fue recibida a carcajadas; el rey, disgustado ante semejante falta de cortesía, declaró en voz alta: *onni soit qui mal y pense* y lo dijo en francés, ya que era la lengua empleada en la corte. Después fundó una orden de caballería en recuerdo del incidente, una orden que sólo constaba del rey, gran maestro, el príncipe de Gales y doce miembros. En 1805, Jorge III decidió ampliar el número a veinticinco caballeros, siempre elegidos entre los lores más eminentes. Los armarios de la orden demuestran cómo era la jarretera del siglo XV, con hebilla y hebijón, a semejanza de la de la época de Arnegunda. Rodea el blasón de Inglaterra y se asemeja a una correa sobre la que se halla escrito el lema que acabamos de mencionar.

Según una antigua tradición francesa, la novia debe llevar en su boda una jarretera que le tiene que quitar, durante el banquete, el amigo que acompaña al novio y le asiste en el casamiento o un niño pequeño. Se trata de una tradición de origen campesino que han vuelto a poner de moda los movimientos que defienden la vuelta a las raíces. Algunos autores no dudan en citar, a propósito de este juego, un pasaje de la Biblia que indica que, para los hebreos, «tocar el muslo», la pierna o el pie de una mujer significaba que se la deseaba. El gesto podía incluso suponer una verdadera promesa de matrimonio o ser considerado como adulterio, según los casos. De esto deriva el ritual de las bodas señoriales o reales de antaño, como la de Ana de Bretaña con el emperador de Austria. El roce ligero del muslo desnudo de la novia por el muslo desnudo del representante del novio tenía valor de contrato matrimonial.

En las bodas populares, la jarretera no se entrega al marido, sino que se subasta; se la lleva el que más ofrece y el dinero va a parar a manos de la joven pareja. La jarretera, que a veces se sustituye por una cinta, se corta en trozos y se distribuye entre los invitados solteros con el deseo de que se casen pronto. Es evidente que se puede atribuir un sentido erótico a la jarretera o a los trozos de tela que la reemplazan. Según Arnold Van Gennep, la jarretera «se asemeja a otros elementos del vestido de novia, como la corona o el velo y los alfileres, pero posee sin duda un efectivo valor mágico y sus presagios son superiores, ya que se sitúa en un lugar oculto, parcialmente erótico y está en contacto con pocas cosas aparte de la piel». Hay una verdadera biblioteca de escritos eruditos sobre la jarretera, especialmente sobre la de las novias.

Mucho menos inspiradora, la liga es un sistema por el que se fija la media a un cinturón interior que puede ser un corsé, una faja o un liguero. Antiguamente lo que se sujetaban eran las calzas. Desde el empleo del caucho en el siglo XIX, las ligas son elásticas y están provistas de pinzas para abrocharlas. Pero hasta la II Guerra Mundial, las campesinas y las niñas pequeñas llevaron medias con cordones o lazos que se anudaban a los cordones o lazos que colgaban del corsé.

La aparición de los leotardos hacia finales de los años cincuenta hizo creer que las ligas y jarreteras pasarían a ser piezas de museo, pero en este nostálgico fin de siglo las medias y los ligueros han regresado de forma triunfal. Según una encuesta de la revista *Femme pratique,* 35% de las mujeres lo prefieren a los leotardos, aunque 49% les resultan incómodos; un 11% de las mujeres interrogadas los encuentran desagradables. Es cierto que las diferentes alturas, no siempre armoniosas, de las bragas y del liguero no producen un efecto muy agraciado y recuerdan la parafernalia sadomasoquista. La encuesta revela los motivos de preferencia: para agradar al otro (27%), porque es bonito (21%), porque es sugerente (15%), porque es práctico (11%)...

En vísperas del tercer milenio, las mujeres siguen siendo sensibles a las viejas fantasías de los hombres, que durante cierto tiempo se sintieron desconcertados por los leotardos. Detrás de la elección se halla el hombre. No cabe duda de que las santas mujeres se sacrifican al liguero más por los hombres que por sí mismas. Pero hay también un 35% de usuarias que ha descubierto la media jarretera, la media que se sostiene sola. ¿Cree el lector que no hay nada que detenga el progreso? Pues... esta media existió durante el Primer Imperio y era la preferida de Josefina.

## El traje de baño hace olas

Aunque los antiguos griegos sentían gran pasión por el atletismo, la natación no interesaba a la alta sociedad, a pesar de las proezas llevadas a cabo por los pescadores de coral o de esponjas al ejercer su oficio. Parece, sin embargo, que la cortesana Tais, que seguía a los ejércitos de Alejandro Magno, se dio un chapuzón con los soldados, con su magnífico cuerpo apenas velado por un taparrabos egipcio. Los militares estaban desnudos; Alejandro también.

En el siglo IV se representaron en los mosaicos de la Villa Amerina de Sicilia bañistas romanas con traje de dos piezas, calzón y banda-sostén, aunque nada permite afirmar si estos juegos náuticos y el atuendo formaban parte de la vida cotidiana. No obstante, las propiedades de la gente acomodada incluían una piscina.

En los baños públicos medievales, hasta finales del siglo XV, la gente se bañaba generalmente desnuda. La epidemia de sífilis que se produjo hizo que estos establecimientos cerraran; sólo subsistieron los baños terapéuticos, como los de las termas de Pozzuoli (Italia) o de Baden (Suiza). Las mujeres procedían a curarse vestidas con una especie de camisa muy corta y escotada; los hombres, en calzoncillos o con un albornoz cruzado. Pero los baños en el mar o en los ríos que cruzaban las ciudades sólo exigían las dos manos colocadas en el bajo vientre antes de hundirse en el agua. Hay que tener en cuenta que la mayor parte de los bañistas estaba constituida por la mitad masculina de la población y que el desnudo masculino no planteaba problema alguno.

Con la Reforma, las autoridades de los países protestantes se alzaron contra estas exhibiciones en público. Como la gente no obedecía, terminaron prohibiendo el baño. Pero habría que esperar hasta el siglo XVII y a Madame de Maintenon para que los parisinos se vieran privados del espectáculo de las náyades con el traje de Eva a orillas del Sena, en tanto que los Adanes seguían el ejemplo de sus soberanos, Enrique IV, Luis XIII y Luis XIV, a quienes agradaba sobremanera, durante la canícula, aprovechar el agua aún no contaminada de las orillas de la Île-de-France. En cualquier caso, la corte del Rey Sol llevaba camisas de baño en las fiestas campestres, lo que guardaba las apariencias... mientras no se estuviera en el agua.

Se afirma que el siglo XVIII fue un siglo libertino. ¡No confundamos dos universos completamente distintos! Aun pasado el mojigato período revolucionario, toda ciudad atravesada por un río tentador emitió repetidamente órdenes policiales contra los nudistas, a quienes se azotaba en cuanto se les detenía. Fue entonces cuando se crearon baños públicos controlados, una especie de barreños de tela agujereada que se introducían en los ríos; por ejemplo, en París, en los últimos años del reinado de Luis XV, aparecieron los «baños chinos», así como en Fráncfort (1800) y Berlín (1803). Las mujeres y los hombres se bañaban separados y ellas llevaban una larga camisa.

Hacia 1780 se inició la moda de los baños de mar. El ejemplo llegó de Inglaterra, claro está, del sur de Inglaterra, donde los aristócratas ilustraban de este modo el orgulloso lema: «Rule Britannia over the waves». Para esta actividad hacía falta un atuendo especial. Pero los creadores chapoteaban tanto como las damas en el agua fresquita del Canal de la Mancha. Hacia 1810, en Margate, una dama de la mejor sociedad trató de conservar, de cara a su respetabilidad, los atributos del vestido tradicional de su sexo, pero fue el fracaso del siglo. Su vestido verde como el océano testimoniaba cierta búsqueda, aunque no sabemos si lo que sorprendió a la galería fueron los flotadores que se colocaba en los hombros o la ausencia de sombrero en aquella circunstancia.

Lo cierto es que hubo que cruzar el Canal para ver

cómo la reina Hortensia lucía el primer traje de baño moderno, en el verano de 1812, en Dieppe. Previamente, la hija de Josefina había traído los pantalones de tafetán de su período holandés y ahora se lanzaba valientemente a las olas equipada con un conjunto de punto color chocolate que hizo época: bajo una túnica de manga larga que cubría una camisa bordada, llevaba un pantalón a la turca ceñido a los tobillos, y en el pelo, una carlota inspirada en el gorro de dormir. Todo ello constituyó el arquetipo de trajes de baño vigentes hasta finales de siglo.

En realidad, desde que se había tenido que proteger el pudor para bañarse en público, se había recurrido de forma natural a las prendas interiores habituales, según los criterios de cada época. Desde la camisa de antaño al tanga actual, siempre se ha tratado de una adaptación de la lencería. Incluso, a finales de los años ochenta, muchos pueblos laboriosos (los soviéticos, los rumanos), cuando disfrutaban de sus vacaciones veraniegas o de un período de descanso semanal a orillas del mar, de un río o de un lago, no conocieron otros atuendos playeros que la ropa interior cotidiana a juego. En 1980, los Ceaucescu aún perseguían a estas inocentes familias, perjudiciales para la imagen paradisiaca del mar Negro.

Inspirado en la lencería, sin duda, pero sin confundirse con ella, el traje de baño femenino del siglo XIX debía estar exento, fundamentalmente, de cualquier connotación erótica, tanto más cuanto que, al mojarse, revelaba crudamente las formas corporales. Se neutralizó el equívoco mediante colores lo menos favorecedores y lo más oscuros posibles: tras el color chocolate de Hortensia, vinieron los marrones, los grises oscuros, rara vez el negro, salvo en el caso de las viudas, los burdeos... todos ellos sin la menor concesión a la fantasía en los primeros años. De todos modos, el punto, que colgaba al mojarse, demostró ser poco adecuado y pronto se prefirieron materias más pesadas: la franela, la sarga... siguiendo el principio de que la lana daba calor. Para incrementar la caída, se pusieron plomos en las túnicas y, posteriormente, se tuvo la idea de mantener el ensanchamiento no mediante una crinolina —aunque poco faltó— sino mediante unas enaguas cortas «de lavandera». Eran enaguas fruncidas de tafetán fino, como la sacrosanta camisa sobre la que se colocaba el pantalón. Estos trajes eran, no obstante, bastante feos. «Les llega hasta las orejas», escribía, jubiloso, Alphonse Karr en 1841. «Parecen [las señoras] una manada de simios tiñosos brincando por la playa». Los caballeros llevaron hasta las segunda mitad del siglo unos calzoncillos que se acababan de inventar y que eran igual de feos. A las damas se las dispensaba del espectáculo, pues se bañaban por separado.

En 1860 aparecieron los trajes de colores más vivos —rojos, verdes, azules con rayas blancas— y adornados con galones. Los cascarrabias de turno pusieron el grito en el cielo. Por aquel entonces se cantaba:

«En la playa de Beuzeval,
cuando por la mañana el mar burbujea,
se diría que estamos en Carnaval...»

Pero el gran problema seguía siendo el corsé. Si nos atenemos a los reproches de las revistas de moda, no se podía plantear la derogación del dogma de la cintura de avispa. Entonces se inventó un corsé de caucho, resistente al agua y sin concesiones, tan difícil de soportar como de ponérselo. Como cortaba la respiración, el artilugio sólo permitía dar unas brazadas frenéticas mientras el monitor sostenía el arnés. El monitor, por su parte, llevaba un traje de punto a rayas de una sola pieza, una especie de casaca directamente inspirada en el calzoncillo y la camiseta. La primera fabricación fue una iniciativa de las fábricas de géneros de punto de Caen, en 1861. ¿Por qué a rayas? A causa del mar y de los marineros, cuyas prendas de punto eran —y siguen siendo— a rayas, lo que permite rescatar a los valientes que se caen por la borda.

El término *maillot* no apareció con la acepción de «bañador» hasta los años anteriores al Segundo Imperio. Desde la Edad Media había sido el pañal en que se envolvía a los bebés. «En el año 1846 tuvo lugar un espectáculo en París que causó furor. Mujeres desnudas, vestidas únicamente con un *maillot* rosa y una falda de gasa, ejecutaban poses que se denominaban "cuadros vivientes"», nos cuenta Victor Hugo. Esos leotardos rosas de punto (hoy se les llama *body*) fueron comercializados por su inventor, un tal Maillot, vendedor de géneros de punto y proveedor de la Ópera. Cubrían el cuerpo desde el cuello a los pies, para salvaguardar el pudor de las bailarinas en tutú. Théophile Gautier pudo escribir: «Sin Maillot no hay coreografía».

Después de los maillots de ópera, llegaron los maillots de baño, en principio masculinos. Se adaptaban mucho mejor, como es natural, a los movimientos de la natación que los atuendos de las damas, algunas de las cuales completaban su elegancia —¡por consejo médico!— con un «sombrero de baños de mar», que pronto los habitantes de las localidades marítimas denominaron «sombrero-cesta». Era un sombrero que costaba 6,75 francos en los almacenes de novedades, hecho de paja de arroz barnizada, cuya cinta se adornaba con flores campestres también barnizadas. El gorro de tafetán encerado estaba menos «de moda», pues los médicos lo acusaban de hacer sudar y de no proteger de los mortales rayos del sol de Normandía.

No obstante, el tiempo dedicado al ejercicio era muy escaso. Cuando no había clase de natación, las señoras, cubiertas con una capa hasta los pies, corrían, con el sombrero y los zapatos puestos, desde la caseta hasta la arena húmeda. Se quitaban la capa antes de dar los tres pasos necesarios para mojarse las rodillas. Se salpicaban unas a

otras dando grititos y seguidamente salían tiritando osten-
siblemente. Se volvían a poner el albornoz y corrían a la caseta con el deber cumplido. El baño había terminado.
Frecuentemente había casetas rodantes tiradas por mulas
para poder salir directamente a las azules olas, sin fatigarse.

Desde antes de la guerra de 1870, el corsé se batía en retirada. El traje de baño femenino se confeccionaba con tafetán de algodón y se adornaba con un pequeño cuello a
juego con las mangas que se iban acortando, hasta desaparecer con la llegada de la III República. Pero no hay ninguna relación de causa-efecto. Los almacenes del Louvre presentaron en 1876 conjuntos de alegres colores, con
trencillas; los pantalones rectos, no bombachos como
antes, llegaban hasta la pantorrilla y posteriormente subie-
ron hasta debajo de la rodilla. Los precios oscilaban entre
9,75 y 29 francos. La capa sólo se utilizaba para salir del
agua.

En 1900 apareció Annette Kellerman, la primera campeona de natación y, con ella, el primer maillot de baño
para damas, homólogo del modelo masculino. Esta austra-
liana fue asimismo una pionera de la reeducación: enferma
de poliomielitis, recuperó las fuerzas y la salud con la natación. Enfrentándose a nadadores masculinos, causó escándalo en Estados Unidos al presentarse vestida como ellos a
una competición. La policía la detuvo, pero los periódicos
del mundo entero publicaron su foto. Desde entonces
hubo un único traje de baño para todos. Después de la
guerra se retomará con placer para broncearse en la playa,
lo cual implicará un escote cada vez más profundo. Las
*bathing beauties* del cine y del music-hall de los años locos
terminarán suprimiendo por completo la túnica faldilla
que «femineizaba» el traje de baño. El dos piezas fue una
creación francesa. El modista Jacques Heim tuvo la idea en
1932.

Desde entonces, los bañadores estuvieron al servicio del

cuerpo, que disimulaban cada vez menos, ocultando incluso sus defectos e idealizando la silueta. Los senos ya no se aplastan, sino que se dibujan por un sostén que estará dotado de un armazón del que se beneficiará su hermano en la lencería. La escotadura del pantalón alarga la pantorrilla. Como dice un anuncio de 1938: «Cuando pasa usted por la playa ceñida en su Jantzen, todas las cabezas se vuelven a mirarla. Jantzen realza y adelgaza su figura a las mil maravillas. Ningún otro bañador le proporciona esa línea armoniosa, deportiva y fina.»

Para realzar y adelgazar la silueta, se introdujeron hilos elásticos de caucho en el tejido empleado. Este sistema, sin embargo, tenía la desventaja de hacer el material más pesado y de soportar muy mal la acción de la sal y del sol.

Mil novecientos treinta y seis es el primer año en que en Francia hay vacaciones pagadas. Se pone en marcha una nueva rama del género de punto para abastecer a los veraneantes que, cada año y en número cada vez mayor, invaden las playas. Pero hay que esperar hasta 1946 y la posguerra para ver el primer desfile de modelos en los trampolines de la piscina Molitor, en París. Los votos se inclinan por un modelo de una pieza de cuadros blancos y negros, con el nombre de *Night and Day*. Será el cine americano el que ponga de moda el bañador en las espectaculares comedias acuáticas en tecnicolor, cuya máxima estrella es Esther Williams, antigua campeona de natación. La sirena de Hollywood es una hermosa mujer musculosa, sensual hasta donde es necesario, y los bañadores que adornan su impecable cuerpo son tan elegantes y de tan buen género como ella. Las ligas de moralidad están al acecho. Esos bañadores «femineizados» en los detalles sugieren a la alta costura toda una serie de trajes de baño de noche muy elegantes —algunos con lentejuelas—, no para bañarse, desde luego, sino para «chupar la sangre» a los millonarios alrededor de las piscinas.

En 1946, las colecciones se ven perturbadas por una explosión: los americanos realizan ensayos con la bomba atómica en el atolón de Bikini, en el archipiélago de las Marianas. Inmediatamente, la casa Reard lanza su propia bomba en Francia: un bañador de dos piezas reducidas, al que llaman *bikini*. El ombligo y la línea descendente de los riñones dejan de ser un secreto, al tiempo que el mundo entero canta con Elvis Presley: «Its bitsy teeny weeny yellow polka-dotter Bikini.» El minúsculo bikini amarillo con lunares blancos recorre todo el planeta y Reard pone en marcha un ejército de abogados para proteger el modelo registrado y su denominación. Es tiempo perdido, y el bikini, con su nombre genérico, pasa al dominio público.

En 1964 apareció el monobikini. Nada de biparticiones: un sólo elemento, el inferior. Cuando al público se le pasó el susto, la moda de los pechos desnudos se instaló en las playas, a pesar de los loables esfuerzos de los gendarmes de Saint-Tropez y de los guardias civiles españoles. El tanga, un cordón entre las nalgas y un triángulo por delante, la última transformación del bañador, constituye el atuendo veraniego público más espectacular de las princesas que aparecen en los medios de comunicación, aunque la idea se la hayan robado a las damas pigmeas de África central. Para quienes no son princesas perseguidas por la prensa, ni pigmeas, ni perfectas, el bañador de una pieza sigue siendo un refugio seguro: supone el 65% de las ventas. El corte extremadamente escotado en los muslos, «a la brasileña», permite ser discretamente sexy en este fin de siglo, sobre todo teniendo en cuenta que se puede enrollar la parte superior del bañador hasta la cintura.

Mojado, el bañador femenino de los últimos diez años pesa menos de 100 gramos, y el masculino, 50 gramos, y se seca en pocos minutos. A finales de los años cincuenta, la firma Dupont de Nemours descubrió el milagro de la *lycra:* un tejido de punto de dos hilos, uno sintético (poliéster o

poliamida, 85%) y una fibra muy extensible y de gran ligereza (elastano, 15%). Pero hubo que proseguir investigando durante treinta años antes de obtener el tejido ideal, al
tiempo que se resolvían grandes problemas técnicos: la tintura del poliéster a 130 grados que destruía el elastano, el
desgaste que suponía el cloro de las piscinas, la aparición
de puntos blancos en la poliamida en cuanto se retorcían
las mallas. Un nuevo procedimiento permitió teñir los dos
hilos al mismo tiempo y después estamparlo.

En fin, si el lector ha oído decir que existe un bañador
que permite un bronceado integral a través del tejido, aún
no se lo crea. Se está investigando. Puede que para el año
2000...

## LA TÉCNICA DE LAS MEDIAS, LOS LEOTARDOS Y LOS CALCETINES

Para fabricar medias, leotardos o calcetines se emplean todas las fibras textiles, por separado o mezcladas para mejorar la resistencia o el aspecto del artículo: lana, algodón, seda natural, fibras químicas (rayón, viscosa, acetato, nylon, orlón y otras poliamidas), hilos de lúrex con aspecto de lamé... pero nunca lino, pues carece de elasticidad. Se necesitan 1.800 metros de hilo para hacer una media fina (66 galgas) y aproximadamente 75.000 puntos. Los leotardos requieren tres veces más.

Con la automatización, la producción requiere poca mano de obra. Y a finales de los años ochenta, más de la mitad del mercado francés se hallaba invadido por productos extranjeros (un 69% procedentes de Italia y el resto de Asia, de los cuales un 5% provienen de Corea del Sur).

Los artículos con costura se confeccionan en un telar para géneros de punto, que sigue llamándose *cotton,* a pesar de todas las transformaciones que ha sufrido desde que William Cotton lo inventara en 1864. Se tejen por el revés con hilo doble, triple o cuádruple, generalmente de doble grosor. Una banda de grosor simple asegura la solidez antes de pasar al hilo fino con el que se confecciona el largo de la media, es decir, la pierna. Los calcetines o medias cortas se empiezan con un ribete acanalado generalmente sostenido por un hilo elástico que se introduce automáticamente en cada vuelta de la labor. Para el pie, el talón (y hasta 1960, fecha de la aparición de los leotardos, el sobretalón que llegaba al tobillo), la parte inferior de los artículos corrientes de alta calidad y la punta se confeccionan con hilo más grueso que la parte superior que se prolonga hasta la pierna Hasta la aparición de los robots, estas partes se tejían aparte y las unían a mano hábiles mujeres que sólo eran empleadas para esa función. En la actualidad se teje todo de una vez, pues un ordenador controla la máquina. El artículo se cierra con una costura especial en zigzag, aunque para los productos económicos sólo se emplea el punto de cadeneta que frunce la última vuelta e impide que se deshaga. Los productos más caros se estiran en un aparato de control muy iluminado para comprobar que no haya irregularidades ni defectos.

Las medias o los calcetines sin costura se confeccionan en una máquina circular que es la sucesora de la que inventó el americano Isaac Lamb en 1870. Efectúa varios miles de vueltas por minuto, justo el tiempo de ponerse correctamente una media. Estos modelos, desprovistos de talón o con muy poco, así como de puntera, contienen el mismo número de puntos, que son del revés en el extremo del pie.

Se procede después a teñirlos en ebullición tras un lavado adaptado a la materia utilizada, única o mezclada. Esta delicada operación tiene por objeto darles un color regular que resista a la luz y a los lavados generalmente diarios (en fin, ¡es de desear!). En la actualidad se ha estudiado la resistencia a la contaminación sulfúrica de la atmósfera. Es asimismo necesario que el color no se resienta en la fase siguiente: la posforma, consistente en dar al artículo la forma de la pierna y el pie, pues éstos no se parecen en absoluto al tubo que se acaba de fabricar. Cada vez con mayor frecuencia, la elasticidad de la poliamida permite prescindir de esta operación, y las medias y los calcetines, que son de «talla única» y tienen menor precio, se adaptan a todos los pies, independientemente de la estatura. Esta forma se obtiene metiendo el artículo en un molde de forma apropiada antes de tratarlo con vapor y aire caliente.

Las medias y los calcetines de calidad se suelen aprestar —con lanolina, por ejemplo—, lo que les confiere un tacto muy suave que recuerda al de la seda. Las medias de nylon reciben también un apresto «antisnag» que no las hace indesmallables, pero sí más resistentes. Para los calcetines masculinos hay asimismo «tratamientos» con clorofila y otros antisépticos desodorantes. ¡Sin comentarios!

Los leotardos son el emparejamiento de dos medias. Son baratos y tienen una costura que une las dos mitades. Suelen llevar un refuerzo romboidal en la entrepierna. Los

leotardos-braga proceden de unas bragas por las que se comienza a tejer con hilo más grueso. Estas bragas pueden
dar la impresión de una escotadura a la brasileña o llevar un
refuerzo más ancho por detrás que por delante. La cintura,
con goma o con encaje de látex, se incorpora al final de la
operación en otra máquina.

En la parte superior de las medias jarreteras se coloca la
misma goma elástica, que a veces contiene una sustancia ligeramente adhesiva que puede provocar alergia a personas
sensibles. En este sentido, hay algunas personas que presentan intolerancia al nylon.

Las medias, los leotardos y los calcetines clásicos se confeccionan a punto liso (una vuelta del derecho, una vuelta
del revés) y, a veces, a punto acanalado. La adaptación al
punto de encaje suele implicar un dispositivo que permite
incorporar hilos de Dropnyl Helanca, muy elásticos, o hilos
de caucho muy finos, que aseguran una buena caída, sin
pliegues en la rodilla.

## El sostén

Washington, primavera de 1968. Los *marines* que hacían guardia a las puertas del Senado creían que ya lo habían visto todo en Vietnam. Pero frente a ellos, en la plaza Lafayette, una muchedumbre de mujeres grita y blande pancartas y... sostenes que arrojan, cantando, a la hoguera encendida con un contenedor de basura. Son militantes del Women's Lib que exigen que el Congreso las tenga en cuenta. No sabemos si este auto de fe horrorizó a los legisladores, pero, en cualquier caso, el 80% votó a favor de la igualdad de derechos de la mujer...

¿Fue esta eficaz oblación la señal para el abandono general de una prenda interior considerada indispensable desde hacía casi un siglo, durante el que los senos, hasta entonces mártires, se habían vuelto bienaventurados? ¡Pues no! Una vez debilitadas las pasiones del 68, tuvo lugar un aumento de las cifras de venta y del tamaño de los pechos. Los científicos, que antes habían gritado de indignación contra el corsé, se apresuraron a aplaudir el retorno del sostén: «Los senos son un frágil encanto que necesita ser sostenido», se leía en las revistas.

Como diría, diez años después, un inteligente y eficaz anuncio de Warner, la multinacional de la corsetería: «¿Qué sostiene un seno?» Poca cosa: un tejido fino, frágil y vivo que denominamos piel. Esta envoltura natural tiene que sostener erguida una glándula de un peso medio aproximado de 200 gramos, envuelta en una almohadilla adiposa que le confiere su volumen y su forma redondeada. Cuando la piel es joven y firme, y el pecho pequeño, la naturaleza se basta a sí misma. Pero cuanto tiene lugar la más mínima sobrecarga o modificación del volumen, o tienen lugar los acontecimientos normales en la vida de una mujer (embarazos, cambios hormonales, pérdida o aumento brusco de peso...), se produce la catástrofe.

Aunque el deporte desarrolla los pectorales, es totalmente inoperante respecto a la glándula mamaria, ya que no hay ningún ligamento suspensor entre los músculos y el seno propiamente dicho. El sostén desempeña la función de una segunda piel, una piel de... seguridad, de un tejido mucho más resistente que el primero. Al sostenerse en los hombros mediante las hombreras, desempeña asimismo una función amortiguadora, capaz de hacer desaparecer casi por completo la intensidad de las vibraciones derivadas de la movilidad corporal, aunque sólo sea de la acción de caminar. El sostén perfecto, cómodo, flexible y ligero, sigue diciendo Warner —barriendo para casa, desde luego—, se adapta tan bien a la forma del cuerpo que una se olvida de que lo lleva puesto.

¿Era perfecto, cómodo, flexible y ligero el sujetador que en 1889 creó Herminie Cadolle, corsetera del número 24 de la Rue de la Chaussée-d'Antin, en París? En primer lugar, no se llamaba *Soutien-gorge* sino *corselet-gorge,* nombre y modelo que habían sido registrados en el Instituto Nacional de la Propiedad Industrial con una patente de diez años, renovable una sola vez. Y ¡milagro!: como en la Exposición Universal se celebraba ese año el centenario de la Revolución, Herminie presentó su revolución personal en el pabellón francés. El *corselet-gorge* tuvo mucho éxito, aunque su nombre no parecía genial. Pronto la *vox populi* encontraría el nombre adecuado: *soutien-gorge* [sostén] consagrado por el *Larousse* en 1904.

A Herminie se le había ocurrido cortar en dos el corsé con cazuelas para al menos liberar el diafragma. La parte alta se parecía a un jersey y durante algunos años se unió por la espalda a la cintura del corsé. Cada seno era sostenido por una cazuela «anatómica», puede que no demasiado fiel al ideal, pero que producía un gran alivio. En 1912 terminó su dependencia del corsé gracias al modelo

«Bienestar», de algodón y seda, prototipo del sostén moderno.

Como en la invención del fonógrafo, se produjo una disputa entre franceses y americanos por la primacía: después de Charles Cros contra Thomas Edison, Cadolle contra Warner. Pero como no había una base para pelearse, se concluyó cortésmente, cediendo a la coincidencia y a la fatalidad, por no decir al orden de las cosas. Y a pesar de las patentes que habían registrado ambas partes, la competencia permitió, afortunadamente, responder a la demanda, aunque hasta 1909 el sostén de Cadolle fue el único que se vendió en Francia.

En seguida, Herminie tuvo que abrir talleres capaces de asegurar las ventas. Su intención no era confeccionar una prenda interior de lujo, sino un artículo de confección accesible a la mayoría, al tiempo que creaba otras prendas a medida, elegantes y especiales. Su nieta Marguerite fue quien diseñó el *aplatisseur* [aplastador] que Gabrielle Chanel emplearía en sus *garçonnes* de 1925, iniciativa que pronto abandonaría. No obstante, esta consagración contribuyó al traslado de la firma al número 14 de la Rue Cambon, cerca de Chanel. La representante de la quinta generación de Cadolle hoy está al frente de una empresa familiar, que sólo vende en los salones Luis XVI corsetería y lencería a medida, o casi a medida, hecha a mano. La casa conserva —«con la discreción de un banco suizo», en palabras de una periodista— ocho mil patrones de clientes del mundo entero a los que se añaden los encargos habituales para el teatro o el cine.

En 1935, la firma Warner, siempre a la cabeza... del progreso, inventó las cazuelas de sostén de profundidad variable —sólo había que caer en la cuenta—, de A (la más pequeña) a D (la más grande), lo cual, unido al contorno del busto, de 75 a 120, permitía una confección casi a medida. Al mismo tiempo, una banda de sujeción en el estómago, de látex o de tejido indeformable, permitía sostener bien los pechos abundantes.

Una de las glorias de Hollywood, Jean Harlow, la famosa rubia platino, se vanagloriaba de no necesitar sostén debajo de sus vestidos de ensueño y de sus suntuosos trajes de noche. Tampoco Dorothy Lamour, antigua ascensorista, recurría a este subterfugio, sino que aparecía simple y soberbiamente envuelta en un pareo en *Aloha, el canto de las islas,* un tostón impresionante con el que se inauguró el exótico tecnicolor. Estos perfiles que no debían nada a nadie fueron las premisas de la invasión mamaria que fue el orgullo del cine americano durante los años de la guerra y los que le siguieron. Pero el único sostén que las ligas de moralidad autorizaron a estas hermosas jóvenes fue el del bañador de dos piezas, desde la púdica Esther Williams *(El baile de las sirenas)* hasta la escultural Ursula Andress *(James Bond contra el Dr. No),* pasando por la singular hipertrofia de Jayne Mansfield, apodada con toda razón: «The Bust».

En 1950, Howard Hugues puso su talento de constructor de aviones al servicio de la creación del sostén de armazón circular, un verdadero entrepaño y el único capaz de contener los desbordamientos de Jane Russel. Aunque este avance no contribuyó a la gloria del multimillonario, tiene un alcance histórico, puesto que su uso es universal.

Después, una banda de látex para sostener el edificio y unas hombreras elásticas aportaron una comodidad suplementaria hasta que reaparecieron las corazas de antaño con los *sostenes largos* de la moda *new look.* En 1956, Marie-Rose Lebigot creó para Carven el *balconnet,* sin hombreras y con una ligera estructura de ballenas verticales, que Christian Dior incorporó al forro de sus vestidos. El *look* del pecho subido triunfó.

Entonces, revolviendo en los cajones de la Historia, se halló lo que en el siglo XVIII se llamaban *suplementos,* senos postizos de tafetán relleno y sostenidos por hombreras. Ahora se realizaron en espuma de látex y se deslizaban subrepticiamente en el forro del sostén para aparentar lo que no se tenía. Mejor aún, un sostén previamente relleno podía asumir globalmente el papel de los ausentes.

Ya hemos mencionado hasta qué punto fueron perjudiciales los fuegos de artificio de la primavera del 68, cuando la modelo Twiggy y las actrices Jane Birkin y Audrey Hepburn prestaron su delgadez para la moda «tabla» de Cardin y de Givenchy. El sostén de los años setenta tuvo una especie de problema existencial. Se volvió ligero, confeccionado con Dropnyl Helanca, preformado al calor, como se hacía con las medias. Invisible pero eficaz para quienes no tenían grandes necesidades. Las demás se contentaron con los sólidos «cruzados mágicos», cuyas características —tirantes elásticos que se prolongaban en «X» en torno a los senos— eran una repetición del *apodesmos* de la época de Pericles. Una clientela fiel a la comodidad y al buen género sigue asegurando, veinte años después, la perennidad del modelo.

Si en 1988, tras la muerte de Pierre Balmain, su sucesor introduce en la colección —dedicada como siempre a la mujer hermosa y como es debido— un sostén de cuero lavable, destinado a las elegantes perversas de los barrios ricos, la lencería de lujo, de seda, encajes y bordados a la antigua, efectúa un retorno triunfal que puede explicarse por el milenarismo reinante.

Siguiendo a Chantal Thomass, creadoras francesas muy inspiradas y algunas creadoras italianas proponen cientos de maravillosos modelos de sujetadores —no siempre eficaces— de seda natural o similar, incrustaciones de Calais y plumeti, que se venden con sus «coordinados» en las tiendas y en algunas grandes superficies. El lujo se democratiza gracias a la automatización. Incluso las creaciones a medida de la eterna casa Cadolle no requieren sino unas

horas de mano de obra, aunque las numerosas y minucio-
sas pruebas justifican su precio. La colección Difffusion de
la tataranieta de Herminie, o los modelos exclusivos italianos como los de La Perla, requieren de 20 a 45 minutos,
según el modelo. ¡Las encantadoras fantasías de Prisunic o
Monoprix se fabrican en menos de 10 minutos! Asimismo
se venden, a precios casi regalados, productos del sureste
de Asia, donde la mano de obra prácticamente no cuesta
nada y muy poco el tejido.

Sin embargo, puede que los belgas sean los precursores
de la corsetería del año 2000, al haber lanzado al mercado,
a finales de los años ochenta, el sostén... inexistente: una
tira de viscosa, no tejida, hipoalergénica e invisible, que se
adapta, muy estirada, a cada seno. Nada detiene el progreso, sobre todo cuando se saben emplear las más antiguas
ideas.

## El delicado asunto de las bragas

La señora de Mashan fue una hermosa mujer del «país
de Chu, en pleno centro de las regiones del Yangsi» [10].
Como todas las mujeres chinas distinguidas, tenía maravillosos vestidos de seda y cuando, a la edad de cuarenta
años, dejó este mundo —a comienzos del siglo III de nuestra era—, se la amortajó con un vestido finamente bordado, sobre el cual trece hopalandas sobreadornadas la protegían del frío eterno. Trece, el número que indica una
vuelta a empezar.

Bajo este atuendo, su momia lleva una especie de camisa
caraco floreada, un chaleco a rayas y un ancho pantalón de
seda amarilla, de cintura alta, fruncido en los tobillos con
un galón de brocado. Este pantalón es el más antiguo que
se ha hallado en todo el mundo. Y puesto que lo ocultaba
el largo vestido, hay que considerarlo una prenda interior,

aunque, según sus ocupaciones y funciones, hombres y mujeres podían asimismo convertirlo en una prenda exterior, a juego con una túnica que llegaba hasta la rodilla. Estas prendas se mantuvieron hasta comienzos del siglo XX y todavía se llevan en algunas ceremonias familiares. También se usaban en Vietnam, país muy influido por China.

Sabemos que durante miles de años, bajo el vestido y las enaguas, la mujer occidental —salvo raras excepciones— no llevó nada excepto una o varias camisas. En el caballo, que se halla en el origen del uso del pantalón masculino, se sentaba de lado, en una silla especial llamada «de amazona». A pesar de ello, y con este propósito, Catalina de Médicis inventó los calzones (del italiano *calzoni,* aumentativo de *calza:* calzas) en 1540. Hasta que ella intervino, en el atuendo femenino no hubo ninguna prenda que ocultara el sexo ni calzas atacadas, lo cual, aunque nos pueda parecer extremadamente indecente, era justamente lo contrario.

Jacques Laurent nos lo revela en *Le Nu vêtu et dévêtu:* «Montaigne creía que si se ocultaba una zona del cuerpo era para atraer una mayor atención sobre ella». Para la moral de nuestros antepasados, incluso de nuestros tatarabuelos, la zona del cuerpo situada entre la cintura y las rodillas pertenecía al terreno de lo innombrable y de lo indecente. Ahora bien, según una tradición muy establecida, sucedió que, un buen día, todos se dieron cuenta de que las damas de honor de Catalina de Médicis levantaban mucho la pierna para encaramarse a la silla del caballo en el que iban de caza. Lo innombrable dio que hablar y la reina exigió los calzones, que pronto pasaron a denominarse... *banda para las nalgas.*

Pero si leemos con atención a Brantôme («Tercer discurso»), vemos que especifica que la reina tenía «el deseo de mantener la pierna bella» (utilizando jarreteras para estirarse las medias). «Hay que pensar que no era para ocultarla bajo la falda, el refajo o el vestido, sino para mostrarla a veces con los buenos calzones de tafetán de oro y plata o de otra tela que, hechos con mimo y cuidado, llevaba a diario: pues uno no se queja cuando no quiere que los demás participen de la vista y del resto [...]. Esta dama tampoco se excusaba afirmando que era para agradar a su marido, como dice la mayoría, incluso las viejas, que se ponen muy peripuestas a pesar de ser viejas; pero ésta era viuda. Es cierto que cuando vivía su esposo hacía lo mismo, por lo que no quiso dejar de hacerlo después de perderlo.»

Es evidente que Catalina, que fue esposa muy joven, pues se casó a los catorce años, tuvo rápidamente la idea de hacer rabiar a su rival Diana de Poitiers exhibiendo la parte más seductora de su persona, sus finas piernas, al tiempo que preservaba su pudor. Como sagaz italiana, aprovechó los *calzone* que las cortesanas venecianas llevaban años utilizando para excitar aún más a sus clientes, siguiendo el ejemplo de sus antepasadas romanas que, mil quinientos años antes, llevaban el *subligaculum* para ejercer su oficio. No hay más que contemplar un grabado cómico del Museo de Cluny en el que se muestra lo que ocultaban los vestidos de las pilluelas: *calzone* y zapatos. Con respecto a Catalina, no podemos decir que para los puros todo es puro, pero este nuevo uso de los accesorios de las prostitutas le pareció muy gracioso a la *puta* real. Sólo la sobrina del Papa podía permitírselo, y se corrió la voz.

Sea como fuere, un día, quizá valiéndose de su experiencia, Catalina hizo de los calzones el arma secreta de su escuadra volante. Pero muchos sostuvieron que los designios de la reina eran «llamar la atención» sobre las partes prohibidas de las jóvenes bellezas. Catalina tenía muy mala prensa, a pesar de que Brantôme compara el espectáculo fortuito con una obra maestra de la arquitectura: «Por encima de bellas columnas hay bellas cornisas de frisos, hermosos

arquitrabes y ricos capiteles muy bien pulidos y cortados.»
No sabemos si este nuevo refinamiento en el vestir derivaba más de la hipocresía que del sentido del pudor.

Esta prenda interior de las damas galantes, rellena
donde era necesario para arquear o redondear las nalgas y
las pantorrillas, se abría y se escotaba de modo artístico
también donde era necesario. Brantôme afirma que las
damas de la corte «podían entregarse a sus amantes sin
tener que bajarse los calzones».

Apartemos discretamente la mirada, no sin señalar que,
con el transcurso de los años, la prenda devino una moles-
tísima monstruosidad de brocados, bordados y encaje.
Desapareció, con gran alivio general, con la Médicis y
María Estuardo, que fue su nuera durante cierto tiempo y
que la llevaba, de fután, bajo el vestido de viuda con el que
subió al cadalso. Ponerse unos calzones de tan triste memoria fue, durante generaciones, un signo de la máxima indecencia moral y física.

En el siglo XVIII, sin embargo, llevar calzones, siempre
aconsejado a las jinetes, fue obligatorio para las bailarinas
de la nueva Ópera, y las dueñas de las casas velaban con
firmeza para que sus criadas los llevaran al hacer limpieza
general. Volvemos a encontrarlos en los cuentos libertinos.
Pero eso es otra historia que no contribuye a la buena reputación de una prenda cuya utilidad, por otra parte, era
indiscutible.

Cuando, durante la Revolución, Olimpe de Gouges decidió cambiar su agitada vida y convertirse al feminismo,
cuidó mucho de proteger su intimidad. Después de la terrible paliza de la que ya hemos hablado, se extendió entre
las damas una verdadera psicosis de corrección patriótica,
justificada por las expediciones vengadoras del populacho
lionés en la Pascua de 1791. Taine relata, en los *Origines
de la France contemporaine [Orígenes de la Francia contem-
poránea],* que iban a «misa ortodoxa» (es decir, «integris-

ta») protegidas por una «camisa cosida a modo de calzones».

Tras las muselinas sobre el *maillot* color carne de las hermosas damas del Directorio, la moda consular e imperial adoptó las sedas gruesas, el satén, el terciopelo... y para el invierno, la cachemira y el reps de lana. No hay, por tanto, que extrañarse de que Josefina, al no encontrarles utilidad alguna, sólo tuviera tres calzones de tela bordada y dos pantalones de seda para montar a caballo. Es evidente que se trata de una cantidad algo sucinta si tenemos en cuenta la pasmosa cantidad de trajes que poseía.

En cambio, su hija, la reina Hortensia, volvió de la puritana Holanda en 1810 con un baúl lleno de calzones. La moral de aquel país recomendaba su empleo, por lo que había tenido que adaptarse y se había habituado a ellos, lo cual no fue óbice para que desapareciera la reputación de desvergonzada —no siempre falsa— de que gozaba esta encantadora mujer en Francia, ¡todo lo contrario! Leroy, el célebre creador, realizó desde entonces sus prendas de ropa interior a 27 francos la pieza.

¿Se había convertido esta prenda ya en una costumbre alemana? En las maletas de la segunda emperatriz, María Luisa, iban ocho calzones de tafetán y cinco de percal. Tanto por propio gusto como para diferenciarse de los hábitos de Josefina, la pequeña austriaca controlaba los gastos. Por eso sólo encargó en 1813 veintidós pantalones de algodón y veinticuatro calzones de tafetán de lino, lo cual no es ninguna exageración para un abundante guardarropa. Pronto se imitó su ejemplo y el de Hortensia, y los lenceros se mostraron encantados de contar con un nuevo artículo que se vendía tan bien.

Por otra parte, en 1807, las niñas educadas en los internados elegantes debían poseer en su ajuar pantalones para llevar debajo de los vestidos al modo inglés, hasta la pantorrilla, que les permitían realizar ejercicios de danza, actividad física de buen tono, también al estilo inglés, que completaba su educación moderna. En la Restauración, estas hijas de buenas familias convertidas ya en madres siguieron apreciando el uso de los «indispensables» para viajar o para realizar lo que comenzaba a merecer el nombre de deporte: excursiones, patinaje, juegos y equitación. Los vestidos se habían acortado y ensanchado, pero ¡por Dios!, el secreto del pantalón —secreto de Polichinela— seguía bien guardado, aunque algunas —emancipadas— lo dejaban a la vista lo suficiente para que nada se pudiera ignorar.

Con todo, la cotidianeidad del pantalón juvenil, que no había llegado a la calle sino a los jardines públicos, no suscitaba una aprobación unánime. La vieja guardia había comprendido perfectamente este signo de la ineluctable evolución de las costumbres, siempre inspirada en Inglaterra. Medio siglo después de Rousseau, treinta años después de la Revolución, los niños conocían la libertad.

Las plazas y los paseos de las grandes ciudades se vieron invadidas por una multitud joven que corría y jugueteaba alrededor de sus madres o criadas. Los pantalones de los chicos, de lana, paño o tafetán, eran una réplica de los del padre, en tanto que los de las niñas atestiguaban sin equívocos su condición de prenda interior, ya fueran a juego con los vestidos o fueran de lencería. Pero la inocencia y los juegos de esta edad servían de coartada. En una recomendación que se hizo famosa, el *Journal des demoiselles* escribía a propósito de la primera comunión: «Mamá no aprueba que una niña lleve pantalones el día en que tiene lugar el más augusto acto de la religión». Hay que decir que el «día más hermoso», con el traje largo y blanco, el velo y la corona de rosas, marcaba el fin de la infancia y la entrada en el orden establecido. Fue precisamente en nombre del orden establecido por lo que la buena sociedad excomulgó los pantalones bombachos de las sansimonianas y los de Miss Bloomer.

Y sin embargo, nunca hay que decir de este agua no beberé, pues la era de la crinolina haría definitivamente indispensables «los indispensables». En primer lugar, para los bailes distinguidos o populares, en los que se bailaba el vals y la polka, dos novedades que, a pesar de no ser tan espectaculares como las danzas del Renacimiento, ofrecían el mismo encantador revuelo de faldas. En este sentido, fueron, curiosamente, consideraciones sobre las corrientes de aire en vez de sobre la decencia o la higiene las que llevaron al cuerpo médico a aprobar el uso del pantalón: «Bajo una vasta crinolina abierta y fría, los pantalones pueden ser necesarios», afirmaba, en 1861, una eminencia que reprochaba a la camisa su ineficacia contra «el cierzo, tan acerado y más penetrante en ese lugar [el pecho] que la mirada del hombre[11].

Nos parece que es el momento adecuado para plantear este delicado interrogante: ¿cuáles son, en realidad, el sentido y la justificación de los pantalones femeninos, que tres generaciones después, tras haber simplificado su forma y su tamaño, se convertirían en las braguitas que conocemos, es decir, esa pequeña prenda de la que ninguna mujer puede prescindir?

Salvo para la práctica ocasional del vals, las crinolinas no eran, en general, más «abiertas y frías» que las faldas con miriñaque, y, sin embargo, no se había invocado el estado de urgencia en el siglo anterior.

¿En nombre del pudor? No vamos a volver sobre los despliegues, a veces repugnantes, de pechos y brazos que exigían los protocolos del Segundo Imperio en las fiestas oficiales o simplemente mundanas, sino que señalaremos que, bajo la cubierta de vestidos y enaguas, los cañones rectos del «indispensable» y, posteriormente, su amplitud ceñida con volantes de bordado o de encaje, sólo protegían los muslos y las caderas. Este pretendido sistema de defensa demostraba ser, en realidad, inoperante, por su concepción de prenda abierta en las zonas más íntimas: ninguna costura unía las dos perneras, que se juntaba únicamente en la cintura. Desde la parte delantera a la trasera de la cintura, el pantalón era abierto y dejaba pasar los faldones de la camisa. Vestirse es una conducta sometida a unos atavismos de los que cuesta mucho desembarazarse. El sistema abierto identifica y ordena lo femenino.

Los tiempos y las modas cambiaron cuando el viento de la Historia se llevó la crinolina, al igual que había barrido a los ejércitos franceses en Sedán. Los trajes se convirtieron en columnas y bajo esas fundas inexpugnables, los pantalones ya iban cosidos, primero por delante, después por completo. La falta de lógica regía lo femenino. Así, a diferencia de la capital, las provincias más conservadoras, mantuvieron la abertura, por considerarla más conveniente, hasta después de la guerra de 1914-1918; lo mismo hicieron las obreras y las campesinas —nunca se subrayará lo suficiente la mentalidad retrógada del «mundo del trabajo»— y las hijas del placer, éstas por motivos profesionales.

Hay que recordar asimismo que muchas mujeres de las clases populares seguían —y siguieron durante años— sin preocuparse por esta prenda interior, aunque sólo fuera por falta de medios. Si Zola, en la escena de la paliza del lavadero, en *l'Assommoir [La taberna]* (1877), indica claramente el pantalón abierto de Virginia como símbolo de escasa virtud, no es casualidad que termine así el espantoso desfile de pordioseros de *Germinal* (1855), ante la mirada de unos burgueses previamente espantados: «La banda pasaba de largo cuando la Mouquette se apartó del grupo. Se retrasaba expresamente, queriendo espiar a los burgueses por las puertas de sus jardines y las ventanas de sus casas, y cuando descubría alguno, si no podía escupirle a la cara, le mostraba lo que para ella era el colmo de su desprecio. Y sin duda vio uno, pues de pronto se levantó las faldas, le volvió la espalda y le enseñó sus redondas y desnudas caderas bajo la claridad de un último rayo de sol. Nada tenían de obsceno sus nalgas y tampoco hacían reír ante el dramatismo de su ademán »*.

Mucho más obsceno era el amplio pantalón abierto de las damas de la buena sociedad. Cuando se cosió y halló en la decencia el cumplimiento esencial de su destino, acortándose y disminuyendo al mismo tiempo que los vestidos, se transformó en bragas, a juego, a veces, con la camisa o con la combinación que sustituyó a las enaguas. Pero al perder las perneras, perdió su eficacia. La pequeña lengüeta que la cerraba, fija o abotonada, no fue sino una convención.

Fue el deporte, al introducirse en las costumbres a finales de los años treinta, el que hizo que primero las jóvenes y después las adultas utilizaran una prenda no demasiado bonita, pero sencilla y muy práctica, pues cumplía la función que de ella se esperaba. Siguiendo el proceso del «indispensable» de nuestras antepasadas, se creó un modelo de algodón con goma elástica, en punto acanalado o punto liso. Las bragas, a fuerza de escotarse y reducirse a la forma de tanga, se han convertido en una prenda que sólo cubre lo esencial, el sexo, delimitando claramente con su triángulo lo que se debe disimular. Han sido necesarios miles de años para llegar a esta prenda interior, reducida a su mínima expresión y mucho más cómoda desde el punto de vista moral que del vestir. Vaya una justificación por la otra.


## La organización de la ropa interior masculina

«Antiguamente, para disputar las pruebas olímpicas», afirma Tucídides, «los atletas llevaban una especie de cin-

---

* Émile Zola, *La taberna,* traducción de Mariano García Sanz, Ediciones de la Torre, Madrid, 1985 (*N. de la T.*).

turón que les ocultaba el sexo». Se refiere a la época antigua de los griegos, ya que en las pinturas de los jarrones los
jóvenes aparecen completamente desnudos (el término
gimnasta viene de *gymnos,* desnudo). Este orgullo del cuerpo, «esta dimensión sagrada del pudor griego», no tenía
nada que ver con la indecencia, que era un atentado contra
el orden religioso y, por tanto, social, no una regla moral.

Según una tradición, puede que transmitida por los semitas, fue un incidente lo que permitió librarse del antiguo
prejuicio de la pudibundez. Esta tradición afirma que, en
otro tiempo, el atleta Orsipos, el de los pies rápidos, perdió
el taparrabos, a la sazón obligatorio —y de origen asiático—, justo antes de cruzar la línea de llegada como gana-
dor. El disgusto que le causó bastó para hacerle perder
también la carrera. Por eso se decretó que desde entonces
se corriera desnudo en las competicions al estilo cretense y
lacedemonio. Pero, de forma paralela a esta falta de pudor
en los hombres, tuvo lugar un aumento del mismo respecto
a las mujeres, a las que se les prohibió la entrada en los estadios, aunque no bajo pena de perder la... vista, sino bajo
pena de muerte. Platón opinaba que la sensación de ridículo que experimentarían bastaría para matarlas. Era el más
misógino de los griegos misóginos.

Al abandonar la arena, los taparrabos se utilizaban, más
por seguridad que por pudor, en casos concretos como los
trabajos peligrosos, la guerra... y no forzosamente como
ropa interior, porque podía ser la única prenda que se llevaba puesta. En caso contrario, no se llevaba nada debajo
de la túnica.

Hasta el primer tercio del siglo pasado en que comenzó
a organizarse, la ropa interior masculina fue rudimentaria,
sin otra preocupación que la comodidad, pues los hombres
ricos reservaban su coquetería para lo que se veía: los cuellos, los puños, las medias...

En las *femoraliae,* los calzones, las calzas atacadas o en

los sucintos taparrabos que se observan en los grabados de Durero, el tafetán sencillo, que se llevaba hasta que se desgastaba —y que raramente se lavaba—, sólo tenía un carácter utilitario, sobre todo para cabalgar, al evitar que la ropa, y especialmente el metal de la armadura, rozaran las nalgas y el sexo. Este bienestar fue aún más apreciado cuando desaparecieron las vestiduras largas en beneficio de los jubones y de las calzas ajustadas.

Los religiosos del Occidente cristiano, sobre todo los que oficiaban misa, seguían obedeciendo la ley de Moisés, que prescribía el uso de los calzones debajo de la túnica, por motivos de pureza: «El sacerdote, revestido de la túnica de lino, y con los calzones de lino...» (*Levítico, VI, 3*). A finales del siglo VIII, san Benito de Aniano, reformador de la regla benedictina, no permitía, por motivos de austeridad, que los monjes poseyeran unos calzones propios. La prenda comunitaria se tomaba prestada para montar a caballo. Pero no hay lugar donde el frío sea más glacial que en un monasterio medieval, lo que explica por qué muchas otras órdenes no hicieron suya esta norma. J.-C. Bologne, basándose en documentos que cita, recuerda que los calzones se lavaban y tendían en lugares secretos.

Hasta 1830, los hombres laicos, al ir provistos de ropas más gruesas que las mujeres, generalmente se contentaron únicamente con la camisa como prenda interior, camisa masculina que en francés antiguo se denominaba «vestido de lino». Desde que los hombres comenzaron a llevar prendas con perneras, el doble grosor de los largos faldones de la camisa, colocados uno de delante hacia atrás y el otro de atrás hacia delante, aislaba perfectamente la piel del áspero contacto de las calzas atacadas y, posteriormente, de los pantalones.

El chaleco de franela, uno de los símbolos de la burguesía del siglo XIX, se remonta en realidad al Renacimiento. El tejido, de lana fina, una de las maravillas inglesas, tenía fama de evitar los resfriados, los cólicos y el reúma. Pero en tiempos de los romanos, la opinión de Séneca *(De Providentia)* se inclinaba en sentido contrario: «El más mínimo soplo de viento hace correr un gran peligro a quien se protege en exceso contra el frío». Es también la opinión de la medicina actual.

A lo largo del siglo XVII, el problema de la franela dividió a Inglaterra en dos. Basándose en los experimentos de Sartorio, un médico italiano, los partidarios de la franela veían en la transpiración provocada y posteriormente absorbida por el chaleco la saludable evacuación de los humores perniciosos y de los miasmas generadores de fiebres. Sus adversarios criticaban el reblandecimiento de la piel y, en consecuencia, del temperamento, por no hablar de las erupciones causadas por la fermentación del sudor —se lavaban poco— y de la proliferación de pulgas y piojos más allá del límite de tolerancia generalmente admitido.

Cuando el algodón de las Indias Orientales comenzó a desembarcar, los hombres se encapricharon con la misma pasión con la franela de algodón —más caliente— para los gorros de dormir y los chalecos. Hasta tal punto que todos, al fin de acuerdo, se olvidaron de la franela de lana, que comenzó a estorbar en los almacenes. En 1678 y en 1701, el Parlamento inglés aprobó las *Wool Acts,* para mantener la producción, que obligaban a envolver a los muertos en mortajas de franela de lana. Al menos, estos clientes no discutirían. El resultado no se hizo esperar: a los vivos les horrorizaba la franela de lana. Pero a finales del siglo XVIII se halló el socorro en la ciencia, cuando, en Alemania, el doctor Mesmer descubrió «la electricidad animal positiva que podía extraerse de las prendas de lana y de seda» para curar todas las enfermedades o casi todas. ¡Fue el delirio! Todos se pusieron su chaleco de lana y querían ser «mesmerizados».

Treinta años después, estas teorías habían caído en el olvido y esta vez fue el cólera el que devolvió el honor a la franela. Una epidemia asolaba Europa en 1830. Para prevenir el «enfriamiento intestinal» que preludiaba la enfermedad, los caballeros, a quienes los problemas del talle fino les preocupaban mucho menos que la plaga, se ciñeron con un cinturón de franela, del que no se prescindiría durante generaciones. Como buen padre, el ejército lo incluyó de forma sistemática en los uniformes. En la guerra de 1914-1918, a los soldados les vino muy bien llevarlo en las trincheras enlodadas. Incluso en los trópicos era obligatorio y los expedicionarios sudaron sangre y agua para construirnos un hermoso Imperio francés, de Blida a Saigón.

En 1870, el doctor Jaeger inventó, en Londres, el chaleco de salud en *petanela,* lana impregnada de turba y desodorante, que permitía a los buenos burgueses lavarse lo menos posible, ahorrando agua y jabón para poder comprarse esta prenda, muy cara, que suponía una doble protección a la altura del pecho y del abdomen, y poder adquirir asimismo puños aislantes, patentados contra las corrientes de aire.

La salud fue una de las grandes preocupaciones del siglo XIX. La salud pública, la salud física y la salud mental, garantías del orden social, aunque nos resulte difícil de creer al recordar la condición obrera, los daños causados por los corsés y los escotes y las neurastenias literarias. En nombre de la decencia que la familia burguesa «exalta como virtud suprema desde la Edad Media, su lucha contra toda forma de sexualidad no admitida en su generación se incluía en su voluntad de ahorro, otro valor obsesivo que opondrá durante todo el siglo XIX a la "falta de previsión" obrera. Hay que señalar, por último, su miedo a que las pulsiones pudieran devenir incontrolables y acarrear la ruina de una "casa", la "quiebra", mal supremo para el burgués necio».

Atormentaba a los probos progenitores la... «manualización», una aberración física y moral en la que podía caer la juventud interna en los colegios y los conventos. Hay por ello que mencionar una prenda sorprendente: el «calzoncillo-chaleco-corsé contra el onanismo», que fue uno de los alardes que concibieron los ortopedistas por el bien de los chicos y de los directores de los centros.

Corsé. ¿Hemos dicho «corsé»? Entre 1820 y 1840, el hombre elegante, que aún no se había olvidado del Imperio, debía tener la cintura proporcionada y un porte distinguido. El corsé masculino tuvo entonces una justificación que se prolongó tres cuartos de siglo entre los militares de rango superior, sobre todo en la caballería, para la que desfilar parecía una segunda naturaleza. Pero para ser honestos, hay que reconocer que el armazón de ballenas suponía un sostén para las vértebras de los cuarentones, muy «resbaladizas» por la práctica de la equitación. El lector podrá objetar que antes se había prescindido del corsé. Pero el XIX fue un siglo preocupado por la salud.

Nuestros abuelos decían de una persona corpulenta que «tenía buena salud». Así, el burgués necio, un civil sin apellidos rimbombantes, gustaba de aparentar «buena salud», a pesar de su posible falta de atractivo, y reclamaba la consideración que esperaba de sus contemporáneos por su gordura satisfecha. A los obesos burgueses del sur de Francia se les conocía como «vientres de oro» por las gruesas cadenas de reloj de 18 quilates que cruzaban sus chalecos, bien estirados sobre las notables barrigas. Con ellos, el corsé masculino perdió toda posibilidad de futuro.

El burgués siempre ha sido friolero, moral y físicamente, y cuando se generalizó el pantalón y se vivía con muchas mayores comodidades que antaño, se decidió a ponerse debajo de esta prenda el invento del siglo: el calzoncillo. Desde luego que hacía ya tiempo que existía la versión femenina, pero hasta entonces los hombres no lo habían considerado útil para sí mismos. Ahora se hizo necesario e indispensable; era largo hasta los tobillos y se cubría con los calcetines; de tafetán para el verano y, naturalmente, de franela, de felpa o de punto enguatado para el invierno, era de color blanco, crudo o de ese gris considerado «práctico». Parece que los buscadores de oro americanos lo preferían rojo. Gustaba en todas partes y formaba una única pieza con la camiseta como prenda interior.

Los campesinos tardaron cierto tiempo en aceptar los calzoncillos, salvo cuando helaba, en cuyo caso no se los quitaban ni para dormir. Según fuentes dignas de todo crédito, hacia 1900, un granjero de Corrèze creyó que el regalo que había recibido de sus hijos de la ciudad era un pantalón de domingo a la última moda. Quiso ponérselo para ir a misa y se negó obstinadamente a ponerse los pantalones, porque ya llevaba unos.

El calzoncillo de tafetán corto —en fin... ¡a la altura de las rodillas— apareció después de la Primera Guerra Mundial, pero los caballeros de cierta edad siguieron fieles al modelo antiguo hasta exhalar el último suspiro. El mismo estado espiritual es aplicable a la lencería femenina.

La paz democratizó en el Viejo Continente el deporte, que tanto embellecía a los anglosajones. Cuando se generalizaron los calzones «Petit Bateau» —marca registrada que rápidamente se hizo genérica—, que al principio fueron infantiles y después femeninos, apareció también el *slip* masculino. En punto acanalado de algodón, se fue escotando de forma progresiva y adaptándose al cuerpo, al cortarse sobre un patrón anatómico. Bajo la égida del «canguro», modelo registrado que se convirtió en genérico, su reinado duró hasta 1968. Este año de grandes cambios fue asimismo el del slip de fantasía en colores, de cintura baja, muy parecido a un traje de baño. Al igual que para éste, el material sintético y extensible pronto dejó obsoleta la abertura anterior, ya carente de objeto.

En 1980 resurgieron los calzoncillos tipo *boxer*. ¡Vaya! Nos habíamos olvidado de ellos, salvo en las comedias ligeras. Se habían convertido en una belleza y apostaban por la juventud. Como el *boxer-short* americano, ya no eran de punto (¡ay la industria de estos géneros!), sino de un tejido ligero. La publicidad se apoderó de ellos inmediatamente, haciendo hincapié, según el precio y la edad del usuario, en el humor o en la elegancia. En Francia, la marca BCBG apostó por lo clásico con distinción: popelín de algodón o de seda. Con los divertidos modelos *Arthur, Coup de coeur, Billichic* y los artículos de tres escudos fabricados en Macao, triunfaron los Mickey, los Snoopy, los manojos de cerezas y las palmeras. El modisto Hermès, un gran señor, estampó en seda los motivos de guarnición de caballos de sus pañuelos. Desde entonces, presente bajo el traje de franela del ejecutivo dinámico, del pantalón vaquero del intelectual o de la gabardina del policía, el calzoncillo representa, en los albores del último decenio de este siglo, el 8% del mercado de la ropa interior masculina. Ni siquiera las chicas se le resisten.

Por otra parte, la camiseta blanca, como prenda interior, se ha convertido prácticamente en el atuendo estival de los jugadores de petanca. Descendiente del chaleco de salud, tiene que luchar contra su presunta heredera, la *T-shirt* (camisa en forma de T), que apareció por primera vez en color caqui en la marina americana. El algodón ennoblece, pero los materiales sintéticos moldean y realzan de maravilla los pectorales desarrollados, o no los ofenden si han dejado de ser (o todavía no son) perfectos.

El hombre del futuro será elegante y «sexy» –él también– , tanto en su exterior como en su interior.

## Los pasos del zapato

Es un contrasentido considerar los zapatos como «accesorios» del vestido, puesto que son indispensables. ¿Quién en nuestros días podría prescindir de ellos? El vagabundo sin zapatos ha llegado al fondo de la miseria.

Existe todo un *corpus* de literatura oral o escrita (mágica, etnológica, psicológica, histórica, médica, etc.) sobre el pie y el calzado. Por no hablar del serio Instituto de Calceología (del latín *calceus,* zapato), con el que colaboran etnólogos, arqueólogos, médicos, sociólogos y profesionales del calzado y de la moda. El Instituto alberga el Museo del Zapato, en Romans-sur-Isère [1]. Romans es la capital francesa del calzado desde hace siglos, porque las curtidurías encontraron allí un agua muy pura, adecuada para la calidad de sus productos. Por la misma razón, Limoges y Fougères son grandes centros de calzado y poseen museos. Otros museos del calzado famosos son: el Museo Bally, en

Suiza[2], creado por el fundador de la marca que lleva su nombre y, en Inglaterra, el Northampton Museum, que contiene la mayor colección de zapatos históricos del mundo (ocho mil pares) y muchas colecciones anexas.

La industria del calzado data realmente de los últimos años del siglo XIX. Antes era una labor de artesanos: zapateros remendones, zapateros y zapateros a medida. Hay una ciudad en Checoslovaquia, Bata, en la que todos los ciudadanos viven de un enorme complejo industrial del calzado. Antes de la guerra, Bata ya había conquistado el mundo. Es la marca económica que más se lleva en el planeta y se fabrica en una ciudad pequeña. En Francia, André, fundada a comienzos de siglo por Albert Lévy, ocupa el segundo puesto. André era el nombre del hijo de Lévy. Una opereta lo inmortalizó en el período de entreguerras: *Dédé*. Maurice Chevalier interpretaba el papel principal, que daba título a la obra, con un enorme éxito en la pantalla y en los escenarios. Fue una de las primeras películas francesas habladas y uno de los primeros musicales.

El calzado, testimonio de nuestra historia cultural, económica y técnica, nos habla, en mayor medida que las demás prendas de vestir, de los gustos, los caprichos o las necesidades de su época (como las botas de junco trenzado que llevaron los soldados alemanes al final del sitio de Stalingrado), del entorno, del nivel de vida... Nos da indicaciones sobre quien lo lleva o lo ha llevado de factores como la riqueza o la pobreza, la austeridad o la frivolidad, el conformismo o el abandono, el trabajo, el ocio y el estado de salud, ya que su desgaste nos revela las anomalías de la forma de andar. Se es como se anda, y el zapato es una forma de identificarnos. La creencia popular no se equivoca. El calzado sigue siendo un signo de «civilización», en el sentido del siglo XVIII, sentido que no siempre podemos negar: todos los «salvajes» van descalzos, incluso en Tierra

de Fuego, lo que implica que los esquimales no son salvajes, ya que van calzados.

La historia del zapato se confunde con la de la humanidad, aunque en el primer capítulo del Génesis sólo se mencionan las túnicas de piel que Yahvé regala a Adán y Eva al
abandonar el Paraíso. Los primeros pasos de nuestros padres por los caminos del exilio fueron, por tanto, aún más
penosos.

El calzado aparece *in nomine* en el *Libro de Ruth* (IV, 7
y 8): «Había entonces en Israel, para ratificar compras o
cambios, la siguiente costumbre: uno se quitaba el zapato y
lo entregaba al otro. Así se hacía fe en Israel. El pariente
dijo a Booz: "Cómpralo tú para ti". Se quitó el zapato y se
lo entregó.»

Andar con zapatos es tomar posesión de la tierra, explica Jean Servier[3], y añade que Hermes, «protector de los límites y de los viajeros que franquean los límites, es un dios
calzado, pues detenta la posesión legítima de la tierra que
le sostiene». Este símbolo del derecho de propiedad testimonia también que se es un ser libre, capaz de poseer.
Como la risa, el calzado es propio del hombre, el signo de
su libertad de marchar sin dolor por el camino de la vida,
pues un hombre privado de libertad no es un hombre. Por
eso en todas las sociedades que admitían el sistema de la
esclavitud, y no sólo en las sociedades antiguas, el esclavo
no poseía nada, sobre todo no tenía zapatos. El antiguo carácter chino para expresar «calzado» se pronuncia de la
misma manera que otro, diferente, que significa «contrato». Como regalo de boda se ofrecían estos símbolos de la
asociación de la pareja. Durante miles de años, el derecho
de propiedad se anunciaba en todas partes poniendo de
forma solemne el pie en un terreno o arrojando a él, ante
testigos, una sandalia. Este gesto sigue conservando su
valor en las costumbres o rituales sociales.

Entre los árabes, el visitante debe descalzarse al entrar

en casa de su huésped, no por miedo a manchar la alfombra, sino para confirmar que no tiene ninguna reivindicación que plantear. Si entre los eslavos la recién casada es la primera en poner el pie calzado en una alfombra roja para afirmar e imponer su autoridad en los asuntos domésticos, el rito de la boda con rapto, por el contrario, se perpetúa aún en el gesto del marido llevando a su mujer en brazos al atravesar el umbral de la casa que ella no debe rozar ni siquiera con sus zapatos: es la casa del dueño.

La autoridad del pie calzado se vuelve absolutamente perentoria cuando éste aplasta o se posa sobre el del adversario, paso que vale lo que cualquier discurso. Es la imagen clásica de las películas del Oeste: primer plano de la bota del justiciero sobre la del asesino a sueldo. O a la inversa.

Desde que se empezó a usar (quizá seis mil años antes de nuestra era, según los descubrimientos arqueológicos), el zapato, al indicar la riqueza de quien lo poseía, simbolizaba asimismo el poder. Es lo que afirma ese hombre experimentado y amable que es M. Dickinson —patrón de Lobb France, que fabrica zapatos para hombre, archielegantes y archicaros— de los que, al menos, tienen el poder del dinero: «No sólo se calzan el pie, sino, sobre todo, la cabeza».

La cabeza y los pies son física y psíquicamente los dos polos de la persona. Lo que alguien se ponía en la cabeza para distinguirse de sus contemporáneos, fuera cofia, corona, sombrero o bonete, significaba un poder que le era *dado* o que tenía que *tomar,* un poder que no se daba por sentado, sino que le otorgaban las potencias celestiales. La realeza se convertiría de este modo en derecho divino. Luis XVI, entre otros, lo demostró: «No hay nada más precario y expuesto que una corona si no se tiene cuidado o si se pierde el equilibrio que descansa, física y moralmente, en los pies.» Así, al futuro Enrique III Plantagenêt de Inglaterra se le cayó la corona ducal durante la coronación de su predecesor. ¡Funesto presagio! Cuando la corona se hizo real, no se sostuvo más tiempo en su cabeza que los caballos bajo sus piernas en la batalla en la que perdió la vida: «¡Mi reino por un caballo!» Sin embargo, no es tan fácil quitarse un zapato, ni siquiera quitárselo a un muerto... No es casualidad que los descendientes de los colonos del norte de África se hayan dado a sí mismos el apodo que, según ellos, les otorgaron los árabes: *pieds-noirs*. Se debe a los sólidos zapatos de amo civilizado frente a las precarias babuchas de los indígenas.

Punto de apoyo sobre el suelo, el pie dentro del zapato establece contacto con el mundo subterráneo, cuyas oscuras fuerzas son fundamentalmente físicas, en tanto que las fuerzas celestes pertenecen al terreno espiritual. Cuando se tienen «los pies en la tierra», se posee cierto sentido de la realidad. Mientras que tener la cabeza en las nubes...

Las fuerzas de las profundidades, oscuras, solapadas y materiales, siempre han inspirado algo de miedo. El pie y su envoltura, el zapato, constituyen al mismo tiempo el significante y el significado de una magia ofensiva y/o defensiva.

En la mayoría de las civilizaciones, sólo una persona pura puede permitirse hollar, sin cometer un sacrilegio, el suelo de un santuario, lugar secreto y puro por definición. El faraón, encarnación de un dios sobre la tierra, entraba descalzo y sin peligro en las profundidades del templo. Pero cada símbolo tiene su contrario: como la mezquita no pertenece a los hombres sino a Dios, el creyente musulmán debe descalzarse antes de entrar en ella con humildad, desnudo como en el momento de su nacimiento biológico, y hay que descalzarse en todas las iniciaciones religiosas o espirituales. El zapato sagrado del faraón detentaba su pureza y desempeñaba una función profiláctica. En el combate y en los desfiles, un servidor acompañaba al dueño de Egipto llevando su sandalia en el brazo como si fuera una pulsera. En cierto modo representaba un trozo «portátil» del suelo del santuario, impermeable a las fuerzas malignas del mundo de los muertos... Los zapatos formaban parte del equipaje *post mortem* de las momias, tanto de forma material como, en la época tardía, figurativa, para que el difunto pudiera «marchar con sandalias blancas por los hermosos caminos del Más Allá donde circulan los bienaventurados».

Un número considerable de mitos y leyendas recurre al abundante simbolismo del pie y del calzado. El cuento de Cenicienta es tan antiguo como el mundo y se halla extendido por todo el planeta en mil versiones distintas. La versión china data del siglo IX y se titula: *Los zapatos de oro.* La heroína, Sheh-Hsien, debe sus zapatos a la intervención de un pez maravilloso. Pierde uno, que su suegra vende al enviado de un príncipe. El lector ya sabe cómo continúa. La prueba del zapato mágico por todas las jóvenes del reino se halla ya en un texto egipcio que cita Estrabón en el siglo I antes de nuestra era, y lo hace como si fuera muy antiguo. Una célebre versión escrita es la de Gianbattista Basile, cuentista napolitano del Renacimiento. ¿La conoció Perrault o escribió un cuento de transmisión oral, como los hermanos Grimm? Señalemos de paso que en la edición original de Perrault aparece *verre* [cristal], según la tradición céltica del cristal maravilloso, y no *vair,* piel de marta, animal habitual en los corrales, como Balzac y otros pretendían demostrar.

En todas las fases del cuento, los dos aspectos principales del simbolismo del pie y del zapato se entremezclan: el sociojurídico (ritual de la boda/toma de propiedad) y la significación sexual. El fetichismo amoroso suele tener por objeto el zapato, símbolo del sexo femenino, en tanto que el pie, preferido por los homosexuales, tiene una significación fálica, infantil en opinión de Freud. Restif de La Bretonne fue un famoso fetichista del pie, y un zapato constituía para él un potente excitante.

El coleccionismo de zapatos —la calceomanía— es una

pasión muy extendida que puede alcanzar un nivel inquietante. En las mujeres o los homosexuales es la expresión —o el remedio— de una insatisfacción, incluso de una enfermedad mental. Piense el lector en el lienzo de Van Gogh *Los zapatos,* o en el *Modelo rojo* de Magritte. Puede ser asimismo el simple testimonio de una fortuna inextinguible.

Tras la ejecución de Cinq-Mars se contaron trescientos pares de botas al hacer el inventario de sus bienes. En nuestra época, hay que citar a la difunta princesa De Faucigny-Lucinge, a quien había que proporcionar cuatro o cinco pares de zapatos semanales. No se llevó consigo los miles de zapatos —la mayor parte nunca se los puso— con los que había llenado los inmensos armarios de las inmensas habitaciones reservadas para este uso en cada una de sus residencias, y cuya nomenclatura llena las páginas de inmensos registros.

El famoso fabricante de bolsos Vuitton hizo en 1925 un baúl destinado a transportar al otro lado del Atlántico treinta y seis pares de zapatos de los varios centenares que cada año llevaba Lily Pons, la cantante francoamericana, que calzaba un 33. La millonaria Bárbara Hutton coleccionaba zapatos y maridos (sin encontrar, en este último caso, la horma de su zapato, lo que tal vez explique su primera inclinación). Gastaba un número mayor que Lily Pons, por lo que el baúl que también creó para ella Vuitton sólo contenía treinta pares.

Este baúl, que tiene un cajón para las pantuflas, sigue figurando en el catálogo de la firma con el nombre de «secreter»... No porque la esposa circunstancial de Cary Grant escribiera con los pies, sino, según parece, porque el imponente objeto, un verdadero mueble que ocupaba mucho espacio en los camarotes de los paquebotes, podía ofrecer otros servicios. La casa Vuitton tenía una especie de maliciosa cortesía.

En 1985, un nabab italiano encargó una réplica de ese

baúl para otros treinta pares. Este hombre, cuyo nombre permanece en el anonimato, se gastó la bagatela de 42.000 francos, apenas la décima parte del valor de los zapatos que iba a contener, creados por el mejor fabricante de zapatos a medida del mundo.

En 1920, Lazzaro Massaro, un emigrante del sur de Italia, se estableció como fabricante de zapatos en la Rue de la Paix, una hermosa dirección. Es el creador de las famosas sandalias de Chanel, la «nueva zapatilla de Cenicienta», como denominaba Helène Gordon-Lazareff a este accesorio de la mitología moderna, al que no podíamos por menos que referirnos.

Cuando estableció su firma después de la guerra, Chanel, entonces a favor del «total look», buscaba un modelo de zapato que fuera el complemento ideal de sus creaciones, alargando la silueta y afinando la pierna. Por otra parte, el modelo debía poder llevarse desde la mañana hasta la noche. «Se tiene que poder recorrer el mundo con él», afirmaba, sin prever que su sandalia recorrería el mundo a base de imitaciones. «Una mujer bien calzada jamás está fea», observaba, en su época, Tallemant des Réaux, en sus *Historiettes.* A Chanel le gustaba rodearse de artesanos competentes y con la mente abierta. Le contó su problema a Lazzaro Massaro, que calzaba a las clientes de su firma. Tal vez se trate de una reminiscencia de los botines bicolores con los que soñaba la joven Gabrielle Chanel cuando era aprendiz de modista a comienzos de siglo, pues la ya gran costurera imaginaba «su» zapato en dos tonos contrastados: de piel de cabritilla color carne, semejante al de las medias, con la punta negra en tejido mate (a pesar de lo que pueda parecer, es más sólido que el cuero). El negro podía ser sustituido por el dorado para los trajes de noche. A Massaro se le ocurrió dejar el talón en libertad y sujetar el zapato mediante una tira ajustada, una goma flexible y fina.

Como hábil artesano y avispado anatomista que era, Massaro inventó una técnica que sirvió de inspiración a todos los fabricantes de calzado de calidad posteriores. Levantó la suela interior para sostener la bóveda plantar y sujetar el pie. La construcción lo disimula de forma admirable mediante una aparente finura. La punta, cuadrada pero no puntiaguda —otra innovación de la época—, liberaba los dedos del pie. A Chanel siempre le preocupó la comodidad.

A lo largo de las colecciones, la punta cuadrada se redondeó y afinó, pero sin alejarse del principio que la había creado. El tacón Luis XV, nunca demasiado alto (6 cm) se hizo más derecho para volverse a afinar o ensanchar, a juego con el largo y ancho de las faldas. Cada temporada, los modelos se registran, al igual que todas las prendas y accesorios de alta costura, lo que no impide las imitaciones, a menos que sean flagrantes. Un detalle confirma la autenticidad de la verdadera sandalia de Chanel. Su ausencia no induce a error a los iniciados, y las falsificaciones no lo tienen. ¡Silencio! ¡Es un secreto!

Para determinada clientela, los zapatos siguen siendo las suntuosas maravillas de antaño. Marlène Dietrich —que encargaba decenas de pares idénticos— prefería para la escena un modelo que llevaba una bola de estrás en el tacón, para realzar sus piernas de diosa; las perlas y los diamantes no son raros en el banco de trabajo de los mejores fabricantes de zapatos a medida de París. Princesas o esposas de emires, cuyo nombre es secreto de Estado, no dudan en rematar con ellos sus zapatos de novia o de noche.

Los zapatos excepcionales también se pueden pintar, cubrir de lentejuelas o bordar. El Museo de Romans contiene entre cientos de obras de arte del pasado las chinelas del papa Pío VI, del siglo XVIII. Arrestado por el general Berthier al volver de Grenoble, Pío VI pasó en Romans la noche del 13 al 14 de julio de 1799 y poco después murió en prisión en Valencia. Las chinelas son de piel de cabritilla roja y están bordadas en oro. Cuando Juan Pablo II viajó a París —¡en completa libertad!— se le regaló un par de chinelas confeccionadas por Massaro. El hijo del padre de las sandalias de Chanel posee el modelo en una vitrina: son de terciopelo rojo pintado a mano con el escudo del pontífice. La ornamentación de muchos otros pares se basa también en las miniaturas medievales. El especialista, modesto y genial, es uno de los treinta obreros y obreras del taller. Si se necesitan treinta horas para realizar la sandalia de Chanel, un modelo pintado o bordado (por Rébé) u ornamentado con perlas requiere al menos cien horas de trabajo hábil y minucioso. ¡Imagine el lector el precio!

En el entresuelo de la firma Hermès se halla actualmente la tienda John Lobb, que de 1920 a 1975 estuvo un poco más arriba, en el Faubourg Saint-Honoré. Los zapatos Lobb son fantasías masculinas que sólo pueden hacerse realidad en doce meses, el tiempo normal que media entre el encargo y la entrega. El caballero que preside esta casa, M. Dickinson, prácticamente pone de patitas en la calle a magnates del petróleo, cantantes y presidentes de países exóticos que creen que, por tratarse de ellos, la entrega va a hacerse al cabo de un día. Lobb es una firma inglesa fundada en 1830 por un... cojo, hijo de un campesino galés, que emigró a Australia. Se estableció como zapatero en Melbourne e hizo la suficiente fortuna como para regresar a Gran Bretaña y abrir una tienda cuyos productos estaban a la altura de los de los mejores fabricantes de zapatos europeos de la época, los húngaros, los únicos capaces de conseguir que fueran cómodos los estrechos zapatos y botas que la moda y la morfología de la época imponían. Dígase lo que se diga, los abuelitos casi no caminaban, sobre todo aquellos que disponían de los medios para calzarse en Budapest.

Hasta la última guerra, el colmo de la elegancia era llevar bajo las polainas zapatos que crujían. Se llevaban los zapatos al zapatero para que dejara parte de la suela interior y de la exterior en contacto, sin cola. Los dos trozos de cuero se rozaban al andar.

El zapato Lobb prácticamente no ha cambiado en dos generaciones. A pesar de las modas, nunca extremas para el hombre, sigue siendo intemporal. La dinastía Lobb, conforme a los deseos de su clientela, mantiene la tradición inglesa con una construcción clásica y un montaje exclusivamente a mano, y la forma, personal para cada cliente, se esculpe en madera, como si se tratara de una obra destinada al Salón de Otoño. Los patrones, el corte del cuero, la unión de las partes y el acabado se hacen también a mano. Los obreros son responsables del seguimiento de todo el proceso del zapato, unas cuarenta y ocho horas de talento y cuidados. Un fichero de unos diez mil clientes habituales se concreta en las famosas hormas y moldes que se renuevan cada cinco años.

La piel es siempre de la mejor calidad, como la de canguro, una maravilla de solidez y flexibilidad. Ya no se encuentra piel de Rusia (piel de ternera curtida con abedul, lo que le confería un perfume inigualable), ni de Alemania, cocida al horno (su secreto se perdió al mismo tiempo que las ilusiones nazis), ni piel de ternera encerada, nunca igualada (piel vuelta, pulida con piedra pómez, encerada varias veces con una mezcla de cera, negro de humo y ácido acético hasta dar la impresión de estar lacada, pero muy flexible).

El lustrado de los zapatos es fundamental en la firma Lobb. Ningún par se entrega sin haber sido sometido a esos cuidados de belleza tan «british»: un zapato Lobb *jamás* debe parecer nuevo. Tampoco envejecerá o lo hará tan bien que será aún mejor y más apreciado. En la casa te confían el secreto con las reticencias justas para que siga siendo un secreto: un buen betún de trementina y cera de abeja «como antes» (¡fuera las siliconas!) extendidos con un trapo húmedo y toda la energía del brazo. Pero corre el rumor de que el gran secreto de Lobb consiste en lustrar los zapatos con hueso. ¡Pues es cierto! El hueso existe y se puede encontrar: un hueso largo, de corzo, aunque podría ser de reno, como lo fue su predecesor. Un hueso que se pasa una y otra vez por la piel a la que hay que sacar brillo. De vez en cuando hay que hervirlo y debe conservarse toda la vida. Forma parte del patrimonio de muchas familias británicas hasta que se desgasta completamente debido a su uso cotidiano.

Un verdadero y auténtico enamorado de los zapatos tiene que llevar a cabo él mismo el rito de sacarles brillo, un rito que raya en la más pura emoción artística. No hablamos del goce, pues no hay que confundir el placer intelectual con el otro (estamos entre caballeros). En cualquier caso, el perfecto ayudante de cámara del perfecto lord inglés siempre es contratado por su dominio del cepillo de lustrar. Hay que tener en cuenta que sólo se le contrata si calza el mismo número que su futuro patrón, para poder llevar los zapatos de éste desde el momento de su entrega (tras el año de espera para su fabricación) hasta que ya no hieran, no la sensibilidad de los dedos señoriales, ya que son perfectos, sino el buen gusto, enemigo de lo nuevo, a pesar de que ya hayan adquirido pátina en la casa Lobb. El colmo de la elegancia es, desde luego, cuando los zapatos, que se han llevado con devoción durante muchos años, se mandan de nuevo a Lobb, donde, agradecidos, les pondrán suelas nuevas o les colocarán alguna pieza.

Sólo se encuentran unos Lobb a medida en los dos únicos lugares del mundo donde pervive el buen gusto masculino: Londres y París, a pesar de que Italia presume de tener los mejores artesanos. Los *gentlemen* no necesitan ser elegantes.

En estos santuarios también se halla a nuestros pies otro testimonio de la tradición inglesa: los *gillies,* reconocibles por el tipo de lazada que adornan la parte superior del pie.

En otro tiempo zapatos de guarda de caza escocés (*gilly* significa guarda de caza o de pesca), llevan en el lateral del empeine un cardo dibujado con sacabocados. Son los zapatos más cómodos del mundo. Para el duque de Edimburgo y el actor Philippe Noiret, por sólo citar dos ejemplos, no hay otros iguales.

El dolor de pies y los pies deformes son heridas del alma. Edipo (literalmente: ¡pie hinchado!) no podía por menos que tener complejo. Son innumerables las leyendas de los pies heridos que afligen a los héroes predestinados, empezando por la mordedura de serpiente en el talón de Eva y la fragilidad del talón de Aquiles.

Como no somos héroes, éste es el remedio de Lobb para que nunca nos duelan los pies, a falta de un criado que nos dé de sí los zapatos nuevos: llenar de agua fría los zapatos sosteniendo la punta hacia abajo. Esperar un cuarto de hora, vaciarlos con cuidado y escurrirlos. Echarles abundantes polvos de talco y ponérselos inmediatamente. Eso es todo y parece que es milagroso.

ZAPATOS PARA LIRIO DE ORO Y CAPULLO DE LOTO

Según el gran cirujano podólogo Simon Braun, un artista en la materia, el zapato fue la primera estructura de represión. En efecto, no hay dos personas en el mundo con los pies idénticos, y además, nuestro pie derecho es distinto del izquierdo. Los zapatos, a pesar de la multiplicidad de modelos que calzan bien, se fabrican —salvo los zapatos a medida— de forma estandarizada, que varía de una marca a otra y de un país a otro.

Todo el mundo sabe lo que es padecer dolor de pies, que a veces resulta tanto física como moralmente insoportable. Por eso no hay más que echar una ojeada a algunos antiguos zapatos de mujer china para quedarnos horrorizados. Sin embargo, no son instrumento de tortura, sino el testimonio de los suplicios que han destrozado cuerpos y destruido infancias: ¡zapatos de ocho centímetros de largo por dos y medio de ancho! Miniaturas admirablemente trabajadas y adornadas por los *botones de cristal,* los hábiles zapateros chinos, alabados por la literatura durante dos mil años por considerar maravillosos los muñones que creaban. Jamás se ha soportado otro martirio a cambio de una recompensa tan ridícula.

Esta práctica sólo atañía a las mujeres y únicamente a las de «raza» china. La etnia manchú, etnia conquistadora procedente del norte, la repudiaba, y los campesinos no podían permitirse el lujo, pues tenían gran necesidad de esas bestias de carga que eran las hembras del hombre.

El Imperio Chino data del año 221 antes de nuestra era, pero sólo a partir de la mitad del siglo X, con las Cinco Pequeñas Dinastías, comienzan los poetas a ensalzar los *capullos de loto* en el sur de China, «patria creada a pesar de los invasores, a quienes se había concedido el norte» (D. Elisseeff). Algunos ven en la costumbre de los pies mutilados un medio de sustraer a las jóvenes chinas a la codicia de los manchúes. Otros la consideran una manifestación del despotismo marital. Pero la historia (o la leyenda) afirma que a una bailarina se le ocurrió un día envolverse con vendas la punta de los pies para poder bailar sobre ellas, lo cual se relaciona con la «punta dura» de las zapatillas de las bailarinas clásicas para protegerse los dedos.

Yaoniang tuvo tanto éxito entre los hombres al rozar el suelo de una manera irreal, «como un capullo de loto acariciado por el viento», que las damas de la alta sociedad no tuvieron otro objetivo que vendarse los pies para que fueran lo más pequeños posible. Ir dando saltitos en vez de andando distinguiría desde entonces a la aristocracia del vulgo.

Las versiones de la historia fueron masculinas durante largo tiempo y las mujeres terminaron creyéndoselas. Las primeras en ser contagiadas por la plaga fueron las cortesanas, como es natural, seguidas de las hijas de buena familia, cuyas madres trataban de este modo de deslumbrar a los pretendientes capaces de pagar el precio adecuado.

Sabemos que el erotismo es el arte tanto de desvelar como de ocultar. Los pies de la mujer china —en fin, lo que quedaba de ellos: ocho centímetros por dos y medio— se convirtieron en el refugio de un pudor tan extremado que provocaba el deseo por frustración. Vestigios más secretos que cualquier otra parte del cuerpo, nunca se les nombraba, prefiriéndose el término poético de *lirios de oro*. Ofrecerlos desnudos a la vista, o mejor aún al tacto, era el goce supremo para ambas partes. El balanceo de un paso mal apoyado evocaba un instante inaudito, reservado para los héroes de los poemas. Las mujeres manchúes, en clara desventaja, se consolaban con zapatos de tacón muy alto con cuña, que hacían que los pies normales parecieran mutilados y que eran lo suficientemente incómodos como para admitir que sabían claudicar con elegancia.

Se afirma que esta mutilación y, en menor medida, el hecho de llevar estos zapatos iban acompañados de una transformación morfológica de los músculos de las piernas y de la pelvis, lo cual añadía aún más encanto a las relaciones amorosas. En realidad, no se trata de una amputación, como se podría creer, sino de una tortura destilada a lo largo de toda la infancia, como decíamos al principio. No obstante, podía empezar desde el nacimiento, mediante la ablación del escafoides, pequeño hueso del tarso que asegura el ángulo del pie con relación al tobillo. En cualquier caso, tras un masaje cotidiano con aceite de sésamo, se vendaban los pies del bebé manteniendo el ángulo abierto 180 grados en prolongación de la pierna; la primera venda estrecha, de algodón o de seda y de un metro de largo, se cubría con otra más ancha y muy ceñida. Poco a poco, la bóveda plantar se replegaba hacia el interior, mientras que los últimos metatarsos se aproximaban al primero en el extremo del pie. Si no se había extirpado el escafoides, se producía una necrosis y se fragmentaba. Los campesinos, deseosos de dar a sus hijas la envidiable vida de una prostituta, rompían el hueso a golpes de piedra.

En segundo lugar, cuando la niña llegaba a los ocho o nueve años de edad, se obligaba al pie —rompiéndolo en la mayoría de los casos— a encorvarse en torno a un cilindro de cobre colocado debajo del tarso inferior y sólidamente sujeto por un vendaje cruzado, de modo que se unía la parte anterior y posterior del pie haciendo que se formara sobre el cilindro una «suave cavidad», casi circular, llamada la «copa del éxtasis», tanto más afrodisiaca cuanto que el dedo gordo, que se había conservado, colgaba. Así era.

Los dolores sólo cesaban cuando finalizaba el crecimiento, pero la lisiada, ya de forma irreversible, tenía que llevar un vendaje permanente para poder soportar el calzado, asimismo coercitivo para ser elegante.

Habría que esperar hasta la aparición del movimiento Taiping (Gran Paz) de 1860, impulsado por Hong Xinquam, al parecer convertido al cristianismo, para que se produjeran las primeras protestas públicas contra este horror. La hermana de Hong había organizado un ejército femenino y, confiando en el futuro, el «rey celeste» prohibió el vendaje de los pies para que las mujeres de la siguiente generación pudieran servir a la comunidad, siempre siguiendo un espíritu práctico, no de igualdad. El proyecto duró lo que vivió Hong: pocos años.

En 1894, el cantonés Kang Youwei lanzó el movimiento nacional del Buchanzuhui, cuyos partidarios se comprometieron a no vendar los pies a sus hijas y a negarse a tener nueras mutiladas de esta forma. Después, a principios de siglo, otro reformador, Liang Qichao tampoco tuvo éxito. Hay que tener en cuenta que las mujeres dudaban mucho a la hora de quitarse las vendas o de interrumpir las manipulaciones a sus hijas, porque se producían sufrimientos más atroces.

El primer decreto oficial que declaró esta práctica ilegal fue promulgado en 1902 por la emperatriz T'seu-hi (Cixi). Era manchú, como toda la dinastía Qing (T'sin). Una manchú con los pies bien puestos sobre el suelo. Los chinos consideraron el edicto como una medida vejatoria. «La mayor parte de las mujeres chinas ciñen sus pies con vendas; es una costumbre muy antigua que, sin embargo, es contraria al orden del Creador. Desde ahora, las familias nobles deben exhortar a los demás, con dulzura pero con seriedad, para que se convenzan de los inconvenientes de esta práctica.»

Las exhortaciones no tuvieron el suficiente efecto, ya que el Kuomintang de Chang-Kai-chek tuvo que enfrentarse de nuevo al problema, finalmente resuelto por el comunismo de Mao. ¿Salió la mujer china de su alienación al recobrar sus pies? Eso es otra historia.

## Golpes de tacón

La historia del calzado, demasiado prolija para ser repasada, se halla puntuada por golpes de tacón desde la Edad Media, a pesar de que el tacón, que tan esencial nos parece, fue ignorado durante milenios (en la Antigüedad, sólo las botas de los montañeses del Asia anterior estaban provistas de ellos). Las sandalias —al principio, sólo se llevaban en casos excepcionales— de sumerios y de egipcios —para no gastarlas en aquellos climas benignos se ponían sólo al final del trayecto y se volvían a quitar en el interior de las casas— y después de los griegos y latinos, sólo tenían una suela de cuero perfectamente plana. Los *coturnos* o zapatos de teatro debían sus altas plataformas a la necesidad de elevar a los actores para que los espectadores los vieran mejor.

En este sentido, parte del calzado medieval eran pedestales que se sostenían en los pies por medio de una ancha presilla y que permitían caminar entre la basura habitual de la calle sin que los dobladillos de los vestidos y mantos de ambos sexos sufrieran demasiados desperfectos.

Nunca nos cansaremos de contemplar el famoso cuadro de Van Eyck que representa a los jóvenes esposos Arnolfini delante del lecho nupcial. No hay ni uno solo de los detalles en los que se recrea la vista que no sea algo vívido de aquella época (1435). Para posar, el comerciante se ha quitado los zuecos y los ha echado a un lado con negligencia: están formados por una suela de madera natural con una ancha cinta de cuero. La parte posterior es más elevada y se ve bien el perfil arqueado de las suelas. El otro par de zuecos, de color rojo, es el de la señora y se halla cerca de la banqueta. Los tacones son más bajos y anchos, para asegurar la estabilidad de la futura mamá.

En Venecia, en el siglo XVI, los zapatos de las elegantes tenían enormes plataformas en la parte anterior del pie,

pero permitían una ligera inclinación del pie que favorecía
el talle. Para poder caminar sin peligro por las calles inun-
dadas de la ciudad de los Dogos, dos criados tenían que
sostener a sus amas por ambos lados. Después se suprimió
la plataforma, aunque se conservó el tacón, con lo que el
paso del pie arqueado se volvió más elegante.

A finales del siglo XVII aparecen los tacones en los
zapatos corrientes. En primer lugar, en las botas masculinas, enormes y quizá demasiado altos. Los taconeros fabricaban los tacones de madera para los zapateros, que
pronto los sustituyeron por tacones de cuero en láminas
pegadas. Se afirma que los tacones altos y la peluca fueron
idea de Luis XIV, deseoso de aumentar algunas pulgadas.
¡Nada más falso, desde luego! Como tampoco es cierto
que a él se le deban los tacones rojos, signo de aristocracia,
que se observan —en primer plano— en un cuadro anóni-
mo del Museo del Palacio de Versalles, *Visita del rey a la
gruta de Tetis*.

La línea encorvada del tacón bajo la suela no es tampoco
un invento del reinado de Luis XIV, que le ha dado el
nombre. En el Museo de Romans hay ejemplos, en la colección Guillén, que se remontan a los últimos años del
Rey Sol.

En cambio, con la Regencia y Luis XV, los zapatos pro-
gresan. Se elevan aún más los tacones —no sólo para las
mujeres—, ya que el Regente era muy bajo. La forma de
carrete puede ceder el puesto a un corte en bisel, muy moderno.

Según las *Memorias* del conde de Vaublanc, la moda de
los tacones finos femeninos tuvo su origen en la necesidad
de mantener el equilibrio, y la altura de los tacones se hizo
vertiginosa, como la de los sombreros-andamio. Pero el zapato de «prunelle» (tela ligera de lana) que perdió María
Antonieta al perder el equilibrio bajo la cuchilla de la guillotina es muy razonable, pues tiene un tacón de dos pulga-

das (6 cm), como se puede ver en el Museo de Ruán, que alberga esta reliquia. En la época de María Antonieta se volvió a diferenciar el pie derecho del izquierdo, con el consiguiente aumento de la comodidad.

La moda a la antigua que siguió a la Revolución excluyó el tacón: zapatos muy sencillos y finos, sujetos a los tobillos con cintas o con una tira, en todo semejantes a las zapatillas de tela negra de las bailarinas chinas que se extendieron por Occidente a partir de 1968. Las emperatrices Josefina y María Luisa compraron centenares de zapatos. María Luisa, muy ahorradora en otras cosas, sentía pasión por ellos.

En 1829, de repente, la gente se encontró demasiado baja. El primer truco para remediarlo fue levantar el empeine del pie en el interior del calzado de modo invisible, lo que tenía, además, la ventaja de dar cierta ligereza a la forma de andar. Después, con la invención de la crinolina y la del polisón, hubo que aumentar aún más de altura, so pena de que la silueta se aplastara. Reaparecieron los tacones no sólo en los escarpines de baile sino también en los botines. En el Museo de Romans se pueden admirar botines del siglo pasado, de satén blanco, pintados con flores en los lados y en torno al tacón carrete.

A partir del siglo XIX, el tacón se coloca debajo de la extremidad posterior del zapato, pues la bóveda plantar va sostenida por un *cambrillón* de madera o de acero (en la actualidad suele ser de plástico). A partir de ese momento, la fabricación de zapatos será industrial, a pesar que los zapatos de lujo sigan siendo artesanales, pues hay que hacerlos a medida.

Durante la Segunda Guerra Mundial, las restricciones obligaron a utilizar materiales no «racionados», como la madera y el corcho, con los que se fabricaban suelas de una pieza con el talón incorporado; eran pesadas, poco prácticas y ruidosas. Curiosamente, en los años ochenta se han vuelto a ver a patizambos con este tipo de suelas.

Entre ambos períodos aparecieron los tacones aguja que acompañaron al *new look* de Christian Dior en 1947. Hubo que tomar medidas para prohibir en los lugares públicos estos zapatos que perforaban el piso.

Después, la «zapatería de lujo», con Perusa a la cabeza, acompañó las colecciones de alta costura con tacones delirantes: en espiral, transparentes, luminosos. Se hicieron incluso zapatos sin tacón, sostenidos por una horma de acero, con tacones intercambiables a juego con el vestido. Todo era válido con tal de salir en los periódicos. La reacción de los años setenta fue un tacón muy alto, muy recto y muy peligroso, aunque la altura se compensaba mediante una gruesa suela en la parte anterior.

En el decenio siguiente los esguinces fueron reemplazados por los tacones bajos, que la profesión médica recomendaba frente a las zapatillas lanzadas por Brigitte Bardot en los años cincuenta, que continúan causando estragos. Como en gastronomía, el lema es «poco pero bueno».

En cuanto a los tacones de los zapatos masculinos, siguen siendo razonables. Sólo las botas tejanas o «Worth» deben tener un tacón muy alto (6 cm) cortado de forma sesgada, necesario para sostenerse en la arena durante la captura o la doma de los poneys salvajes. Ya no se doman caballos más que en las películas, pero parece que ese detalle sigue siendo necesario para el talento de algunos cantantes y para la felicidad de determinados jóvenes.

Desde Restif de La Bretonne, los tacones muy altos de los zapatos femeninos desempeñan un papel muy importante en el fetichismo sadomasoquista. En el Museo del Calzado de Romans, el público queda sorprendido ante modelos que son imposibles de llevar debido a lo pronunciado de su arco.

# El capítulo del sombrero

Desde la invención del vestido se tuvo cuidado en la protección y el adorno de la cabeza, una parte del cuerpo muy vulnerable y visible. Se entiende por tocado todo lo que cubre la cabeza o la adorna. El pelo proporciona una cobertura y un adorno naturales, y el modo de disponerlo y de cortarlo, según las costumbres, las modas o los rituales, constituye el primer tocado.

A partir del siglo XVII, el francés confiere a la palabra *chapeau* el sentido general de tocado confeccionado (los portugueses dicen *chapeo,* los italianos *capello,* los polacos *kapelusz,* los provenzales *capèu,* los ingleses *hat,* los alemanes *Hut* y los españoles *sombrero,* y todas las etimologías, salvo la española, se remontan a un vocablo antiguo que significa «cabeza»). Desde los tiempos más remotos, cada tipo de tocado tenía una denominación particular. *Chapeau,* por ejemplo (antes *chapel,* constatado en el siglo XI, del latín vulgar *capellus,* derivado del latín *caput,* cabeza) sólo se refería a la corona de flores, un adorno femenino para las fiestas muy de moda durante la Edad Media. Las flores eran frescas, naturalmente, y de que así fuera se encargaban los reglamentos de los gremios. En cambio, «ningún fabricante de coronas de flores debe coger o hacer coger en el día de domingo ni hierbas ni flores para hacer coronas» *(Libro de los oficios)*. Como el reposo dominical no impedía la elegancia, suponemos que las damas hermosas tomarían precauciones el sábado.

El uso de coronas de flores desapareció en el Renacimiento y, sin saber por qué, durante cierto tiempo el término *chapeau* se reservó para los tocados masculinos, que muy pronto adoptarían las damas, sin modificarlos mucho en un principio. Cuando se produce la restauración de los Estuardo, Inglaterra lanza la moda del sombrero femenino, que generalmente se llevaba encima del gorro o la cofia y estaba hecho de crin o de paja trenzadas y cada vez más recargado de adornos relacionados con la naturaleza. A pesar de la muy pronto tensa situación entre Francia e Inglaterra, a este lado del Canal de la Mancha el sombrero a la inglesa, habiendo perdido parte de su volumen, fue un signo de elegancia veraniega en los jardines de Versalles, en la época de Luis XV. En la actualidad, los sombreros de la familia real británica provocan la más profunda de las consternaciones en el mundo entero y todos se cuidan mucho de inspirarse en ellos.

En la Antigüedad, los griegos y los romanos no se mostraron muy entusiastas del sombrero, salvo en el caso de ciertas formas utilitarias que mencionaremos más adelante. Al contrario que en Oriente Próximo o Egipto, preferían los tocados ornamentales de proporciones pequeñas, casi simbólicas, pues les parecía más interesante lo que contenía la cabeza que lo que la adornaba exteriormente.

Ya sabemos que sumerios, fenicios, egipcios y hebreos conocían formas de escritura empleadas por especialistas con fines prácticos (leyes, tratados, crónicas), pero no deja de sorprendernos lo siguiente: las personas que carecían del privilegio de la expresión escrita usaban en mayor medida imponentes tocados ornamentales o rituales, en los que se expresaba un arte espontáneo o elaborado, para transmitir el siguiente mensaje: «¡Atención; respeto!» Esto era así en la alta Antigüedad oriental, pero hay que recordar, asimismo, los grandes tocados ceremoniales de los indios de América, desde los aztecas a los pieles rojas, los de los africanos y los de los habitantes de Oceanía, todos los cuales proporcionan muchas indicaciones no sólo sobre los méritos y cualidades del que los lleva, sino sobre los mitos en los que se basan las costumbres y la cultura locales.

El sombrero de copa de nuestras pacíficas manifestaciones mundanas, a pesar de su simplicidad, se puede incluir entre los tocados ceremoniales que suscitan el respeto de las masas. Su mensaje se encierra en estas palabras: ¡Atención: riqueza!

Del mismo modo que los sombreros de la reina de Inglaterra, los cascos —sombreros de guerra— desempeñan una función doblemente utilitaria: protección e intimidación. En la Antigüedad, entre los últimos pueblos no occidentalizados, se hacía hincapié en la extravagancia y la agresividad de la ornamentación, que solía evocar un animal famoso por su crueldad o fuerza, del que se tomaban prestado los atributos, plumas, cuernos, dientes... a no ser que fuera el animal totémico del grupo.

Con respecto a las prendas guerreras de nuestro Antiguo Régimen, Robert Devleeshouwer [1] constata que «suponen una sobrevalorización del hombre a quien se le exige que muera o mate de cerca». Como los sombreros ceremoniales de los jefes, de los príncipes y de los sacerdotes, el tamaño de los tocados de guerra engrandecía al portador, y su magnificencia atestiguaba el poder del grupo o de su jefe, del mismo modo que el león eriza la melena al atacar.

Estas obras de arte han sido sustituidas de forma progresiva por la boina de paracaidista, incluso cuando sólo se puede ir a pie o en jeep a tomar el poder. O el casco americano o francés, cubierto por una red de camuflaje. El portador del mensaje cambia de forma, pero el fondo es el mismo.

La protección contra el sol no es una obligación impuesta por la comodidad. Salvo en las regiones áridas, la mayor parte de las poblaciones indígenas de los países tropicales o ecuatoriales prescinden de ella. En África, por ejemplo, los habitantes del Sáhara recurren al turbante o al velo oscuro (sobre todo los hombres, que al cabalgar o ir en camello se hallan más expuestos), pero los bosquimanos del Kalahari no se preocupan en absoluto por el sol, ya que sus densas cabelleras encrespadas y su piel gruesa y oscura les han sido otorgadas por algo.

En el cielo de Egipto, Ra no escatima sus rayos —en julio casi se puede freír un huevo en las piedras de las pirámides—, pero parece que los súbditos del faraón desconocían el sombrero, salvo en su versión de cofias de tela. Los tocados enormes y las tiaras reales, los *pschent,* que aparecen en la cabeza de los dioses y los príncipes (son de la misma familia) sólo desempeñaban una función emblemática. El fez actual, heredado de los turcos, es expresión, al igual que el turbante, de una costumbre musulmana.

Cabe afirmar, por tanto, que resistir o no el sol es más un hecho cultural que un fenómeno biológico. Es evidente que existe un proceso de habituación: un extranjero de piel blanca y pelo escaso es más sensible a la insolación que el nativo habituado a los rayos del sol desde hace milenios, que físicamente está mejor dotado para que no le dañen excesivamente. Por eso es interesante, por muchos motivos, la historia del casco colonial.

A finales del siglo XIX, el casco de corcho entelado, que crearon los ingleses para sus tropas en la India, formaba parte del vestuario de nuestros antepasados coloniales a su llegada a los trópicos. La larga visera delantera y trasera

podía adornarse con una tela para cubrir la nuca, y las damas
le añadían un elegante pañuelo. El casco colonial tenía,
desde luego, un interés práctico, pero como «casco», por definición y por su forma, formaba parte de la panoplia del
conquistador. Voluminoso al principio —cuestión de moda
pero también de espíritu—, disminuyó de forma y de tamaño a medida que se integraba, en todos los sentidos, en el
paisaje, y se volvió anticuado al mismo tiempo que las posesiones coloniales, con las que desaparecería en los años sesenta.

Como el sol no había variado, no era la función protectora del casco colonial lo que no tenía ya sentido, sino su «discurso» y su función emblemática, es decir, la de inspirar
respeto a los nativos que iban con la cabeza desnuda (y con
el resto del cuerpo también), pues el casco derivaba del
sombrero militar, de la corona y de la tiara, símbolos de autoridad, de derecho divino y de paz, formas, todas ellas, de
identificar el poder colonial que cualquier blanco representaba. Esto es hasta tal punto cierto que el colonizado, en el
momento en que accedía a la jerarquía de las tropas francesas, aparecía con casco, primera pieza de una panoplia de
eficacia que comprendía, asimismo, las gafas, el paraguas y
los zapatos negros. En la actualidad se completa con el ma-
letín. En lenguaje corriente, «llevar el sombrero» * significa
ser el responsable oficial de un acto delictivo en el que no
se ha participado o sólo se ha hecho de forma ingenua.

Recordad la terrorífica novela de Gustav Meyrink, *El
golem,* en la que el héroe —pero ¿quién es?—, al igual que
las criaturas artificiales creadas por los rabinos demiurgos
que conciben pensamientos y ejecutan los proyectos de sus
creadores, aunque no sean responsables, el héroe —decíamos— carga con un sombrero, con una responsabilidad
que no es la suya: «¿Ha sido todo un sueño? No, así no se

---

* En francés, *porter le chapeau:* ser responsable, culpable (*N. de la T.*).

sueña. Miro el reloj: apenas he dormido una hora. Son las tres y media. Y ahí hay colgado un sombrero. No es mío, lo he cogido por descuido en la catedral de Hradschin, cuando estaba en misa.»

«¿Hay un nombre en su interior? Lo cojo y veo, en letras doradas, en el forro de seda blanca, un nombre desconocido y, sin embargo, muy conocido: ATHANASIUS PERNATH[2].»

Vemos que la finalidad del sombrero, en fin, de lo que cubre la cabeza, es sobre todo simbólica, aunque sólo represente la elegancia del momento. A través de los siglos, pasando de lo funcional a lo «gratuito» o, mejor dicho, a lo gratificante, permanece como uno de esos «adornos que sobrepasan lo necesario [...] No son funcionales cuando se eligen por el singular placer de lo hermoso y lo extraño; pero pueden haber tenido una finalidad típicamente funcional. Son entonces testimonio de la función social (atributos del jefe o del hechicero), del valor individual (trofeo) o de la pertenencia a una comunidad (por tanto, típicos)»[3]. El mejor ejemplo de la conjunción de estas tres finalidades es el gran sombrero de fieltro que popularizó Léon Blum y que lleva el presidente Mitterrand desde 1974. Decimos que el sombrero puede tener poder, un poder mágico sobre el que lo lleva y sobre el que lo ve.

### El recorrido del sombrero

«La mujer se remonta, según dicen, a la más remota Antigüedad», escribía Alexandre Vialatte. El primer ejemplo de tocado del que disponemos es uno de mujer del decimosexto milenio antes de nuestra era, de la región de las Landas. Se puede, en efecto, considerar como una prenda para la cabeza la redecilla que cubre la media melena de la dama de Bassempuy, cuyo busto es de marfil de mamut.

Más cercanos a nosotros son los gorros de piel del sexto milenio que se exhumaron en tumbas rusas y a los que nos hemos referido en el capítulo sobre las pieles de animales. El modelo no ha variado desde entonces.

El turbante oriental comienza una andadura, que todavía continúa, en Sumeria, en el cuarto milenio (cabeza del príncipe de Gudea de Lagash, en el Louvre). Estrabón, en los primeros años de nuestra era, lo describe como una tira de la tela ligera usada en aquellos parajes, enrollada en la cabeza. Reservado a los nobles, se trata sin duda de la primera versión de la corona. A los grandes dignatarios les correspondía un gran birrete con el borde en forma de cuernos, imagen del poder. No sabemos de qué material estaban hechos: ¿de fieltro, de paja? Las damas sumerias, con los cabellos hermosamente peinados, llevan diademas que parecen de cinta o de orfebrería, como la diadema de Shubad, reina de Ur, que se puede contemplar en el Museo de Filadelfia.

Los mercenarios semitas representados en el sorprende mosaico de conchas de Mari (Museo del Louvre) llevan cascos (?) con pequeños cuernos laterales; son tocados de protección, pero están concebidos para que su forma (los cuernos) sugiera el carácter viril y dominador de los militares. Obviamente, debemos olvidarnos de nuestra concepción del vestido, pues, en caso contrario, tomaríamos, a primera vista, a estos bravos hombres por gruesas damas en delantal, debido a sus pesados vestidos con franjas y con la espalda desnuda.

El casco real del tercer milenio descubierto en Ur es el sombrero más sorprendente de todos los tiempos. Es de oro puro y parece como si se hubiera moldeado en la cabeza del príncipe Men-Kalam-Sarm, su afortunado poseedor, ya que representa hasta el último rizo del pelo de tan elegante personaje, la corta trenza ritual que le adorna la nuca y pasa por encima del tortillo, signo de divinidad, y para mayor comodidad, también se tienen en cuenta las orejas, pues lleva un hueco para oír mejor. Este casco de orfebrería es uno de los tesoros del Museo de Bagdad.

Saltándonos varios milenios, hacia el año 1000 a.C. aparecen en Babilonia tiaras con «cuernos» o coronadas de plumas que recuerdan extrañamente a las de los emperadores aztecas. No obstante, el rey llevaba un gorro cónico más largo que el casco de cuero de sus soldados, ya que la punta le llegaba a la cintura. Este gorro, que en su versión más modesta podía ser el que llevaba el pueblo, ¿no inspiraría al rey Midas?

Ya hemos dicho que la única —y escasa— información iconográfica sobre los hebreos la debemos a pinturas de tumbas egipcias que representan a prisioneros semitas. Los tocados que en ellas se contemplan (en el British Museum) son simples bandas para ambos sexos o un tocado de color rojo que cubre la cabeza desde las cejas a la nuca. Parece que la corona plana, circundando un pequeño turbante, fue el signo de los reyes judíos. En el caso de los sacerdotes, este círculo de oro llevaba grabado las palabras: «Consagrado por Yahvé». El gran sacerdote la remataba con una tiara alta y flexible (el *minezophet*) en la que fijaba cordones de lana violeta púrpura llenos de cascabeles [4]. Las mujeres judías no aparecen con velo en las representaciones egipcias, aunque san Pablo y Tertuliano proclamaron, en los siglos I y en el III d.C., el uso de esta forma tradicional de disimular el pelo, al menos en la plegaria: «La mujer, a causa de los ángeles, debe llevar en la cabeza una marca de la autoridad de la que depende» (Epístola a los Corintios, III). Por aquel entonces, el cristianismo sólo era una secta de origen asiático.

Entre los hititas y los persas del primer milenio volvemos a encontrar el famoso gorro alto, cilíndrico o redondo y de fieltro flexible, que tan útil les resultó cuando, al principio de su historia, marcharon por las frías y altas

mesetas que van de Capadocia al Indo. Los persas le añadieron —quizá sólo para el invierno— un ancho barboquejo que convertía el conjunto en una especie de capirote (estatuilla de plata de la época aqueménida en el Museo de
Antigüedades asiáticas de Berlín). Rematando una corona
dentada, la primera en su género, encontramos la alta tiara
real en forma de tronco de cono para los popes griegos
y rusos. Los cascos militares, especialmente los de los hititas, llevan protección para las orejas y las mejillas.
Posteriormente se convertirán en los famosos cascos jónicos, como los que aparecen en la iconografía griega. Pero
los arqueros persas, como los del friso de cerámica de
Apadama (siglo IV a.C.), que se halla en el Museo del
Louvre, llevan un pequeño turbante, que los griegos denominaban *mitra,* alrededor de un gorro. Hay varios ejemplos
en el célebre mosaico de Pompeya que contiene el Museo
de Nápoles, conocido con el nombre de batalla de
Alejandro.

En general, los griegos —los hombres— iban y venían
por las ciudades con la cabeza descubierta. Las mujeres
«bien» raras veces salían a la calle, al menos en Atenas.
Para la caza, los viajes o los trabajos peligrosos, los hombres se cubrían con un casquete de piel de perro, de comadreja o de buey, la *kuné,* un tocado hemisférico que podía
atarse con correas debajo de la barbilla. De este modo se
protegían los obreros expuestos al fuego, como el herrero
representado en un jarrón del Museo de Berlín. El *pilos,*
del que ya hemos hablado, era, asimismo, un casquete de
fieltro semioval o cónico, sin ala o con una muy pequeña.
Era el distintivo de ciertos dioses o semidioses, como
Caronte, el barquero del Infierno, a veces Ulises y sus compañeros, el herrero Vulcano, Cadmo, los dioscuros (en las
monedas de Esparta) y, generalmente, las amazonas, todos
ellos de supuesto origen asiático.

El famoso *petasos,* originario de Tesalia y Macedonia, un

pequeño casquete de ala plana, se ataba debajo de la barbilla con una correa de cuero. No siempre se llevaba en la cabeza, sino echado hacia atrás, como Richelieu llevaba su gran sombrero cardenalicio con cordones. Se cubren con *petasos* los efebos a caballo del friso del Partenón, al igual que Cástor (uno de los Gemelos) y Hermes (Mercurio). El dios se distingue por llevar un par de alitas en el casquete.

Al hablar del tafetán de lino, nos hemos referido a los adornos femeninos para la cabeza que caracterizan la Edad Media, sobre todo en los siglos XIV y XV. Estos tocados adoptaban formas y volúmenes extravagantes en las mujeres de las clases dirigentes, aunque las del pueblo, tanto en la ciudad como en el campo, se limitaban —y lo harían durante mucho tiempo— a llevar sencillos gorros de tela que se ajustaban a la cabeza o se echaban hacia delante para dar sombra al rostro, como aún es el caso de los *quichenottes* de Aunis y Auvernia. También utilizaban un trozo de tela a modo de velo corto, o anudado en la nuca, o encima de la frente. Los ilustradores de las *Très Riches Heures du duc de Berry* o Pieter Bruegel el Viejo nos muestran numerosos ejemplos.

A juzgar por los abundantes documentos medievales, parece que pocas veces se iba con la cabeza descubierta, sobre todo las mujeres. ¿Sería el enfriamiento del clima la causa del gran uso de prendas forradas? La época, muy formalista, apreciaba los signos sociales, y el tocado indicaba, por su importancia, comodidad o posible incomodidad, la importancia de cada persona. Hablamos de la posible incomodidad porque hay que tener en cuenta la existencia de una mentalidad que hacía de la comodidad y la buena calidad, al servicio de una cierta discreción, el privilegio de unos pocos, de los comerciantes burgueses, como la joven pareja Arnolfini del famoso cuadro de Van Eyck (National Gallery). Para otros, los absurdos excesos de las modas efímeras y los gastos que conllevaban era una muestra de su supremacía política: eran los cortesanos. La corte de Borgoña, aún más que los medios señoriales franceses, debilitados por la guerra de los Cien Años, brillaba con todo el esplendor de la economía floreciente de un ducado que no sólo comprendía el norte de la Francia actual, sino lo que hoy es el Benelux, un verdadero centro de negocios de Occidente, generador de considerables ingresos.

Las *Memorias* de Philippe de Commynes expresan muy bien su deslumbramiento ante la gran época borgoñona de 1466: «En aquel tiempo, los súbditos de la casa de Borgoña vivían en la opulencia gracias al largo período de paz de que disfrutaban, y también porque su señor era tan bueno y gentil que no les gravaba con muchos impuestos [...] gastos excesivos, costosos vestidos en abundancia para hombres y mujeres, fiestas y diversiones más suntuosos y opulentos que en ningún otro país del que haya oído hablar.»

En Italia había, asimismo, toda una pléyade de señoríos —otros tantos hogares de lujo— y activas ciudades libres y comerciales, muy sensibles a la influencia de Oriente, de donde extraían sus buenos beneficios. No hay que olvidarse de Roma, recuperada capital de la cristiandad. Italia fue la primera en considerar el vestido como apoyo y expresión de una forma de arte. Los *Grandi* solicitaban a muchos artistas, como Leonardo da Vinci o Pisanello, que crearan trajes.

Los famosos dibujos de Pisanello son los primeros diseños de moda. En ellos, como en la multitud de obras producto de la época, se descubren miles de ejemplos de ricos tocados femeninos y masculinos que tienen, además de la suntuosidad y de la adaptación a las formas puestas de moda por la corte de Borgoña, una elegancia y armonía típicamente italianas. En este sentido, ¿sabía el lector que la palabra inglesa *milliner* (modista), significaba en su origen «milanés»? Los primeros vendedores de moda londinenses vendían cintas, paja de arroz y adornos para la cabeza procedentes de Milán.

En 1477, Carlos el Temerario halló la muerte en el asedio de Nancy, cuando le partieron en dos su hermosa cabeza de oscuros cabellos. Con él se hundió el ducado de Borgoña, pero desde hacía algunos años, la autoridad borgoñona en el terreno de la moda, en particular en el de los tocados extravagantes, había cedido el puesto a la influencia italiana.

Aunque las grandes cofias de las damas del siglo XV —sucesoras de las sencillas tocas de la época gótica y sostenidas por un pañuelo a modo de barboquejo—, eran muy variadas, las que parecen haber marcado en mayor medida la época —debido a que la imaginación popular las atribuía a las hadas— son los altos capirotes que tanto gustaban a Isabel de Baviera en su juventud. Eran «altos como un campanario— *(Crónica de Monstrelet),* pudiendo alcanzar los tres pies de alto (casi un metro); el extremo era puntiagudo y de él pendía un largo velo. La pregunta es: ¿cómo se llamaba este tocado en el siglo XV?

La respuesta que todo el mundo suele dar es: ¡*hennin,* desde luego! ¡Pues no! La palabra *hennin* no figura en ningún texto de la época, por la sencilla razón de que aún no existía, aunque sí el «objeto», claro está. En realidad, no sabemos con qué término se le designaba. Oscar Bloch, en el *Dictionnaire étymologique de la langue française,* publicado en 1932, señala que *hennin* es de origen desconocido y que aparece en 1428, al mismo tiempo que el exagerado tocado. Por otro lado, basta con consultar el *Lexique de l'ancien français* de Godefroy. Todos podemos equivocarnos... Hasta 1556, más de un siglo después, los *Anales de Borgoña* nos informan de lo que afirma Monstrelet, que cita la predicación de un carmelita, el padre Tomás, en la que fulmina a ese *monstrum horrendum* y promete indulgencias a los niños que griten ¡«*al hennin*»!*,* al pasar una dama tocada de este modo. ¿Por qué *«al hennin»?*

Parece cierto que la moda del «hennin», quizá inspirada

en recuerdos de Oriente Próximo y de las mitras de las princesas sirias, fue lanzada por la corte de Borgoña. Ya hemos mencionado su influencia, y aunque la Cruzada, tras el juramento de Faisán, no era más que una palabra sin sentido, en la corte se seguía soñando con fastos exóticos. En buena parte de las posesiones de Felipe el Bueno se hablaba flamenco. Hay un antiguo término holandés, *henninck,* que significa «gallo». ¿Un gallo posado en un campanario, con el que Monstrelet compara el tocado, teniendo en cuenta que el inglés lo define de la misma forma: *steeple head-dren,* adorno para la cabeza en campanario? Obsérvese que el holandés emplea el término *toppenhoed,* tocado elevado, y el alemán bromea: *Zuckehut,* tocado de pan de azúcar. Provenza, Italia y Europa central, como hacían lo que les daba la gana, no tomaron parte en estas extravagancias.

A pesar de las reservas que hemos expresado antes con respecto a Godefroy, es aceptable la descripción que da de «hennin», porque entonces ya existía el término: «Especie de tocado de más de una vara de alto, que adopta la forma de un capirote cubierto de paño de oro, terciopelo, satén, perlas, rematado con joyas, del que pende un velo de muselina ligera...» Y añade: «... o la figura de cuernos cubiertos, asimismo, por un velo».

Los tocados con cuernos no eran, en sentido literal, «hennins». *A posteriori* se les denominará *escoffions,* del italiano *scuffia.* Pero este término, que apareció en el siglo XVI, se aplicaba a las cofias menos extravagantes: «Su cabeza, en aquel hermoso mes, estaba cubierta / de un rico *escoffion* bordado en seda verde», dice Ronsard. ¿Y por qué el *escoffion* de Casandra era más razonable? Porque en la moda del Renacimiento, la cabeza «se llevaba pequeña».

Cuando comenzaron a aparecer los tocados con cuernos, hacia 1380, sólo eran velos ligeros o finos tafetanes aprestados *(huve),* que apenas cubrían la voluminosa disposición de los cabellos ahuecados y rizados a ambos lados de la cabeza, sujetos por redecillas de hilos de oro o de perlas. También podían enrollarse en forma de trenzas alrededor de las orejas, fijos sobre una estructura de latón para dar volumen. Para obtener aún más volumen se recurría a los postizos, lo que provocaba el anatema de los padres de la Iglesia.

En efecto, había engaño, y ya hemos visto que se trataba de una época muy sensible al fraude. Pero a las engañadoras no les importaban las imprecaciones. También se burlaban de los edictos suntuarios, que iban más contra el abuso en el empleo de telas y de pieles de lujo que contra la extravagancia de las formas. Hacia 1418, Juvénal des Ursins describe las pavorosas proporciones que habían adquirido los tocados. No es extraño que desde entonces se denominen «andamios» estos engañosos tocados.

La *huve* cambió de forma, plegándose en grandes alas, en forma de mariposa o avanzando hacia el viento en bauprés, como las velas en el mástil oblicuo de la proa de un barco, en tanto que los tocados engañosos, rellenos de crin bajo hermosos tejidos, podían elevarse aún más y formar dos anchos lóbulos.

Los ejemplos son innumerables, y los adornos tanto más voluminosos y difíciles de llevar cuanto más corpulenta fuera la dama. Las mujeres a su servicio, cuya especialidad era ocuparse de tales construcciones, se llamaban *atourneresses* o *chambrières,* pues estaban en el secreto de la *chambre* [habitación] donde se procedía a estos menesteres. Convertidas en *femmes de chambre* su labor, hasta el siglo pasado, fue no sólo la de ayudar a vestirse a su rica ama, sino la de ordenar sus cabellos y, a veces, cepillárselos durante un buen rato.

En la época de los postizos y falsos tocados, toda la armazón se sujetaba primero en una pequeña cofia heredada del siglo XIII, que ceñía la cabeza desde la raíz del pelo echado hacia atrás y recogido en un moño. La *impla,* que rodeaba el cuello o el mentón, se prendía con alfileres a la cofia. El conjunto se convirtió en el griñón, que las religiosas llevaron durante largo tiempo. Después apareció una moda aún más sorprendente que el volumen de los adornos anteriores. Los cánones antiguos de belleza preconizaban la frente baja por debajo de los cabellos salientes, en tanto que el ideal medieval se inclinaba por el rostro despejado. Hacia 1430 se despejó hasta tal punto que hubo que afeitarse los cabellos muy atrás en la frente y las sienes, y para realzar aún más la blancura, se pasaba una cinta negra, generalmente de terciopelo, por el borde de la cofia...

Commynes escribe sobre Carlos el Temerario: «Era espléndido con el traje y en todo lo demás; en realidad, era demasiado.» De este «demasiado», el duque de Borgoña hizo una demostración en la primavera de 1476 con la horrible masacre de los seiscientos hombres que componían la guarnición del castillo de Grandson, en el lago Neuchâtel, con el pretexto de castigar a los suizos por ayudar a Luis XI. Esta matanza hizo que se amotinaran los dieciocho mil soldados del ejército confederado, quienes se precipitaron hacia los borgoñones y los batieron en retirada, dejando un considerable botín, en el que se halló uno de los maravillosos sombreros de Carlos, olvidado en la desbandada. Era de terciopelo amarillo, hecho a aguja, como se decía, por haber sido cortado sobre un patrón y montado con costuras. Una diadema de oro macizo incrustada de rubíes, zafiros y finas perlas realzaba la parte que ceñía la cabeza. En su época, el no menos famoso sombrero de seda de fabricación italiana de su padre Felipe el Bueno había sido la comidilla de las crónicas, ya que estaba cubierto de lentejuelas de oro y adornado con flores igualmente de oro, realzadas por plumas de aves exóticas. En cierto modo, se trata de un precedente histórico del famoso «sombrero del Zozo», en versión masculina. Los tocados femeninos no llevaban adornos.

## De la caperuza

En la vida corriente se era más modesto. Los hombres, más que sombrero —todavía una novedad en el siglo XV— llevaban caperuza, un tocado de tela; si se era más rico, era de paño o de terciopelo. Para el invierno se forraba de piel más o menos cara.

En sus orígenes, la caperuza, como la de Caperucita Roja, no fue sino la capucha de las capas y abrigos, que se independizó a finales del siglo XII. Al principio fue un largo capirote en forma de *L* invertida, similar a un calcetín, cuyo extremo abierto enmarcaba el rostro. Esta abertura se llamaba *visagière*. Para ponerse la caperuza, se pasaba la cabeza por la parte inferior o *guleron*, que se disponía como el cuello de un vestido. Esta caperuza se denominaba *informé* y, para descubrir el rostro, se echaba hacia atrás o se enrollaba. Así, la caperuza se transformaba en un cuello. Por el contrario, si se quería ocultar el rostro por razones más o menos inconfesables, o para observar el ritual de los funerales de gran pompa y boato, se encabalgaba la caperuza, dejando caer la parte delantera de la *visagière* sobre el rostro.

Este tocado de luto se puede contemplar en las estatuas llorantes de las tumbas de Juan Sin Miedo y Felipe el Intrépido, en Dijon, y su uso se conservó hasta finales del siglo XVII, como testimonian las exequias de Enriqueta de Inglaterra y del rey Luis XIV.

A la punta de la caperuza se le añadiría en el siglo XV una tira cosida, la *cornette, coquille* o *patte,* cuyo extremo colgaba por la espalda o sobre el hombro. Como no siempre era agradable tener el *guleron* alrededor del cuello, a alguien se

le ocurrió la idea de ponerse la caperuza al contrario, con la
*visagière* enrollada sobre sí misma y dejando colgar el *guleron* como la cresta de un gallo, a la que aún se asemejaba
más al seguir la moda de los «cortes al estilo de Alemania».
La *cornette* rodeaba la cabeza como un turbante.

Cada cual disponía el conjunto a su manera, pero pronto se fijó previamente la forma de disponerlo sobre un ligero rodete de mimbre del tamaño de la circunferencia de la
cabeza. Por esta razón, la caperuza podía llamarse también
rodete y se solía caracterizar por el abanico de apretados
pliegues del *guleron* montado como cimera, en tanto que la
*cornette,* con cortes o sin ellos, que había ganado en longitud, se disponía como una bufanda sobre los hombros y el
pecho. El conjunto podía ser muy importante en las personas influyentes.

Pero también se podía llevar la caperuza en otro sitio...
que no fuera la cabeza. Sólo había que caer en la cuenta: y
se puso entonces en el hombro izquierdo. El rodete colgaba por la espalda y la *cornette,* plegada o adornada con flecos servía de contrapeso bajando el pecho, a veces hasta el
suelo. Esta disposición se denominaba liripipes. Esto se ve
muy bien en el donante arrodillado de un cuadro de Petrus
Cristus que se halla en la National Gallery of Art de
Washington. La muceta, un recuerdo de este uso, es característica de la toga de los jueces, abogados y profesores de
universidad: de una anilla que se fija en el hombro siguen
colgando, de forma reducida y estilizada, la *cornette* y el
*guleron,* en la actualidad adornados con armiño (o conejo,
o acrílico).

*El sombrero de fieltro*

La confección del sombrero de fieltro, que se inicia en
Occidente en el siglo XV, alcanza su apogeo en los siglos

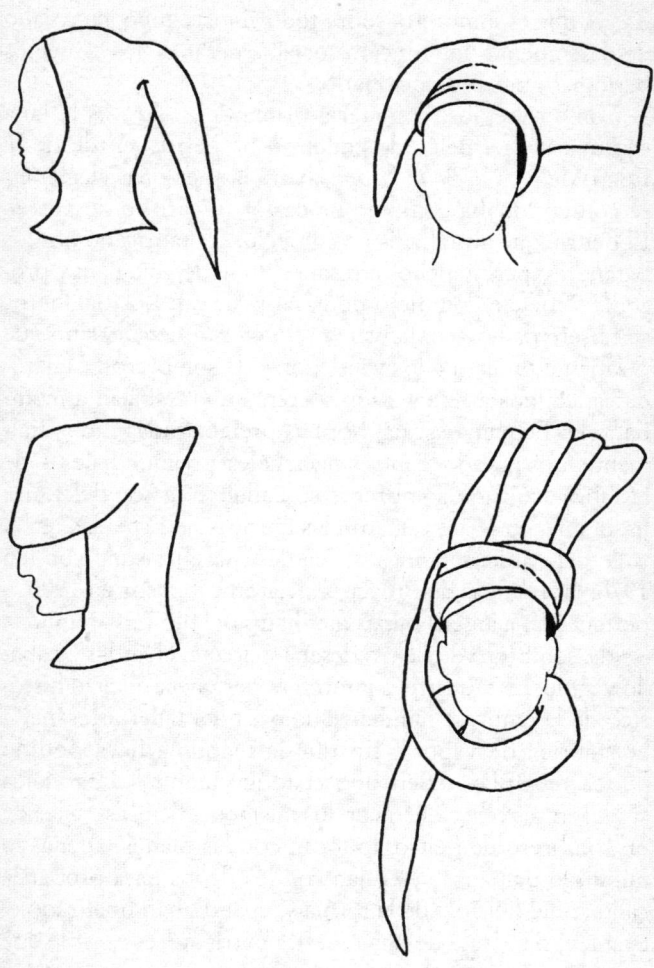

*Dististas formas de utilizar la caperuza.*

XVIII y XIX. En la actualidad ha perdido toda su importancia, ya que el sombrero, sobre todo el masculino, ha dejado de desempeñar una función social, a pesar de los esfuerzos periódicos por promocionarlo.

Como sabemos, la materia prima del fieltro es la lana (de oveja) y el pelo (de conejo o de liebre). Y desde la Edad Media a la *Belle Époque,* para las personas elegantes, se confeccionaba con pelo de castor (bívaro) o de nutria. El fieltro, que gustaba liso o con pelo, era fabricado por los bataneros, pero muchos artesanos no se detenían ahí y procedían al ciclo completo de la fabricación. Los bataneros sombrereros no vendían sus productos al detalle, sino que dejaban esta tarea a los vendedores de sombreros. Hay todavía algunos artesanos sombrereros que trabajan a medida, o en pequeña escala, hormas prefabricadas industrialmente. Los grandes centros nacionales —y mundiales— de la fabricación de sombreros se hallaban al sur del Loira hasta que, en 1956, cerraron las fábricas de Espéraza, en el valle del Aude, seguidas de las de Chazelles-sur-Lyon, en 1976; las fábricas de Provenza dejaron de existir en 1900, y pertenecían a ambas ramas familiares del pintor Cézanne.

«El sombrero de fieltro desapareció con el andar a caballo y a pie. La industria sombrerera pertenece al ciclo histórico de la empresa familiar, que pasa del taller artesanal a la "fábrica de vapor", sin que la máquina haya podido nunca reemplazar del todo el toque manual. Los viejos sombrereros reaccionan con los mismos reflejos: si se les da un sombrero de fieltro, lo tocan con las manos, apenas lo miran, lo palpan, lo estrujan con los dedos para probar la calidad del fieltro y de la forma y, cuando han finalizado el examen, si se trata de una muestra corriente, es posible que te lo devuelvan con cara de asco»[5].

Hasta la época de Enrique II, el sombrero de fieltro tenía que ser flexible y sólo se aprestó a partir de entonces, salvo en el caso de ciertos modelos femeninos. Nuestros últimos sombreros flexibles, sin embargo, reciben algo de apresto y un tratamiento impermeabilizador.

El artesanado y el comercio del sombrero adquirieron rápidamente un considerable impulso a partir de 1450 y, aunque a diferencia de las caperuzas, los sombreros eran más serios —más «clásicos», diríamos— elegir uno era embarazoso debido a la diversidad de modelos: de copa baja, alta, redonda, en forma de cono invertido...; el ala fue generalmente modesta hasta el siglo XVII: lisa o enrollada, alzada, cortada (¡ah, los cortes a la alemana!). Los holandeses recurrían a la fantasía únicamente en las formas de copa profunda que se ensanchaba hacia arriba y que, con el ala que caía, parecía un gran reloj de arena (¿quizá porque el tiempo es oro...?). El retrato del lúgubre comerciante y banquero Giovanni Arnolfini, lúgubre incluso en el día de su boda, momento en que fue inmortalizado, nos demuestra hasta qué punto este sagaz inmigrante se había sacrificado a la moda de su país de acogida. En verano se salía con sombrero de paja, de origen italiano pero del mismo estilo de doble embudo.

El gran sombrero de piel lisa, bordado o guarnecido con trencilla de oro, que lleva Carlos VII en el cuadro de Fouquet del Museo del Louvre podría parecer más bonito que el del banquero italiano si el «muy victorioso rey de Francia» no tuviera la cara de disgusto habitual.

La montera, un sencillo sombrero en forma de campana, elevado en la nuca y apuntando hacia arriba desde la frente, siguiendo una línea más o menos larga, sigue siendo para nosotros el sombrero de Robín de los Bosques y de Guillermo Tell, pues es el que llevaban los cazadores. Es probable que Luis XI, gran cazador, lo llevara, pero la iconografía histórica lo suele representar con un sombrero de ala estrecha y baja (por ejemplo, en el medallón de la Biblioteca Nacional). En el busto de piedra caliza procedente de Toul, que ahora se encuentra en el Art Institute de Chicago, aparece con un birrete con rodete de piel y ceñido con la corona. Por debajo, se observa una caperuza *informé*. Cuando hacía frío, el soberano, al igual que los demás, «se tocaba con un gorro de lana y, encima, con un sombrero de ala ancha que lo protegía del agua como una tienda»[6]. No importa, ya que su imagen se popularizará en el siglo XIX, gracias a los ilustradores de Walter Scott *(Quentin Durward),* con montera, un sombrero sin corona, pero rodeado de rosarios y medallas bendecidas con la efigie de Notre-Dame de Cléry, un verdadero altar portátil que la Araña Universal ponía sobre el reclinatorio y ante el cual, de rodillas, rezaba sus oraciones varias veces al día.

Inspirado en la moda española —España posee entonces la mitad de Europa—, el birrete es el tocado masculino preferido en el Renacimiento. En Francia se solía inclinar hacia la izquierda, al contrario que en España, puede que de forma deliberada. Hacía importantes a los intelectuales, como Erasmo, y sigue siendo el tocado de los jueces, abogados y profesores de universidad (en el Palacio de Justicia, los buzones numerados de los abogados siguen llamándose «birretes», porque antaño se dejaban los mensajes debajo de los birretes colocados en los estantes de los vestuarios). Los birretes elegantes se guarnecían con perlas, joyas, pasamanería o con un penacho de plumas. De piel, al estilo eslavo, resultan cómodos y favorecedores en invierno, ahora al igual que hace siglos.

Los sombreros de los Valois procedían del mismo principio que el birrete, aunque con algunas variaciones: eran muy planos o de copa alta con ala estrecha. El fieltro aprestado les confería cierta rigidez y pueden considerarse el antecedente del bombín, una versión del «cronstadt» de 1890. Desde comienzos de ese siglo, el bombín es uno de los encantos de los *gentlemen* de la City, aunque al principio, debido a que lo usaban los *cokneys,* la buena sociedad lo encontró algo desaliñado. La historia del vestido es como un plasma telúrico del que se escapan las burbujas de la moda. Al estallar y caer se dispersan en la corriente, pero se vuelven a concentrar de forma periódica aquí y allá, a merced del torbellino de los acontecimientos.

Tenemos un ejemplo en los pintorescos sombreros hongo de los bolivianos, que no hay que considerar un recuerdo de los conquistadores contemporáneos de los Valois, pues tienen un origen mucho más reciente. En la Primera Guerra Mundial, un comerciante que no había podido dar salida en Inglaterra a unas existencias de bombines, logró desembarazarse de ellas enviándolas al otro extremo del mundo, en este caso al mercado de La Paz. El éxito que tuvieron entre las damas de aquellas tierras fue tal que posteriormente se convertiría en el sombrero nacional, o casi, pues, para singularizarse y señalar su situación geográfica, los indios del Altiplano prefieren una especie de sombrero de copa majestuoso, quizá una transformación del sombrero español.

El sombrero de Enrique IV ya era de copa, confeccionado con terciopelo o felpa y con penacho (el famoso penacho blanco —real— de la batalla de Arques sólo sobresalía del casco del rey). Como a Enrique IV le gustaban mucho las damas, a éstas les complacía copiar su sombrero, que adornaban no sólo con plumas, sino también con joyas.

Hecho de fieltro, se convirtió en el gran sombrero al estilo de los mosqueteros de Luis XIII, de origen sueco, que se llevaba sesgado con desenvoltura para equilibrar el penacho de plumas de avestruz que lo adornaba. La altura de la copa disminuyó con Luis XIV, en tanto que el ala, al levantarse sobre la frente, iniciaba el movimiento hacia el tricornio (llamado «a la suiza») de finales del Siglo de las Luces y hacia el bicornio militar. Los petimetres de la época del Directorio lo convirtieron en una prenda irrisoria en forma de enorme media luna, pero recuperó su vocación y pasó a adornar la cabeza de los jefes del orden establecido y del ejército.

En el siglo XVII fue muy importante el uso del sombrero masculino en los salones y en la calle. No para cubrirse; sino para descubrirse, pues servía fundamentalmente para saludar, ya que ese ampuloso gesto distinguía a los hombres de calidad. Y en vez de cubrirse y descubrirse sin cesar en medio de una lluvia de polvos de la peluca, se prefería llevarlo debajo del brazo, hasta tal punto que el sombrero se atrofió y devino *sombrero-brazo,* desprovisto de copa y destinado únicamente a saludar. Lo mismo le había sucedido a la caperuza en el siglo XV.

El sombrero de castor, o mejor dicho, de fieltro de castor, al ser muy caro, servía de punto de referencia para los banqueros, que participaban en los beneficios de las compañías que se dedicaban al exterminio de estos animales en Canadá. Costaba tan caro que, para aparentar, se prefería pagar la mitad por la mitad de un castor, una ingeniosa falsificación conseguida pegando el valioso pelo sobre fieltro ordinario, práctica que sería legalizada en 1734.


## La vendedora de moda

El final del siglo XVIII fue también el fin del mundo. Antes de iniciarse un nuevo capítulo, suele suceder que la Historia ilustra el que termina con una moda extravagante, como si quisiera adecuar el vestido a los acontecimientos. La expresión más evidente de la moda se observa en los sombreros femeninos, no en vano los especialistas recibieron el nombre de modistas, o de vendedores de moda. El sombrero, el artículo más efímero de todo el «imperio de los efímero», aunque el más significativo, el sombrero, decíamos —o, por el contrario, su cuasi ausencia, como en el caso de los romanos— suele expresar lo que se tiene en la cabeza o lo que se quiere demostrar. Ya hemos constatado que todo tocado es una forma de identificarse, cuando no un símbolo.

La pobre María Antonieta y sus amigas pagaron muy caro (¡precisamente siendo decapitadas!) el aire que tenían en el cerebro y que inflaba los tocados más desmesurados y sin sentido jamás vistos. Como los dinosaurios, cuya monstruosidad, que se adaptaba mal a la evolución de las especies, probablemente provocó su desaparición.

Volvemos a encontrar el gusto por lo enorme en la Restauración, aunque sólo será un breve recuerdo, y en la *Belle Époque,* bella para una parte de la población, pero, en cualquier caso, una época tras la que casi nada será como antes, en espera de los prolegómenos del nuevo milenio. Durante la ocupación de 1940-1944 se asiste a un resurgimiento de los más sorprendentes sombreros, pero aquí se trata de un juego, el único que podían permitirse en ese doloroso tiempo. Una fronda para olvidar la miseria moral y material, para presumir. Asimismo, un desafío a las restricciones, ya que no se necesitaba tela —racionada— para su confección. Un sombrero femenino se puede fabricar con cualquier cosa —se han llegado a ver de papel de periódico arrugado o de virutas de madera—, siempre que el modista tenga talento o inspiración, dos dones que no se podían racionar.

Si los sombreros del siglo XVI eran desmesurados únicamente por su forma, los del reinado del Luis XVI conjugaban la extravagancia de sus adornos heteróclitos y voluminosos con enormes cantidades de pelo más o menos falso y abundantemente empolvado con almidón (en Temple, la reina no necesitó polvos, pues sus cabellos se volvieron blancos en una noche. ¿Era una señal del destino?).

Decíamos que un sombrero se hace con cualquier cosa. La elegancia de los sombreros anteriores a la Revolución se basaba en el bazar con que los adornaban, combinaciones teatrales de elementos inspirados en la crónica de sucesos o en acontecimientos que daban que hablar. Si una semana no pasaba nada, se llevaba en la cabeza la historia personal, como sucedía con el *pouf au sentiment,* en el que había, además de flores, cintas y plumas, una colección de objetos que para la que lo llevaba tenían un valor sentimental. Ser elegante exigía cambiar cada día de adorno, que era imitado por otras también durante unas horas. La condesa de Matignon pagaba 24.000 libras al año por el placer de disponer de un tocado diferente para cada día, salido de las manos del inimitable Gaulard, en tanto que el salario medio anual de un tejedor no llegaba a las 150 libras.

La lista de nombres parece tan interminable como el talento de sus creadores. Entre los sombreros que ha pasado a las crónicas, no podemos resistirnos a citar el *«tocado a la insurgente»* (en honor de la independencia americana) con piel de serpiente «muy bien imitada» (!). Gracias a una maqueta de fragata con todas las velas desplegadas, la *Belle Poule* conmemoraba una victoria naval. Si se quería destacar en las demostraciones a favor de los americanos, se llevaba el *«sombrero a la granada»,* en el que frutas, hojas y ramas, mezcladas con plumas de avestruz y cintas, rodeaban una enorme copa para celebrar, sin duda, la conquista de la isla de Granada por los franceses. El *«tocado a la arpía»* estuvo en todas las cabezas durante varios días con motivo del descubrimiento de un monstruo en Chile. Pero María Antonieta pudo también entregarse a la poesía y al amor a la naturaleza con el *«jardín inglés»* (praderas, riachuelos, colinas), en el que ampollas llenas de agua conservaban las flores frescas. En 1773 se llevó el *«cometa»* (de Halley)...

Y los *birretes,* enormes, cuyos adornos procedían de la lencería. Pliegues, frunces, encajes, cintas montadas sobre armazones de latón y ya estaba: el *birrete «a la nueva campesina»,* de 1786. El blanco y lo «rústico» causaban furor. En cuanto al *birrete «a la caja de ahorros»* —¿lo adivina el lector?— no tenía fondo *. Pero el colmo de la imbecilidad se alcanzó con el *birrete a la revuelta,* con el que todas las locas de la corte evocaban el asalto a las panaderías parisinas durante la hambruna. El «que coman *brioche*» se halla en la misma línea de total inconsciencia más que de ignomimia. Pero el pueblo no olvidaría. Mientras tanto, la emperatriz María Teresa se preocupaba por su hija: «Vuestra felicidad podría cambiar mucho; os estáis precipitando por culpa vuestra en la mayor de las desgracias...», escribe, y furiosa contra las «plumachas», devuelve a María Antonieta un retrato que ésta había mandado a Viena en el que aparecía con el famoso tocado a la *Minerva:* «No me ha parecido el retrato de una reina de Francia, sino el de una actriz.» El embajador Mercy intentó explicarle que «la reina se limita a seguir la moda general», pero María Teresa sabía muy bien que era justamente lo contrario. Y refunfuñaba: «Una reina joven y hermosa no tiene necesidad de esas locuras».

No hay que pensar que estos sombreros sólo se confeccionaban en Francia. Toda Europa —salvo la emperatriz María Teresa— se hallaba presa de «esas locuras». ¡Qué ocasión para los caricaturistas! Sólo tenían que mirar a su alrededor... y allí estaba María Antonieta, tocada a la Minerva con diez plumas de avestruz de un metro de alto, sin poder entrar en su carroza para ir al baile. Por eso hubo que concebir mecanismos para desplegar o bajar a voluntad los tinglados que se llevaban en la cabeza, lo que dio como resultado el *tocado a la abuela,* que desaparecía cuando una vieja dama retrógrada entraba en un salón. Otra maquinaria permitió a la duquesa de Lauzun enarbolar un paisaje en relieve con un molino de viento, agua corriendo y escenas pastorales animadas al estilo de Vaucanson.

---

* Juego de palabras con el doble significado de la palabra *fond:* copa de sombrero y fondo. (*N. de la T.*).

En realidad, en esta mascarada —pues de eso se trata— se asiste a un fenómeno totalmente nuevo, a un hito en la historia del vestido. Al mismo tiempo que Turgot fracasaba en su intento de que los artesanos y comerciantes aceptaran su edicto de abolición de los gremios —abolición que pronto impondría la Revolución—, una parte de los trabajadores de la mercería constituía un nuevo oficio independiente: el de vendedor o vendedora de moda o modista. «La vendedora de moda, al crear los accesorios, al imprimir la gracia, al obtener un pliegue feliz, es la arquitecta y la decoradora (del vestido) por excelencia» [7].

En sus orígenes, la vendedora de moda vendía todos los accesorios que personalizaban los vestidos confeccionados por sastres y costureras (cada uno su oficio): encajes, cintas, flores de seda, plumas y, sobre todo, birretes, sombreros, etc. Sus proveedores fabricaban dichos accesorios cuando ella los elegía o solicitaba. No sólo desempeñaba la función de detallista, sino también la de estilista en el sentido actual del término. La modista creaba un estilo de accesorios y, posteriormente, pasó a crear vestidos, con zapatos y sombreros que los completaban, confeccionados por los talleres que trabajaban para ella siguiendo sus ideas. Es lo que con tanta razón afirma Louis-Sébastien Mercier, que añadía, a pesar de conocer la respuesta: «¿Quién sabe de qué cabeza femenina salió la fecunda idea que cambió todos los sombreros de Europa?»

Esta sagaz cabeza no fue la de una reina, ni la de una princesa o dama de la corte, que se limitaban a ceder a la tentación y a comprar de forma frenética. Esta sagaz cabeza fue la de Rose Bertin, que manipuló —el término no es demasiado fuerte— completamente a María Antonieta, desde el momento en que Madame de Lamballe y Madame de Chartres, primeras grandes clientas providenciales de la modista, se la presentaron, tan pronto como terminó el corto luto por Luis XV. La delfina, totalmente estupefacta ante su nuevo papel de soberana, fue presa fácil de la fascinación.

Contrariamente a lo que establecía la etiqueta, la reina quiso no sólo recibir inmediatamente a la Srta. Bertin en la intimidad, como a su sombrerero, el inefable Léonard (que se dio a sí mismo el apodo de «el fisonomista»), sino que, sobre todo, insistió de forma tajante en que estos artistas continuaran vistiendo a su clientela parisina «por miedo a que se volvieran provincianos en contacto con los *siglos* de Versalles» (A. Castelot) [8]. Los *siglos* eran las viejas damas de la corte, las de más de treinta años. Para Bertin fue el negocio de su vida: ¡proveedora de Su Majestad! Su clientela, hasta entonces reducida, al día siguiente se agolpaba ante su puerta.

La vendedora de moda, la divina Mademoiselle Bertin, adquiere «sobre María Antonieta más poder que todos sus ministros, siempre sustituibles, en tanto que ella era incomparable y única. A pesar de provenir de la clase obrera y de ser una antigua costurera, vulgar, altanera, que se abre paso a codazos y de tener modales más ordinarios que refinados, esta maestra de la alta costura tiene a la reina absolutamente embrujada [...]. Como es natural, la vendedora de moda, en tanto que mujer de negocios, explota ampliamente su triunfo. Después de obligar a María Antonieta a los gastos más costosos, hace contribuir a toda la corte y la nobleza» [9]. La ocasión hace al ladrón, por lo que no es exagerado creer que Rose Bertin produjera el viento de locura que se desencadenó en la vanidosa corte de Versalles. Vanidosa, envidiosa y celosa, porque aunque todas las damas siguen las extravagancias de su soberana, mejor dicho, las preceden, en realidad, y salvo algunas amigas íntimas, detestan a la austríaca. El pueblo también la aborrece, pues no puede tomar este derroche más que como una provocación y un insulto a la miseria, a pesar de que hubiera puesto en marcha cierto comercio y a pesar de que

María Antonieta no veía más allá de sus narices. La historia se volvería a repetir con el proveedor de Josefina, a pesar de que Napoleón, hasta cierto punto, supo limitar mejor sus gastos que Luis XVI y de que la criolla no tuvo más enemigos que sus cuñadas. El inventario del guardarropa de la emperatriz contenía, en 1809, 673 vestidos y 250 sombreros, «necesarios» para un año de elegancia [10]. Leroy, otro pillo sagaz, sucedió a Rose Bertin en el gobierno de la moda. Madame Campan fue testigo imparcial de ambas épocas. El emperador le confió la Casa de Educación de la Legión de Honor y había sido la secretaria de María Antonieta: «La reina fue, como es natural, imitada por todas las mujeres. Querían tener al instante el mismo sombrero que la reina, llevar las plumas y guirnaldas a las que su belleza, a la sazón en todo su esplendor, daba un encanto infinito. Los gastos de las jóvenes aumentaron enormemente; las madres y los maridos murmuraban; algunas atolondradas contrajeron deudas; hubo desagradables escenas familiares y muchas parejas se enfriaron o riñeron. Y el rumor general era que la reina arruinaría a todas las damas francesas.»

Rose Bertin tenía entonces una floreciente tienda en la Rue Saint-Honoré. Sí, ya la Rue Saint-Honoré era, como lo sería el *faubourg,* «la quintaesencia de la urbanidad», según Restif de La Bretonne, que veía aproximarse una revolución. No la de 1789, con R mayúscula, sino la «nueva revolución del vestir femenino, debido al gusto exquisito de una adorada princesa» [11]. ¿Adorada? El insomne autor de *Nuits* soñaba despierto.

En sus inicios vendedora de moda, Rose Bertin pasó de la venta de sombreros a la gestión de la moda y, después, a su creación. «Tratando de igual a igual a las princesas» (Madame d'Oberkirch, otra testigo de la época), será la primera de una serie de profesionales con capacidad de decisión, en un contexto totalmente nuevo de la moda, desde entonces tributaria del diseño cuando no había sido más que un «dispositivo social» (Lipovetsky) sometido al capricho de los usuarios. Pero la puesta en funcionamiento de este nuevo «sistema de moda» sólo se llevará a cabo realmente en nuestros días. Por otra parte, quizá sea efímero y volvamos al punto de partida, y la autocracia de la elegancia destinada a unos cuantos afortunados tenga que contar con el dirigismo de la rentabilidad, frente al consumo masivo. Cada vez quedan menos princesas.

Después de Rose Bertin, aparece en el firmamento de la moda, justo antes de la coronación de Napoleón, Leroy, al que ya nos hemos referido, un antiguo vendedor de telas que se había asociado con una tal Madame Raimbault cuando ésta recibió la oferta de confeccionar los vestidos de Josefina. Si Bertin era una arpía, Leroy era un canalla. Pronto se apropiaría del dinero de Madame Raimbault, de su material, sus talleres, patrones, modelos exclusivos, obreras y, desde luego, de su clientela. Como no sabía coser ni diseñar, contrató a «negros» importantes, entre ellos a los pintores Debucourt y Carle Vernet (padre de Horacio), que fueron los primeros ilustradores de la primera revista de modas: el *Journal des dames et de la mode.* Para los sombreros (entre ellos, los 250 de Josefina), recurrió a Isabey, pero lo hizo de modo oficial, pues, por deseo del emperador, el pintor fue el autor de la mayor parte de los trajes de la corte y, sobre todo, de los «birretes oficiales». A veces se atribuye este cometido a David, pero éste se limitó a inmortalizar los trajes en sus cuadros.

París era considerada desde hacía dos siglos el faro de la costura con *C* mayúscula, el sombrero, que daba elegancia y perfección a la moda, se había convertido en sinónimo de París. ¿No se dice «un sombrero muy parisino?» Pero la gran modista especializada en sombreros no aparecerá hasta finales del Segundo Imperio. Se trata de Caroline Reboux, cuya firma durará hasta la última posguerra. Con ella, el Gotha de la alta costura reúne muchos nombres prestigiosos durante la primera mitad de este siglo; en primer lugar, Vinot, que fue modisto de Cléo de Mérode; Gabrielle, que dejó la espartería y perdió su apellido para convertirse en Chanel; Lewis, Jeanne Blanchot, Svend, Simone Cange, Maud y Nano, Jeanne Lemonnier, Albouy, Gilbert Orcel, Claude Saint-Cyr, Suzanne Talbot, Rose Valois, Janette... Todas estas casas han desaparecido. La última, la famosa Paulette, Madame Paulette, que creó para las colecciones de los grandes modistos, para algunos «fieles» (el término es suyo), para mujeres famosas, artistas, esposas de hombres de Estado... murió con más de ochenta años en 1983, y, con ella, su firma de la Avenida Franklin-Roosevelt.

En la actualidad siguen trabajando Janine Montel y Michel, desconocidos para el gran público, pero sin los que una colección de alta costura es impresentable. Y Jean Barthet, el último gran señor, quizá más sombrerero que modisto. En esta línea —¡pero qué línea!—, Jean Charles Brosseau hace un *prêt-à-porter* (boinas «garbo», sombreros de campana o *bobs*), poco complicado, pero tan estimulante que suscita deseos irresistibles en las tiendas y los grandes almacenes. Puede que gracias a ellos, a pesar de lo que se diga, se hayan vendido en los últimos años ochenta una media de 2.700.000 sombreros. Como dice la Cámara Sindical, la profesión se siente optimista.

# Recojamos el guante

El guante, más que un accesorio, es una prenda de vestir cuya importancia no se valora en la actualidad, cuando su uso tiende a disminuir —como el del sombrero—, salvo cuando hace mucho frío. O para algunas grandes ocasiones, cuando no nos agobian demasiados compromisos sociales.

En efecto, el guante viste la mano. Con el uso, la mano acaba dándole la forma que le es propia; el guante de una persona fallecida, si no se guarda plano y apretado, parece durante mucho tiempo habitado por una mano fantasma y produce una gran impresión. El simbolismo y el lenguaje del guante proceden de la mano, del poder que representa, de la protección que proporciona... Pero asimismo, el guante protege la mano y la refuerza. La protege de la intemperie y la aísla del contacto directo de lo impuro, de lo peligroso, que son cosas que hay que coger con guantes.

Llevar guantes desempeña una función en la liturgia católica o en el ritual masónico: para aquélla significa investidura; para éste, iniciación. El color tiene un significado: es blanco para el Papa y los masones, como signo de pureza. Según J. Boucher, de la punta de los dedos emana un magnetismo real, y las manos enguantadas de blanco sólo dejan filtrar lo que en él hay de benéfico. Hay que observar que las órdenes religiosas sólo consideran el guante como símbolo de trabajo. Los guantes rojos designan a los cardenales y a los jueces supremos; el violeta, a los obispos. El verdugo lleva guantes negros.

Guantes rojos figuraban en el blasón del Sacro Imperio romano; los violetas tomaban parte en la coronación de los reyes de Francia. Violetas como el traje del nuevo soberano, que llevaba luto por su predecesor. Cortados en tela o punto de seda, el monarca se los ponía después de haber recibido la unción, para que se impregnaran también de aceite sagrado.

Para que nadie se apoderara de ellos después y, al ponérselos, recibiera el poder divino/mágico de que se hallaban revestidos, se quemaban tras la coronación y se esparcían las cenizas.

Quitarse los guantes cuando se es recibido por alguien es un gesto de cortesía que tiene su origen en una costumbre medieval. Entonces significaba que uno se presentaba desarmado, con las manos desnudas, de modo confiado. En nuestros días, la más elemental educación recomienda quitarse el guante para dar la mano al interlocutor. Y en la época encantadora en que los hombres besaban la mano a las mujeres (o hacían como si...), había que tendérsela sin guante, con la palma hacia abajo y ligeramente doblada, y los labios se posaban en el nacimiento del puño (o se aproximaban a él). Besar la mano en el interior del puño era señal de una tierna primacía, sobre todo si el caballero echaba hacia atrás el guante que la señora no se había quitado.

Hasta los años sesenta de este siglo, las personas «como

es debido» nunca salían a la calle sin guantes, acción en la que se conjugaban la elegancia y una excelente profilaxis. Antes de la II Guerra Mundial y justo hasta después de ella, las niñeras de los hijos de familias distinguidas sólo les autorizaban a hacer flanes de arena en el parque Monceau (u otros jardines selectos) si llevaban guantes blancos. Lo sé porque yo estuve allí. Cuando finalizaban los juegos, nos poníamos un par limpio para volver a casa con dignidad, con los dedos de las manitas bien separados, semejantes a rollizas margaritas. Incluso los bebés, desde que se podían sentar en el cochecito, eran sacrificados a esta elegancia.

Cuando las buenas familias disponían de un servicio doméstico importante, parte de él trabajaba con guantes blancos: los lacayos, para recibir a las visitas y coger sus efectos personales, llevar las tarjetas de visita y el correo en la bandeja de plata, ponerse detrás de los invitados durante la comida y, sobre todo, para servir la mesa. La invención de los guantes para las labores domésticas, de caucho delgado, no sustituyó a las criadas, pero siguen siendo muy útiles para mantener la pintura de uñas y lavar los platos.

Hay toda una gama de guantes de trabajo (de caucho fuerte, de tela cauchatada, de cuero o de tejido de amianto), que generalmente la legislación laboral hace obligatorios. Sólo los guantes de cirujano son de una finura tal que no disminuyen el sentido del tacto ni la destreza de quien los usa.

En deportes como el boxeo, el béisbol, el hockey, etc., se requieren guantes especiales, muy reforzados. Salvo los mensajeros, casi nadie usa guantes de conducir abotonados en la parte superior del puño, que dejan libre la articulación de la primera falange. Los esquiadores protegen sus manos con guantes sintéticos, no tan aislantes como los de los astronautas, pero casi.

Los primeros guantes de cuero con dedos son quizá contemporáneos de los de la vigésimo primera dinastía (mil años antes de nuestra era); se han hallado en las pirámides y servían para tirar con arco, en tanto que los guantes de piel, sin dedos ni pulgares, provienen de tumbas paleolíticas rusas. Los protoinuits sabían muy bien confeccionar manoplas, como testimonian las momias congeladas en el hielo.

Se duda de que los guantes egipcios sólo tuvieran un uso deportivo, ya que las mujeres elegantes —como más tarde las ricas romanas— llevaban guantes en las comidas, para protegerse de los platos grasientos y muy calientes, pues comían sin cubiertos. Desde la Antigüedad, y a lo largo de muchos siglos, los trabajadores expuestos al fuego se protegieron de este modo.

Algunas estatuas de guerreros persas atestiguan que este pueblo conocía los guantes, que también aparecen en los soldados griegos o romanos de la columna de Trajano. Puede que la parte superior fuera de metal, como los *guanteletes* de los guerreros medievales. Los cazadores con halcón y los tiradores con arco se protegían las manos —la derecha, los arqueros; la izquierda, los halconeros— con un guante de fuerte cuero de ciervo o de piel... de perro.

Los guantes de los soberanos o de los altos dignatarios civiles y religiosos de la época medieval estaban tan cargados de símbolos como ricamente ornamentados. Sobre una piel extremadamente fina, la *cabritilla* (piel de cordero, de cabrito o de gamo), piedras preciosas realzaban aún más suntuosos bordados de oro y seda. Una bonita pérdida cuando se arrojaba el guante delante del que se quería desafiar y éste lo recogía para indicar que aceptaba el desafío. Como las leyes suntuarias trataban de reservar únicamente para los nobles el empleo de guantes adornados con joyas, en los siglos XV y XVI se cortaba la parte superior de los dedos para que se pudieran ver los anillos.

Durante el Renacimiento aparecieron los guantes perfumados, que tanto gustaban a Catalina de Médicis y originarios, como ella, de Italia. De modo que los perfumistas eran también guanteros. Puede que los guantes envenenados de esta época formen parte de la leyenda. *Ma chi lo sa?*

Hacia finales del siglo XV, los guantes de *crispins* (derivados del nombre de Crispino, el criado gracioso de la comedia italiana) se prolongaban en manguitos que cubrían la muñeca e incluso el antebrazo, generalmente con forma de embudo más o menos exagerada. Se adornaban con bordados o flecos. Se volvieron a poner de moda de forma periódica, pero después del reinado de Luis XIV sólo para la moda femenina. Este tipo de guantes son los que llevan quienes practican esgrima y los motoristas de la policía.

Una moda inglesa particularmente idiota, a comienzos del siglo XVII, durante el reinado de Carlos I, fue la de los guantes de hombre con los dedos muy largos rellenos en la punta.

El guante de punto apareció al mismo tiempo que las medias de punto, porque se hacían con cuatro agujas. Los primeros mitones del siglo XVII fueron también de punto, aunque después se hicieron de terciopelo bordado para las mujeres, con la parte superior de la mano prolongándose en punta sobre el dedo corazón. Desde el Directorio hasta el final del Segundo Imperio, las damas llevaron mitones de encaje o de red, de seda, de filadoz (adúcar) o de hilo, que permitían que los anillos se vieran. Se llevaban incluso en el hogar. Al tiempo que se descubrían ampliamente los hombros a partir de 1840, los usos sociales —véase el protocolo de diversas cortes— exigían que la mano de una mujer de buena sociedad estuviera cubierta en todo momento, aunque sólo fuera para indicar que no hacía nada con sus diez dedos salvo agitar el pañuelo o el abanico. Ni que decir tiene que, como en el caso del pie o de la cintura, se erotizaba la mano.

La emperatriz María Luisa demostró una auténtica pasión por los guantes. Es cierto que estaba orgullosa de sus

manos, muy pequeñas y finas. A pesar de que se la consideraraba ahorradora comparándola con a Josefina, durante los
primeros trescientos sesenta y cinco días de su matrimonio,
encargó como mínimo mil seiscientos noventa y tres pares
distintos. Puede que el ahorro consistiera en los siete pares
que faltaban para llegar a los mil ochocientos. Por
Navidad, adquirió seiscientos noventa y tres para completar la cifra. A esto le llamaba Napoleón «imponerse privaciones para no tener deudas» y la felcilitó [1]. Mientras María
Luisa permaneció en las Tullerías, no dejó que la azafata
de palacio hiciera los encargos: «Los superfinos, largos,
blancos o de color, a 4,50 francos; los menos largos, a 4
francos; los amadís [2] de piel de reno, a 9 francos; los de piel
de alce, a 7,50 francos, forrados de reno a 6 francos; los
amadís blancos o de color a 2,50 francos y los guantes de
piel de cabrito, a 4 francos...». Los guantes se llevaban una
sola vez y se ponían con mucho esfuerzo para que ajustaran perfectamente.

Los amadís llegaban hasta la parte superior del brazo,
como si fueran mangas. La moda de los guantes muy largos
duró más de cien años para los vestidos de baile, quizá
para compensar la desnudez de los hombros y disimular lo
que traiciona sin piedad a una mujer: los brazos. Si una
mujer necesitaba quitarse los guantes momentáneamente,
desabrochaba la abertura en la parte interna de la muñeca
y pasaba la mano a través de ella. Los minúsculos botones,
generalmente de nácar, se fijaban mediante una fina lengüeta de piel, para no desgarrar el material como haría el
hilo, incluso el especial «hilo de guante», del grosor de un
cabello. Los largos guantes negros de Yvette Guilbert forman parte del personaje de la cantante inmortalizada por
Toulouse-Lautrec, en tanto los guantes de baile eran blancos, de delicada piel de cabritilla o de ante, aunque también se empleaban el satén, el *gros-grain,* el terciopelo y el
chantilly.

La industria del guante sigue siendo una especialidad francesa e italiana, debido a la habilidad de los obreros, a la calidad del curtido y de las pieles empleadas, procedentes en su mayor parte de la ganadería local. Pero productos extranjeros a bajo precio invaden un mercado que se restringe de año en año. La producción francesa de guantes de vestir y de protección fue, en 1987, de 25.064.732 pares. Las estadísticas de 1986 habían anunciado un volumen de beneficios libres de impuestos de 524 millones de francos, obtenidos por 2.648 personas, de las cuales 600 trabajaban en sus casas para 350 empresas.

Las primeras pruebas de la existencia de este artesanado se hallan en la región de Millau, a partir del siglo XIV. Se constituyeron gremios en 1342 en lugares donde se practicaba la cría intensiva de cabras y ovejas, ya que las pieles más finas proceden de los corderos y los cabritos y se necesita un agua muy pura para el curtido. La de los ríos Causses y del sur de Champagne tiene una calidad incomparable.

Pero se utilizan mucho otras pieles, debido a la gran diversificación de la demanda, desde los guantes para vestir hasta los guantes para el deporte: ternera, corzo, reno, antílope (que se denomina «ante» de forma incorrecta), foca, perro (sí, en China), pavo (que en el Renacimiento se denominaba cuero de gallina), avestruz, pecarí... Incluso hay guantes de piel de pingüino. En la actualidad, las imitaciones de piel en tejido sintético y extensible, muy notables, parecen apuntar a lo que será la industria de los guantes del futuro si no se consigue salvar una profesión semiartesanal que está muriendo.

Los numerosos impuestos perjudican a esta industria que es esencialmente de mano de obra (60% del precio de venta). Forrado o no con tela de punto de seda, el guante de lujo, cortado a mano con tijeras, puede también coserse a mano en nuestros días, aunque las máquinas intervienen desde 1872. Hay que subrayar el hecho excepcional de que el patrón del guante no haya cambiado con el paso de los siglos, salvo en detalles como su longitud. Los guantes fabricados en serie se cortan con láser, se cosen de forma automática... No hay que olvidar los guantes de tejido de punto y acrílico, que son una salida para la industria de los géneros de punto, ni los guantes de lana y los guantes de cuero y de punto en los que intervienen varias industrias. Y los guantes de encaje de ganchillo llamado de Irlanda, que son la especialidad de las mujeres de Bretaña.

# ¿Hay que envolver a su bebé?

En un folletín televisivo, un padre canadiense francófono del siglo pasado atravesaba el bosque con un cuévano a la espalda en el que dormía su hijo, colocado entre pieles. Los lobos le atacan y sólo tiene que colgar el saco con el bebé de una rama alta antes de enfrentarse a ellos. No hace mucho tiempo que, en nuestros campos, las madres suspendían así a sus bebés mientras recogían la cosecha. Incluso en la granja, el pequeño, colgado de una escarpia de la pared o de una viga, no tenía nada que temer a los gatos, los perros o las gallinas que compartían el techo con los campesinos.

En Checoslovaquia se llevaba al bebé en una hamaca en miniatura de tela obligatoriamente tejida en el hogar —como toda la ropa blanca—, que se doblaba como un capazo, con los extremos como asas, o se convertía en una especie de mochila colocada en los hombros de la madre, que metía los brazos por cada extremo. Los búlgaros confeccionaban la hamaca con una cálida manta de lana de diversos colores, asimismo de artesanía doméstica, que se colgaba del techo. En las Indias, el niño se transportaba —y se sigue transportando— en un hatillo hecho con un antiguo taparrabos o con un sari sólido y doblado dos veces, que se colgaba donde fuera menester. Los bebés de los indios americanos se atan a la espalda de la madre mediante un juego de correas de piel fina. De este modo, cuando los cuelgan de la rama de un árbol, pueden patalear a su antojo como en un balancín. La mayor parte de las madres —como sucede también, siguiendo la misma tradición, en Asia y África—, no se separan nunca de su hijo cuando tienen que trabajar en el campo o en el hogar, llevándolo a cuestas en la espalda (en Madagascar se dice *à babena*). Va sentado en el arco de las nalgas maternas, sostenido por una banda de tela o un taparrabos que la madre se ata por encima del pecho. Las mujeres elegantes llevan el taparrabos a juego con su vestido. Los pequeños etíopes disfrutan de un saco de cuero con dos agujeros por donde meten las piernas, y que su madre limpia con un puñado de hierbas cuando es necesario.

Las mujeres laponas y esquimales meten al bebé, completamente desnudo, en un saco de piel que llevan a la espalda, entre la piel y el anorak, también de piel. Puedo asegurar al lector que un recién nacido nunca coge frío en el círculo polar. El bebé japonés, en cambio, lejos de ir desnudo en la espalda de su madre, va abrigado con un kimono multicolor forrado de algodón; su madre lo sostiene sobre el pecho mediante tiras de gruesa seda entrecruzadas. Un abrigo o un kimono, según la estación, cubre a ambas generaciones.

En realidad, en todo el mundo sólo hay dos o tres formas fundamentales de «acomodar a los bebés», como reza el título de un libro recientemente publicado. En general, se lleva al bebé a la espalda en los países de clima extremo, frío o caluroso, y en los que las mujeres no están «emancipadas». Estos bebés prácticamente desconocen la cuna y duermen por la noche al lado de sus madres, al alcance del pecho. Viven, por así decirlo, completamente desnudos —salvo por los cinturones con amuletos— incluso en las noches más frescas, excepto en las altas mesetas etíopes, donde las mujeres están consideradas las campeonas del punto; los hombres tejen.

Con esto se intenta, sobre todo en Madagascar, endurecerlos y prepararlos para nuestra triste existencia. Endurecidos deben estarlo desde que nacen, pues es muy raro que un crío africano sea víctima de una insolación, como haría temer su cráneo liso que se bambolea dentro del taparrabos bien apretado, mientras su madre va a buen paso, machaca el mijo o transplanta arroz bajo un sol de plomo. En cualquier caso, este método de transporte a la espalda debe ser bueno, ya que, entre los pueblos que lo practican, se desconoce la luxación congénita de la cadera, debido a la separación de los muslos para ir a horcajadas sobre el «lomo» materno, generalmente amplio.

En nuestros climas templados nunca se lleva a los niños de este modo, salvo en un hatillo. La estrechez de las cunas de antaño no estaba concebida para bebés con las piernas separadas, sino para críos apresados de la cabeza a los pies en pañales, con ese aspecto de morcilla sin brazos que siguen atestiguando los pequeños niños Jesús de porcelana en forma de lanzadera que sirven de sorpresa en los roscones de Reyes. Los recién nacidos aparecen así en muchos cuadros de Natividad.

Según François Mauriceau, famoso médico del siglo XVIII, «el niño debe ser envuelto de este modo para dar a su pequeño cuerpo la figura erguida que es la más decente y conveniente para el hombre, y para acostumbrarlo a sostenerse sobre los dos pies, pues sin eso quizá andaría a cuatro patas, como la mayor parte de los animales». Era, evidentemente, una buena razón a la que, no obstante, se oponía Jean-Jacques Rousseau: «Desde el momento en que el niño respira al salir de sus envolturas, no soporta que le demos otras que lo compriman aún más. Nada de gorros, nada de vendas ni de camisas, sino pañales holgados y anchos que dejen todos sus miembros en libertad.»

A este bebé con forma de salchichón correspondía la forma de las cunas, generalmente excavadas en un tronco, salvo en Béarn, donde el padre trenzaba una barquilla con juncos. Este tipo de cunas era general en nuestras provincias, al igual que en Italia y Escandinavia.

Nunca habrá sido divertido ser un bebé oprimido, pero la palma de la incomodidad se la llevaron los niños holandeses, que, hasta mediados del siglo pasado, estaban envueltos en bandas tan apretadas que se tenían de pie sobre las rodillas de sus madres. Piense el lector que al bebé inca, tras haber sido sumergido en agua fría en el momento de nacer y durante todas las mañanas siguientes, se le dejaba envuelto hasta los tres meses sobre un banco de madera que tenía una pata más corta que las otras, lo que permitía un balanceo autónomo al mínimo inicio de protesta. Su madre nunca lo cogía en brazos, sino que se inclinaba sobre él para darle de mamar, como se hace en las Antillas. En Sumatra, el primer día de vida del bebé, se ponía un banco idéntico sobre un fuego de hierbas que se dejaba consumir para que su espeso humo expulsara a los malos espíritus.

En cuanto al vestido del recién nacido, desde que se le lava y se le unta de aceite o polvos de plantas aromáticas, se siguen unas reglas generales. La costumbre —muy extendida— de envolver al niño en telas no procede —como tampoco la de ceñirlo ni la del fuego de hierbas— de una falta de amor materno. Todo lo contrario. Su objetivo siempre es protegerlo de los malos espíritus, lo cual sigue siendo típico entre los pueblos ribereños del Sahara, los saharauis y los marroquíes del sur.

En Francia, en Normandía, una vez examinado el niño y antes de ponerle un gorro de dormir masculino ya usado, se le envolvía en una vieja camisa del padre (es un símbolo de virilidad y de protección). Otra camisa paterna servía a la parturienta para protegerla de las hemorragias. Hay que tener en cuenta que los tiempos eran duros y los partos, sucesivos y no siempre recompensados. En el campo, además de la superstición que impedía preparar la ropa blanca con antelación, no se disponía de canastillas elegantes y de buen género, que eran patrimonio de gente muy acomodada, y a veces ni eso. Madame Badinter habla mucho de este tema. La tierna costumbre de vestir a los bebés de blanco, azul o rosa es muy reciente (siglo XIX). Por otra parte, las jóvenes en «onda» (esa «onda» que las retrotrae a las fuentes) no quieren oír hablar de esos colores más apropiados para las grageas. Y sus bebés van de violeta, gris o burdeos. Antaño, mientras el niño no caminaba se le envolvía muy ceñido y se le cambiaba los pañales lo menos posible. En las crónicas de los viajes en diligencia de los siglos XVIII y XIX se menciona con frecuencia el hedor a amoniaco de los bebés.

Madame de Maintenon, cuyo talento para la educación nos es de sobra conocido, quiso, en 1707, que las cosas progresaran, proponiendo que se experimentara un sistema ya adoptado por los ingleses, consistente en envolver a los niños, desde los tres meses de edad, «en un pañal sin ninguna tira, lo que hace que se les cambie en el momento en que se ensucian y no permanecen, como los nuestros, ceñidos mediante tiras en su propia porquería». En efecto, la complicada superposición de bandas dificultaba mucho la mudanza de pañales. En la corte de Francia, una «mudadora» tenía que cambiar los pañales al príncipe tres o cuatro veces al día.

En el ducado de Milán, durante el Quattrocento, una profesión muy lucrativa —autorizada por «cartas ducales» al precio de un activo tráfico de influencias— fue la de

¡«aprovechador de la caca de los bebés principescos»! Como los duques tenían una familia muy numerosa (a veces hasta treinta retoños, entre bastardos y legítimos), había materia prima de forma permanente, con la que las nodrizas traficaban de forma legal. Los pañales sucios eran limpiados por el especialista en... el producto, destinado a servir de base a cremas y máscaras de belleza muy apreciadas para enblanquecer la piel. A cambio, lavaba el pañal de forma gratuita, y todos contentos: el bebé, al que se le cambiaba sin parar, la nodriza, que conseguía un aumento de ingresos no despreciable, la lavandera, que no tenía que preocuparse de lavar los pañales, los boticarios y las mujeres hermosas.

En Kabilia, todavía en nuestros días, el *yauled* debe macerar en sus pañales toda la primera semana (en la que, por otra parte, apenas come); después se le envuelve, durante treinta días, en una vieja *gandura* de su madre, que se cambia cuando la ensucia y que finalmente se cuelga del techo del *gurbi*. Las «mejores» mujeres cuelgan más de diez ganduras. En Senegal es bastante habitual envolver al recién nacido en un taparrabos negro y nuevo, pues allí —al igual que en muchos otros lugares— el blanco es el color del luto.

El rojo suele ser el color de la alegría, como testimonian muchas prendas de bebés elegantes en todo el mundo, sobre todo en las primeras ceremonias de inserción social o religiosa, como el bautismo. Las prendas de satén bordadas de los chinitos o los soberbios kimonos bordados de los japonesitos son siempre de un bello escarlata. En Francia, nuestras abuelas auvernesas encomendaban el bebé —antes de nacer y para que le protegieran los poderes celestiales— a la Virgen o a algún santo local, prometiendo que llevaría lo que extrañamente se llamaba «luto», es decir, los colores del santo patrón, durante uno, dos o tres años: azul por la Virgen, rojo por santa Elodia, violeta por san José o san Francisco Remigio, patrón de los encajeros...

El concepto *layette* [canastilla] no tiene ni doscientos años. Al principio, el término no designaba las prendas infantiles, sino cualquier prenda que estuviera dentro de un cajón o *laie*. Los *layetiers* siguen siendo fabricantes de cajones de embalaje o transportistas de objetos frágiles.

La moda infantil se popularizó en el siglo XIX, con la llegada de la burguesía. Hasta entonces, cuando el niño dejaba de usar pañales, se le vestía como a un adulto y no siempre con ropa de su talla, para que le durara más. Los niños ricos llevaron, en su época, el verdugado, la gorguera, la armadura y el penacho. Pero, en general, hasta los siete años de edad, niños y niñas llevaban siempre una túnica larga con diversos accesorios, como una minúscula espada en el caso de los principitos. Ponerse los primeros pantalones o los primeros zapatos, sobre todo en Toulon y, algo menos, en la Baja Normandía, Anjou y Saboya, sólo les estaba permitido a todos los niños —los «verdaderos» niños eran los varones; luego estaban las niñas— a partir del día de Pascua del año en curso. Esta costumbre pervive en muchos lugares, y no sólo en los países subdesarrollados. Había que ir a la iglesia en visita especial, recibir una bendición colectiva y dar tres vueltas a la pila de agua bendita antes de tener derecho a llevar pantalones. En el campo, los chiquillos llevaban puesto justo lo necesario, ya procedieran del pueblo o de la nobleza y tuvieran nodriza. Por ejemplo, en Lemosín, a principios de siglo, el abad Gorse todavía veía a niños ir a la catequesis o a la escuela, en inviernos muy fríos, vestidos apenas con una camisa, unos pantalones anchos o unas enaguas y descalzos, pero no a causa de la pobreza de sus familias, ni por crueldad inconsciente, sino porque era bueno «curtirse».

En cambio, durante mucho tiempo, en el día del bautismo tenía lugar, por así decirlo, la única manifestación de la elegancia. Téngase en cuenta que, en Béarn, antes de ese importante día en que se creaba un nuevo cristiano, no se besaba al recién nacido, una superstición muy dura para el tierno corazón de una joven madre, que nunca tenía derecho a acudir a la ceremonia, debido al tabú de la impureza, a no ser que se esperara a que hubieran transcurrido cuarenta días después del parto. No podía, por tanto, acudir a ver el triunfo de su carne transportado con gran pompa a la fuente bautismal.

En Grecia, por ejemplo, en Skiros, donde fajar con pañales no ha cambiado desde la época de Homero, se lleva al bebé, al que se le llama «Drakor» (dragón) antes de la aspersión, a la iglesia envuelto en una manta forrada de rica seda, incluso en plena canícula, con la cabeza envuelta en un turbante de terciopelo en el que se cuelgan medallas y fetiches, y un galón de oro rodeando el contorno. Estas prendas cuestan una fortuna, y el padrino se endeuda durante mucho tiempo.

En Francia, antes de la generalización en el siglo XIX del traje de bautismo de fina tela blanca bordada, se envolvía al nuevo cristiano en el chal más hermoso de su madre, que, en Provenza, provenía de las Indias. O bien se le envolvía en una manta de lana blanca (pureza), adornada con cintas rosas o azules, según el sexo. Es curioso que en el bautismo los pies tengan que estar totalmente ocultos.

Aunque los bebés no tenían ajuar, el gorro era de rigor (¡el tabú de la cabeza!). El del bautismo estaba bordado de forma admirable, como algunas cofias campesinas. En Austria, el padrino se lo regalaba al bebé con la primera cuchara y los primeros zapatitos. Era de pura seda blanca, adornado con exquisitos motivos y llevaba las siglas IHS (Jesús). El recién nacido de Vandea no le iba a la zaga en elegancia, a pesar de la suciedad que acumulaba el gorro, que, al igual que en todas partes, no se limpiaba por miedo a la meningitis. El gorro de los bebés de familia acomodada, forrado con piel de topo para proteger la fontanela de las agujas de las brujas, ofrecía a la admiración de las masas un encaje arácneo con una magnífica pluma de avestruz. En la campiña de Saintonge, el gorro era negro, de cachemira o tafetán bordado y con una banda de encaje. En la mayoría de los países, toda la semana siguiente tenía que llevarse el traje del bautismo, o al menos del gorro, al igual que se conservaba, colgada al cuello, la medalla bendecida ese día.

En todo el mundo se llena a los bebés de amuletos. Antes se creía más en ellos que en la higiene o la dietética, por otra parte totalmente desconocidas, por no decir incongruentes. Los amuletos iban desde el *grigi* africano —pulsera de cuero adornada con cajas rojas— a los escapularios llenos de babosas de Aurès, pasando por el nombre del santo eficaz en nuestros campos, el collar de ámbar que todavía se seguía poniendo en el cuello de las niñas de hace una generación, la ristra de ajos contra las lombrices y los agujeros en las orejas para prevenir la oftalmia. Las tradiciones se trasmiten, a pesar de que se hayan olvidado las explicaciones, fundamentalmente como forma de proteger a la infancia contra tantos peligros desconocidos. En último término, es un gesto de amor. Y en esto, en todas las épocas, en cualquier latitud, todas las madres son iguales, incluso las más pobres que no tienen nada con qué vestir a su pequeño.

En el siglo XX aparecerá el guardarropa específico del bebé. Se abandonan las bandas, las tiras y los vendajes para los recién nacidos, y los minitrajes de adultos para los niños. La inventiva de las mujeres que hacen punto en la familia y el esfuerzo de diseño de los productores de tejidos de punto crean una moda práctica, tanto para la madre como para el bebé, compuesta de elementos nuevos que reciben nuevas denominaciones. Las camisitas, los peleles, los pololos, los buzos, las nanas... se convierten en la base de la nueva canastilla. En Francia tienen gran éxito los calzones Petit Bateau, que lanza en 1910 la sociedad Valton, creadora de los «calzones sin perneras, de punto canalé extraflexible». El famoso conjunto Petit Bateau, compuesto por un corpiño en tejido piqué blanco de punto, que se abrochaba a la espalda y de unos calzones como los de los boxeadores, con un cordón en la espalda para fruncirlos y botones en la parte superior, data de 1925.

En la actualidad, lo que goza de mayor popularidad es el «canguro», en punto liso acrílico, que todos los pequeños presionan entre las piernas.

Y no hay que olvidar la revolución de los pañales desechables y el fin de la pesadilla de lavarlos.

# El Ghota de los creadores

A finales del siglo XVIII, Sébastien Mercier afirmaba en su *Tableau de Paris [Cuadro de París]:* «Las mujeres profesan una admiración sin límites por los creadores con genio que saben realzar, por medios muy variados, sus encantos».

En aquella época, los creadores eran los vendedores y vendedoras de moda o modistas, como Rose Bertin, procedentes del gremio de los merceros, que se contentaban con vender accesorios destinados a realzar los vestidos y, de paso, a quienes los llevaban. Los adornos seguían la moda del momento o, mejor dicho, la definían, constituyendo, según Diderot, el único terreno real de la fantasía y del cambio. Cambios mucho más rápidos —a veces varios en la misma temporada— que las propias formas de los vestidos. El material, el estilo y la profusión de artículos de moda controlaban el resultado final de las prendas, de modo que las costureras, los sastres y los bordadores simplemente se limitaban a seguir las directrices de las vende-

doras, para que éstas pudieran dar el toque final a sus productos mediante detalles que hacían época: manteletas, pañuelos, chales, encajes, cintas, plumas, sombreros, gorros...
Las modistas, bien dispuestas a seguir el aire de los tiempos, los utilizaban para crear lo que los ingleses denominan
«look», es decir, una apariencia, de acuerdo con el espíritu
del momento. De ahí su influencia sobre los fabricantes y
artesanos. Para vender, estas vendedoras tenían que ser sagaces psicólogas, cuando no temibles manipuladoras. Rose
Bertin fue su arquetipo. Hubo asimismo un tal Beaulard,
su rival, apodado «el Arquímedes» de los vestidos. En
1787 fue objeto, con todos los honores, de un opúsculo en
el que un poema, la *Epístola a Beaulard,* afirmaba del «res-
taurador de modas» *(sic)* y del «audaz calculador»:

> «Tantas brillantes obras maestras
> con las que ornas tu Patria
> demuestran claramente tu gran talento.
> Sostienes la querida batuta
> que hizo del Imperio de los francos
> el feliz Imperio de la magia.»

El feliz imperio de la magia contemporánea comprende
la alta costura (los «grandes modistos»), el *prêt-à-porter* de
lujo y el *prêt-à-porter* de gran difusión, lo que se suele seguir llamando confección. Este «imperio de lo efímero»
está regido por la moda. La moda es tanto la portavoz de
una cultura como un fenómeno económico y el motor de
una industria especializada. No hay, por tanto, que tomarla
a la ligera. El volumen de negocios mundial de la alta costura (firmas, filiales y licencias) fue en 1986 de veinte mil
millones de francos, de los cuales trescientos correspondie-
ron a la alta costura francesa, lo cual no es mucho, teniendo en cuenta su papel de guía. Hay en Francia unas veinte
firmas (más o menos, dependiendo de los años) de alta cos-

tura, que dependen de una Cámara Sindical que otorga la denominación bajo ciertas condiciones draconianas (como veremos en el caso de Grès y de Courrèges).

Los grandes modistas franceses vistieron a 20.000 clientes de todo el mundo en 1970 y sólo a unos 3.000 a finales de los ochenta (un 60% americanos, un 20% de Oriente Próximo y un 3% franceses). En los 2.200 modelos de cada temporada trabajan 450.000 personas, de las cuales 12.000 son artesanos que trabajan de forma deslumbrante (fabricantes de botones, de zapatos, creadores de pliegues...). Sin olvidar a los fabricantes de los tejidos, sublimes en sí mismos. Todo ello suma 1.800 empleos relacionados con la alta costura y otros tantos secretos y tradiciones de habilidades que no se deben perder en modo alguno.

Reservada a una clientela capaz de pagar una verdadera fortuna por una prenda exclusiva —o en todo caso, con un número muy limitado de repeticiones—, cortada rigurosamente a medida en tejidos especialmente concebidos —aunque puede que tengan una difusión comercial posterior—, la alta costura de los grandes modistas crea la moda dos veces al año: las colecciones de verano se presentan en enero; las de invierno, en julio. La moda suele ser la síntesis que se extrae del conjunto de propuestas, pero puede suceder que un único modisto origine un cambio, como son los casos del *new look* de Dior o de la minifalda de Courrèges, por no citar más que dos epifenómenos de nuestra época. Estos dos modistos son creadores, pero no todos pueden ser considerados como tales.

Asimismo hay creadores que no son grandes modistas, sino estilistas de *prêt-à-porter,* con mayor contacto directo con la calle y el espíritu de los tiempos, que crean una moda que no necesita descender de un Olimpo elitista. A partir de los años sesenta fueron ellos los que revolucionaron los esquemas, repartiendo las cartas de forma distinta e introduciendo nuevos conceptos, en general a partir de turbulencias, e incluso de excentricidades, que sentaban cabeza con el tiempo o se trivializaban. Como homenaje al talento de estas personas, vanguardia del estilo francés, la prensa y el marketing les conceden desde hace años la denominación de «creadores», diferenciándoles de este modo de los grandes modistas que no siempre demuestran la misma audacia. Pero nosotros vamos a considerar aquí, bajo este nombre tomado en sentido liberal, a los creadores de alta costura y de *prêt-à-porter* que verdaderamente han innovado e inventado.

## AZZEDINE ALAIA

Este pequeño tunecino, uno de los creadores de la costura actual que más aparece en los medios de comunicación, cambió la moda en los años ochenta, atreviéndose a crear prendas que realzan y esculpen las formas de modo no vulgar. Sus «bodies» de punto negro se han hecho muy populares desde que la gigantesca Grace Jones, su clienta y asesora, apareciera repetidas veces, vestida de este modo, en los medios de comunicación.

## LAURA ASHELY (1926-1985)

Esta británica no era inglesa, sino galesa, detalle importante. Un día, en 1953, exilada en Londres como modesta funcionaria, se le ocurrió la idea de confeccionar, para una pequeña tienda de Oxford Street, bufandas de algodón estampadas a mano (en la mesa de su cocina) con motivos algo *naïfs* de hojas y florecillas. Siguieron delantales a la antigua, blusas y vestidos de longitud media que ella misma estampaba, cortaba y cosía.

En 1961, en plena época de los Beatles y de la minifalda, su producción a contracorriente alcanzaba notable éxito. El matrimonio Ashley regresó a Gales para montar una pequeña fábrica de confección. Tras unos años de lenta progresión, abrieron una tienda en Kensington. Una campaña de carteles publicitarios... y estalló la locura por sus vestidos a la antigua, inspirados en la época victoriana, muy «lejos del mundanal ruido».

Abrieron fábricas cada vez más importantes, una de ellas en Irlanda y otra en Kentucky, para abastecer el mercado de una América siempre a la búsqueda de sus raíces. Al final hay un centenar de sucursales (no en franquicia) en todo el mundo, es decir, un imperio familiar que cotiza en la Bolsa y 200 millones de dólares de beneficios anuales. Pronto se unió a la moda femenina, juvenil e infantil, hecha en punto, un departamento de tejidos y papeles para decoración a juego que ha creado seguidores incondicionales.

El nombre y el estilo de Laura Ashley son sinónimos de una nostalgia por un modo de vida que ella denominaba las «sencillas alegrías de otro tiempo». Su universo, romántico, expresivo y del buen género tradicional, tuvo gran capacidad de seducción —y continúa teniéndola— en un momento en que se hacía sentir la necesidad de tal retorno. Si el proverbio dice que la moda es lo que se pasa de moda, la moda pasada de moda de Laura Ashley reúne todas las condiciones para perdurar.

AUGUSTA BERNARD

Esta majestuosa mujer, que ha pasado al mayor de los olvidos, fue una gran modista francesa del *faubourg* Saint-Honoré, adonde se precipitó la clientela extranjera entre 1912 y 1930, por la sobriedad y el admirable acabado de sus modelos. Al contrario que a sus colegas, le gustaba dar personalmente el último toque a cada prenda salida de sus talleres.

CRISTÓBAL BALENCIAGA (1895-1972)

Modista, pintor y escultor español. Se instaló en la avenida de Jorge V en 1937 y pronto se hizo famoso por su gran elegancia y su perfecta técnica. Creó el vestido saco en 1950, la sisa cuadrada en 1951 y la túnica en 1955. Sus trajes de chaqueta descimbrados, sus famosos vestidos negros y sus mágicos trajes de noche son legendarios.

PIERRE BALMAIN (1914-1982)

En un principio diseñador en las firmas Molyneux y Lelong, abrió su propia casa en 1945, en el número 44 de la Rue François I. Modista de reinas y de grandes damas de la escena y la pantalla, sus colecciones se hallaban bajo el signo de la «mujer hermosa», elegante como debe ser. Erik Mortensen, su sucesor, ha roto con ella en aras de una elegancia más exquisita.

LA FAMILIA BENETTON

O el imperio mundial del punto. La empresa familiar de Treviso (tres hermanos y una hermana), muy modesta en sus comienzos, vende 40 millones de piezas para 600 modelos diferentes y 40 colores por colección en más de 3.000 tiendas en franquicia repartidas por 53 países, tanto en el oeste como en el este y de norte a sur. Siete grandes fábricas, 200 más pequeñas y una gestión informatizada que parece salida del universo de James Bond. Luciano, el mayor, es un genio del marketing. Con los «United Colors», las prendas de punto tan modernas, tan alegres y asequibles para todas las edades han convertido a Benetton en el primer negocio textil del mundo. Pues la ropa equivale cada vez más al punto.

ANNE-MARIE BERETTA (nacida en 1937)

Esta estilista, considerada la reina del impermeable, que no volverá a ser algo vergonzoso gracias a ella, comenzó diseñando para *Vogue* y después para Estérel y Castillo, donde demostró su talento como creadora. Lanzó el color marrón en 1965, trabajó con Guy Paulin para Edelmann e hizo fortuna con las prendas de cuero para Mac Douglas, pero su material preferido es el lino, que le debe mucho.

OLGA BOULBENKOVA (1835-1918)

Madame Olga, como se la llamaba, estaba especializada en los trajes de la corte imperial rusa. Su negocio de San Petersburgo funcionó hasta 1917, cuando se demostró que la revolución era irreversible. No tenía rival en las magníficas colas, cuyo color y longitud, reguladas por la etiqueta, indicaban el rango de una dama. Los bordados de oro, que perpetuaban la tradición de la antigua Rusia, se realizaban en el celebérrimo taller de Vassiliev. Los trajes de la familia imperial se realizaban en el convento de Novodievitchi, en Moscú, que detentaba este privilegio. En la exposición de trajes históricos rusos del Museo del Ermitage que Yves Saint Laurent presentó en 1989 en el Museo Jacquemart-André, se pudieron admirar dos vestidos de ese taller, uno de los cuales había pertenecido a la princesa Zenaida Yossoupova. Las mangas largas hendidas eran obligatorias en los trajes de la corte.

JEAN (BOUSQUET) CACHAREL (nacido en 1932)

Es uno de los numerosos provenzales que hacen la moda francesa. Este antiguo sastre es de Nîmes, como la tela de los primeros vaqueros (el *denim*). Ha creado la empresa de *prêt-à-porter* más próspera desde los años sesenta, con el nombre de Cacharel, un pájaro de la Camarga. Su primer éxito fue una sencilla blusa de crespón, de la que se vendieron diez mil ejemplares. Después, el tejido Liberty hizo que conquistara los corazones con una moda muy juvenil a precios razonables. En sus tiendas repartidas por todo el mundo hay también colecciones para hombres, niños y jóvenes (con la marca Fikipsi). En las grandes superficies se vende su lencería. Las florecillas y los pequeños motivos de sus tejidos o de sus prendas de punto lo convierten, hasta cierto punto, en el Ashley francés.

### LAS HERMANAS CALLOT

En 1895, las tres hijas de un anticuario crearon la firma que lleva su nombre y que fue una de las más importantes de la *Belle Époque*. La mayor se casó con Gerber, pero conservó la dirección junto a su hijo Pierre. El estilo Callot —blusas de encaje, trajes de noche de lamé, con bordados «Renacimiento»— fue muy representativo de su época.

### PIERRE CARDIN (nacido en 1922)

Este antiguo aprendiz de sastre de Saint-Étienne, de origen italiano, ha sabido crear un imperio que sobrepasa los límites de la alta costura. Entró a trabajar con Paquin en 1945 y diseñó para Cocteau los trajes de la película *La bella y la bestia,* antes de trabajar con Schiaparelli y Dior, donde aplicó su talento a los abrigos y los trajes de chaqueta.

En 1951 se instaló por su cuenta y su primera colección alcanzó gran éxito. En 1958 lanzó una moda masculina «revolucionaria» con una chaqueta túnica y cuello Mao (que más tarde volveremos a encontrar en Mugler). De ahí deriva la moda unisex (que retornará Courrèges). Este inventivo creador, siempre cambiante y fiel a sí mismo, es de los que no saldrían de una escuela de arquitectura. Sin embargo, su obra está construida como un plano, en el que lo liso del hilo recto contrasta con el volumen del sesgo en tejidos soberbios en los que el material se transforma en escultura (los grandes cuellos en forma de embudo, las mangas pagoda, las sisas como cortes de cuchilla, las aberturas redondas que airean el conjunto dándole una apariencia de modernismo futurista). Fue el primero en implantarse en Japón, y después en China. Se podrían encontrar seres en la luna que llevaran su distintivo.

ANTONIO DE CÁNOVAS DEL CASTILLO

Grande de España y gran diseñador de Chanel, Piguet y Paquin, se asoció en 1960 con los herederos de Jeanne Lanvin, antes de poseer su propia firma, de 1964 a 1968, en el número 93 de la Rue Faubourg-Saint-Honoré. Es famoso por sus trajes de noche (ya desde que trabajaba con Chanel) en tejidos casi fabulosos.

GABRIELLE (llamada COCO) CHANEL (1883-1971)

Comenzó como modista en el número 23 de la Rue Cambon. En 1920 abrió su casa de costura en el 31 de la misma calle. Ha entrado en la leyenda al imponer una moda flexible: el punto, el tweed, el piqué blanco y las grandes joyas falsas. Le disputa a Poiret el mérito de haber suprimido el corsé. Su famoso, inimitable y tan imitado traje de chaqueta deriva del que encargó que le hicieran —entonces no sabía coser— en 1918, mientras se hallaba «refugiada» en Deauville. Cerró su tienda cuando se declaró la II Guerra Mundial y la volvió a abrir en 1954, en medio del escepticismo general. En 1956 su traje de chaqueta se hizo universal. El que llevaba Jacqueline Kennedy (azul marino y rosa) cuando asesinaron a su marido el 22 de noviembre de 1963 se halla en el Museo de Washington, manchado de sangre para la eternidad. Su sucesor, Karl Lagerfeld se esfuerza, con éxito, en conservar el estilo Chanel y en hacerlo evolucionar para que no muera.

ANDRÉ COURRÉGES (nacido en 1923)

Este estudiante de ingeniería durante el día y aprendiz de modista por la noche entra como diseñador en la firma de Jeanne Lafaurie en 1947, después con Balenciaga, convirtiéndose en su mano derecha en 1957. En 1961 creó, con su mujer, su propia firma (con dos obreras que veinte años después serían 235). Este hombre, nacido en Pau y jugador de rugby, está enamorado del blanco, del espacio, de

Le Corbusier y de la ciencia ficción. En 1965 revoluciona la moda, confiriéndole, con la minifalda, todo el estilo de su época: vida, luminosidad, juventud. Gracias a él, la mujer puede ir con pantalones a todas las horas del día. Ha creado asimismo una prenda completa de punto (el leotardo integral). Su máxima es crear según la teoría de la Bauhaus: la función determina el objeto.

Los años sesenta estuvieron bajo su influencia. La Cámara Sindical de la Alta Costura, a pesar de todo, tomó la decisión de excluirle, decisión no caracterizada precisamente por su elegancia. El motivo aducido fueron sus problemas financieros por culpa de sus socios japoneses que le impedían producir las dos colecciones anuales de rigor: una sola no bastaba, ni siquiera momentáneamente. Sin embargo, este creador excepcional se merecía un estatuto de excepción.

## JEAN DESSÉS (nacido en 1904)

De este griego de Alejandría sólo queda una etiqueta en las prendas de punto de calidad. No obstante, entre 1939 y 1963, fue el encargado del vestuario de las familias reales (entre ellas, de la griega) y de Marlène Dietrich para sus vestidos de muselina de seda. Detestaba el negro y sus colecciones nunca contaron con una prenda de ese color.

## SONIA DELAUNAY (1885-1975)

De origen ruso, fue, al igual que su marido, Robert Delaunay, una de las más grandes pintoras abstractas de este siglo. En 1913, en los inicios del cubismo, ambos expusieron en el primer Salón de Otoño de Berlín varios vestidos y chalecos «simultáneos», pintados siguiendo el patrón de figuras geométricas —líneas y círculos—, unidas al dinamismo de los colores. En 1921 creó sus primeros vestidos «poemas» con Tristan Tzara, tejidos, trajes de teatro y decorados teatrales; después participó en la Exposición

Internacional de Artes Decorativas de París, colaborando con el modista Jacques Heim: «En 1922, unos sederos de Lyon me pidieron que les hiciera cincuenta diseños. Tras un momento de duda, comprendí que haría estudios de color correspondientes a mi pintura (estudios que posteriormente me han servido para desarrollar relaciones entre los colores y para toda una evolución de la pintura) [...]. Me parece que la sonoridad y el movimiento visual de los colores es un terreno virgen desde el punto de vista plástico.» Esta evolución fue la de toda la pintura, pero también la de la estampación de tejidos. Como añade en esta carta de 1968: «Personas inteligentes han conseguido centenares de millones con mi idea, tomándola como base para el *prêt-à-porter*». Fue la primera mujer viva que entró en el Louvre.

CHRISTIAN DIOR (1905-1957)

«Este genio ligero característico de nuestra época», como lo describía Cocteau, sólo reinó diez años —de 1947 a 1957— en el mundo de la costura, pero se ha convertido en un símbolo. Antiguo alumno de ciencias políticas, este hombre de físico redondo y sensato iba para diplomático, pero en 1935, mientras se divertía publicando bosquejos de moda en el *Figaro illustré,* se decidió a «aprender el oficio con un experto». Se convirtió en diseñador para Robert Piguet y después para Lucien Lelong, con quien obtuvo uno de sus primeros éxitos, con una falda larga para el día. En 1946, Marcel Boussac le permitió abrir su propia casa, en la avenida Montaigne. El 12 de febrero de 1947 presentó el *Niuluque* (según expresión de Colette), que tuvo un enorme éxito en los medios de comunicación y escandalizó a las buenas gentes, y que también anunciaba la explosión creadora de los años cincuenta.

Fue el primero, en 1948, en crear una red de licencias: de ropa interior, medias, pieles, bolsos, joyas, calzado, etc.

Creó colecciones paralelas para el gusto americano (un 60% del volumen de negocios de la casa, 1.200 personas y 28 talleres en Estados Unidos). Su última colección, en 1957, la creó bajo el signo del pantalón tubo, la falda estrechada en el bajo y el famoso pliegue Dior. Recordando a Flaubert («Madame Bovary soy yo»), escribiría poco antes de su muerte: «Puesto a mi vez al pie del muro, declararía hablando de otro: Christian Dior soy yo. Pues, en último término, lo que ha sido mi vida, lo quiera yo o no, se halla expresado en sus vestidos».

## DOROTHÉE BIS (ÉLIE JACOBSON, nacido en 1925, y JACQUELINE JACOBSON, nacida en 1930)

Élie, peletero de profesión, decidió un día teñir de colores vivos la piel muy cara o corriente. Los medios de comunicación se quedaron extasiados y las usuarias pusieron pies en polvorosa. Ante este empate, lo dejó y montó una tienda, con el nombre de Dorothée, en la Rue de Sèvres. En 1962, el matrimonio Jacobson decidió vender creaciones propias para un duplicado de Dorothée y se las encargaron a Michèle Rozier, Gérard Pipart, Emmanuelle Khanh y Christiane Bailey. Jacqueline se reservó las prendas de punto de rayón y creó jerseys a ganchillo. En 1965 empleó el lúrex oro y plata y creó fabulosos abrigos que alcanzaron un éxito extraordinario. Al mismo tiempo, diseñó una licencia deportiva —Dorotennis—, en la que el chándal se convirtió en una prenda elegante para el fin de semana.

## JACQUES FATH (1912-1954)

Nieto de un pintor impresionista y de una costurera de la emperatriz Eugenia, las colecciones de este artista, de carrera muy corta, atestiguan su gusto por el final del siglo XIX. Desde 1937 crea talles finos, faldas tableadas con mucho vuelo y realza los hombros. Es el primero que se atreve con la largura por la mitad de la rodilla. Justo antes de la guerra, su suntuosa casa, en la Rue Pierre-I-de-Serbie, firma contratos con el *prêt-à-porter* americano, y es el pionero en Francia de esta moda democrática con *Fath-Université*. Recuerda a Poiret por su contribución a los trajes de teatro, sus grandes fiestas y la glorificación del cuerpo femenino, inspirada por su amor hacia su mujer. Creó el traje de chaqueta corto de noche en admirables tejidos y mágicos vestidos de baile de inmensas faldas, por encima de sostenes largos, aunque sus modelos daban preferencia al movimiento. Se los reconoce por el drapeado y la asimetría, que dibujan el cuerpo como un ánfora. Su versión del *new look* es más sexy que la de Dior. Supo asimismo convertir a la mujer en sirena, con vestidos ceñidos, muy bien llevados por quienes le inspiraron: su mujer Geneviève y las celebérrimas modelos Bettina y Sophie, que aparecieron en los medios de comunicación tanto como sus colecciones.

LOUIS FÉRAUD (nacido en 1921)

Nacido en Arles, es asimismo pintor y novelista. En 1950, Brigitte Bardot fue la primera cliente de su pequeña tienda de Saint-Tropez, donde adquirió un vestido de piqué blanco adornado con guipur, del que después Féraud vendería quinientos más. Afirma: «Soy modista sin haber hecho nada para conseguirlo, porque era mi nacionalidad.» Para lanzar su primera colección parisina, en 1957, envió dos mil invitaciones, aunque sólo acudieron cien personas, entre ellas el famoso modista americano Oleg Cassini y el propietario de Saks, una enorme tienda de la Quinta Avenida, que fueron quienes lo lanzaron. Scherrer y Per Spock han trabajado para él y ha ganado dos Dedales de Oro, en 1978 y en 1984. Sus colecciones son una magia de colores y de labor artística, y cada vestido es una creación total por la estampación que concibe su equipo de diseñadores, que crea los tejidos.

GIANFRANCO FERRÉ (nacido en 1945)

En mayo de 1989 partió de Italia un nuevo profeta de la alta costura y se dirigió a la firma Dior para predicar la buena nueva. Se le concedieron cinco años para hacer los milagros que el recuerdo del maestro embalsamado no conseguía realizar. Este sosias de Sergio Leone fue primero arquitecto, antes de interesarse, en su vigesimosegundo aniversario, por la ropa, y de desaparecer durante seis años, no en el desierto, sino en la India, según su hagiografía oficial, para perfeccionar su vocación. De vuelta tanto a su país como a la moda, se asoció con el industrial Franco Mattioli para crear diversas líneas de *prêt-à-porter* que se difundieron a través de ochenta tiendas exclusivas, al tiempo que los vaqueros G. F. se comercializaban en Japón. Los caminos del Señor son inescrutables, pero el volumen de negocios, once años después, alcanzaba la cifra de tres mil millones de francos. Ha recibido cinco veces el *Occhio* de Oro (el equivalente italiano al Dedal francés).

MARIO FORTUNY (1871-1949)

Este genial veneciano fue pintor, sastre de teatro, fotógrafo, inventor y tintorero. Sus vestidos casi mágicos, de pliegues inmateriales, fascinaron a Proust: «El vestido de Fortuny que aquella noche llevaba Albertina me parecía la sombra tentadora de la invisible Venecia... Y las mangas estaban forradas de un rosa cereza tan característicamente veneciano que se le denomina rosa Tiépolo.»

En 1910, Fortuny obtuvo la patente de un procedimiento que permite obtener un tejido de pliegues ondulados permanentes. El tejido —una seda extremadamente fina— se pliega a mano y los pliegues se fijan con el calor de resistencias eléctricas. Para las mujeres ricas y de mundo no hay otro modista igual. Es asimismo el creador de un procedimiento de tintura a mano de seda y terciopelo (siguiendo un patrón para cada vestido o abrigo) a base de increíbles productos naturales, como el huevo podrido, el ámbar o la paja de Bretaña, que componen motivos espléndidos realzados con oro y plata reales. Creó, asimismo, terciopelos fabulosos. Al cabo de ochenta años, estas maravillas, enrolladas como lianas en los cajones de los coleccionistas, conservan su deslumbrante frescura y transforman milagrosamente en una flor a la mujer que tiene la suerte de poder ponerse por un instante estas prendas de museo. La *Belle Époque* puede que fuera bella para personas como Fortuny. Puede que también se haya reencarnado en la revelación de la primavera de 1989: el joven creador italiano Romeo Gigli.

JEAN-PAUL GAULTIER (nacido en 1952)

¿Es realmente el *enfant terrible* de la moda de los últimos años de este siglo? Sus colegas —y los mejores periodistas especializados— reconocen su papel de precursor, aunque duden en aceptar sin pestañear lo que parece —sólo parece— obedecer a una inspiración desbocada. Es indiscutiblemente el generador de un cambio. Alguien ha escrito que «en el próximo siglo, cuando los historiadores estudien nuestro período, atribuirán a J.-P. Gaultier, como a Dior en los años cincuenta y a Yves Saint-Laurent en los sesenta, la perennidad del surco trazado que habrán seguido las nuevas generaciones de diseñadores». A los dieciocho años empezó a trabajar con Pierre Cardin, a quien nunca le han asustado las innovaciones. Dos años de purgatorio recíproco con el conformista Patou y lanza su primera colección en 1976, en el Palais de la Découverte. Cinco o seis periodistas heroicos descubren allí el «espíritu Gaultier»: cazadora de motorista de la policía y tutú de tul, boleros de tela de tapices antiguos, sostenes de mimbre trenzado... Le gusta a un japonés y lo difunde.

A partir de 1980, su inventiva seduce a las estrellas que buscan un «look»: Madonna, David Bowie, Boy Georges,

los Rita Mitsouko... incluso Sheila e Yvette Horner. Desvía
hacia la moda y aprovecha materiales como latas de conserva, contenedores de basura, telas no tejidas. Sus colecciones para hombre, «El hombre objeto» o «Y Dios creó al
hombre», prevén la vuelta de la túnica larga masculina,
como en el siglo XIII. Si la apuesta del corsé como prenda
exterior ya la ha ganado, al menos como prenda para salir
al escenario, lo demás es cuestión de tiempo. En cualquier
caso, las colecciones complementarias de Gaultier-Junior
—prêt-à-porter menos caro y muy bien cortado, no escandaloso, aunque delata su inspiración—, son lo suficientemente rentables para permitirle, con toda tranquilidad,
hacer trizas las ideas recibidas. Continuará.

FRANÇOIS y MARITHÉ GIRBAUD (nacido en 1945: nacida en 1942)
    Esta pareja de diseñadores, creadores e industriales ha
construido un imperio mundial del vestir que, sin embargo, se halla subestimado en Francia. Con su tienda
Western House, han sido los apóstoles de los pantalones
vaqueros, cuya línea modifican cada año, «desviándola»
con gusto. Son los inventores del stonewashed [el lavado a
la piedra].

ROMEO GIGLI (nacido en 1950)
    Este joven creador italiano que en la primavera de 1989
presentó su colección en el Patio Cuadrado del Louvre
tiene un nombre que no puede inventarse. Su colección,
una revelación para el público, aunque ya gozaba del reconocimiento de los profesionales desde hacía algunos años,
hechizó a compradores y periodistas, que hacían referencias a Bizancio, a Fellini y a Poiret, vistos desde un modernismo onírico de ciencia ficción. Nadie se dio cuenta de
que la sombra de Fortuny estaba allí. Es todavía una
apuesta, pero los años futuros confirmarán, sin lugar a

dudas, un nuevo Renacimiento italiano del que Gigli será uno de sus artífices.

## HUBERT DE GIVENCHY (nacido en 1927)

Después de abandonar sus estudios de notario, entró en Bellas Artes y trabajó a media jornada con Fath, Piguet y Schiaparelli, aunque nunca con Balenciaga, a quien, sin embargo, considera su padre espiritual. Enemigo de la extravagancia, ha convertido su firma en el bastión de la elegancia, de la perfección y de la tradición francesa. Se dice de él que es la elegancia sofisticada. Aunque no haya revolucionado la moda, ha sabido hacerla magnífica, siguiendo el espíritu de su época. Audrey Hepburn fue su clienta preferida y a menudo su inspiradora.

## ALIX GRÈS (nacida en 1903)

Alix —su nombre— fue el primer letrero de su casa de costura, en la esquina del Faubourg-Saint-Honoré con la avenida Matignon. En 1942 abrió la tienda que lleva su nombre en la Rue de la Paix. Sus vestidos drapeados son legendarios, realizados sin costuras en seda tejida muy ancha, exclusivamente para ella, por Rodier. Su propio personaje es también famoso: jersey, falda y turbante y rostro demacrado, sin maquillar. Es la gran dama de la alta costura.

## ROY FROWICK HALSTON (nacido en 1932)

Es el modista americano por excelencia, que ha creado una moda americana en tantas gamas como ésta requería: creaciones a medida, *prêt-à-porter,* confección... y viste a todas las americanas: estrellas, millonarias, esposas de senadores, amas de casa o dependientas. No hay un solo cuerpo constituido que no le deba su uniforme. Fue en principio comprador de moda francesa y después sombrerero, y creó el famoso *petit breton* de Jacqueline Kennedy. Como el 55% de las mujeres trabaja, hace vestidos que se pueden lavar. Ha sido quien ha puesto de moda la piel de camello sintética. «Mi orgullo es hacer vestidos que duren, que se puedan llevar al año siguiente sin que parezcan totalmente anacrónicos, que se puedan lavar y que no cuesten una fortuna. No soy genial, sino lógico. [...] Hay cuatro estaciones y centenares de situaciones distintas en las que una mujer se puede encontrar. Mi papel consiste en no olvidar ninguna. [...] A las mujeres nunca les dejará de gustar que las miren». En suma, el hombre providencial de la América profunda.

NORMAN HARTNELL (1901-1979)

Monumento de la costura británica imperecedero —por él no pasa el tiempo—, es el modista de la familia real, especialista en trajes de ceremonia según las reglas de la etiqueta, aunque la última generación de princesas parece tener otras aspiraciones.

CHARLES JAMES (1906-1978)

No podemos dejar de mencionar al gran modista americano que, a partir de 1933, inventó el corte moderno, los complejos drapeados, la arquitectura de los volúmenes y de los sentidos contrarios para abrigos aún inigualados y fabulosos trajes de noche de seda para millonarias.

KENZO (nacido en 1939)

Este hombrecillo eternamente joven y extremadamente oriental fue en 1965 el francotirador, totalmente inocente, de la invasión de creadores japoneses que tomaría París dos decenios después. Diseñador para jovencitas en Tokio, se fue a París y trabajó durante cuatro años en la oficina de diseño de textiles Pisanti-Relations, antes de crear con Chantal Thomass y Castelbajac la marca Ko and Co. En 1967 abrió su propia tienda en la galería Vivienne.

Los primeros desfiles fueron tumultosos, a pesar de que su estilo, lleno de humor, no es agresivamente japonés, no obstante su amor por las mangas kimono, muy prácticas, las superposiciones y el corte recto que sólo permite confeccionar en dos tallas. Sus pantalones anchos y cortos han tenido el éxito que ya sabemos, pero su folklore muy personal y florido recuerda más al de Siberia que al de la isla de Hondo.

EMMANUELLE KHANH (nacida en 1937)

Antigua modelo que cambió de bando, fue la primera que tuvo la idea de dirigirse al mercado juvenil. Fue diseñadora para el italino Missoni, para Pierre d'Alby y Cacharel, antes de lanzar su propia marca en la que aparece su hermoso rostro. En 1963 lanzó el talle bajo, los calcetines cortos para todas las horas del día, los abrigos de algodón forrados, el piqué, el cadarzo, la muselina gruesa de algodón y, sobre todo, los bordados a la rumana. También se le deben las prendas de punto de felpilla.

CHRISTIAN LACROIX (nacido en 1951)

Entró en la leyenda de la alta costura antes de abrir su propia casa con la ayuda del grupo textil y financiero Agache. Como Dior, tuvo por mecenas a Boussac. Su primera colección, en julio de 1987, tuvo un éxito increíble. Los más entusiastas fueron los americanos que, cuarenta años antes, habían lanzado a Dior y su *new look.* «Fantástico: es lo nuevo de la alta costura», afirmaba el periódico *Women's Wear,* el diario femenino más importante de Estados Unidos. «El nuevo héroe de la moda parisina», opinaba el *International Herald Tribune.*

Este joven provenzal, un verdadero personaje de Stendhal, fue primero diseñador para Hermès como ayudante de Guy Paulin y después director artístico de Patou hasta 1987. Obtuvo el Dedal de Oro en enero de 1986 y el

premio al mejor creador en enero de 1987, antes de esta-
blecerse por su cuenta.

Este pequeño genio llegó en el momento oportuno para
hacer salir a la alta costura del estado de coma en que se
hallaba, conduciéndola a su función original; extravagancia, modernidad, seducción e invención. Juega con los colores y las materias y, en suma, con el reflejo de nuestro fin
de siglo proteiforme. Reflejos de imágenes múltiples, memoria viva y en movimiento, apego a las tradiciones y al
folclore (el suyo, el arlesiano), alambique de sensaciones
fuertes del que se extrae un cóctel explosivo. Cada vestido
es un paisaje, un universo de emociones, antes de convertirse en una prenda. «Una prenda debe ser concebida
como una idea», afirma.

## KARL LAGERFELD (nacido en 1938)

Originario de Hamburgo, realizó su aprendizaje sobre la
alta costura en París desde los catorce años, y a los dieciséis
ganó el primer premio del Secretariado Internacional de la
Lana, frente a 200.000 participantes del mundo entero.
Fue inmediatamente contratado por Pierre Balmain, después trabajó con Patou y Chloé (donde reinó durante veinte años) y fue llamado para dirigir Chanel tres años después de su muerte. Ha tenido que respetar la tradición y, al
mismo tiempo, dinamizar la evolución. Su éxito le valió el
Dedal de Oro en 1986. Ha creado, de forma paralela, una
firma y marca propias.

## NADEJDA PETROVNA LAMANOVA (1861-1941)

«No cruzaría Moscú sin evocar por un instante la casa
de Madame Lamanoff, que era una gran modista de aquellos hermosos días (...). Me reveló toda la fantasmagoría de
ese pre-Oriente que es Moscú», afirma Paul Poiret en sus
recuerdos, *En habillant l'époque*. Fundadora de la Escuela
de Alta Costura de Moscú, Nadejda Lamanova fue una de

las mayores creadoras rusas. Abrió su casa de modas en 1883 y pronto tuvo mucho éxito con la aristocracia y las grandes actrices, éxito que se haría internacional. El Museo del Ermitage de Leningrado conserva de ella una importante serie de los vestidos de la familia imperial y de los trajes que realizó para el Teatro de Moscú. En la exposición de trajes históricos rusos que presentó Yves Saint Laurent en el Museo Jacquemart André de París, en 1989, había cinco modelos suyos. Aunque al principio halló su fuente de inspiración en las tradiciones folclóricas, la modernidad de las creaciones de 1910 a 1914 es totalmente sorprendente en las formas y los bordados de los trajes de noche. Colaboró en numerosas películas, lo cual era una novedad, sobre todo en Rusia.

JEANNE LANVIN (1867-1946)

Antigua aprendiza de la gran modista Suzanne Talbot, se instaló a los veintidós años en el número 22 de la Rue del Faubourg-Saint-Honoré para crear sus propios sombreros. Tenía una nieta, Marie-Blanche, a la que vestía tan bien que sus clientas le pidieron que hiciera lo mismo con sus hijos. Con los años, fueron vestidos para jovencitas, y después para mujeres jóvenes, los que inspiraron su famoso logotipo. En la posguerra se produjo una ola de entusiasmo en la alta sociedad por la juvenil elegancia de sus colecciones. Especialista en bordados y aplicaciones de trencillas y cintas (las famosas rosas Lanvin) y apasionada del arte, se inspiró en las vidrieras medievales para crear su característico azul Lanvin. Fue la primera en instalar en su casa de modas un departamento masculino, «Monsieur Lanvin», y el traje académico se convirtió en su especialidad. Poco antes de su muerte, eligió a Castillo como director artístico. Después vino François Crahay, en 1963. En la actualidad, su biznieto, Bernard Lanvin, se halla al frente de la firma, en tanto que la mujer de éste, Méryl, se encar-

330 Historia técnica y moral del vestido, 3

ga del *prêt-à-porter*. «Jeanne Lanvin» es ahora simplemente «Lanvin», pero sigue siendo sinónimo de la más seductora elegancia.

## LUCIEN LELONG (1889-1958)

Hijo de los modistas de la reina Victoria, inauguró su firma en 1924, en la avenida Matignon, con colecciones de un sorprendente rigor para la época. Sus trajes de noche y sus vestidos de crespón negro tuvieron un éxito enorme. Fue presidente de la Cámara Sindical durante la guerra y tuvo que esforzarse mucho para salvar la alta costura francesa, amenazada por las autoridades alemanas con la deportación a Viena. Con él comenzaron Balmain y Christian Dior, que le abandonaron cuando se produjo la Liberación para instalarse por su cuenta, llevándose sus equipos. Lelong, enfermo, cerró su tienda. Era 1945. Un nuevo capítulo de la alta costura iba a comenzar.

## MAIN BOCHER (1890-1974)

Este americano, llamado Mainbocher, fue uno de los grandes modistos del *«understatement»* mundial entre 1920 y 1930, en París, y de 1939 a 1969 en Estados Unidos. Entre sus vestidos, los más caros del mercado, hay que recordar el que llevó Mrs. Simpson en su boda con el duque de Windsor en 1937. Lanzó los primeros sostenes largos, con ballenas y sin hombreras, y los abrigos de cuero

## ISSEY MIYAKE (nacido en 1938)

La revista *Time* del 27 de junio de 1986 anunciaba en la portada que las prendas de vestir habían cambiado gracias a Issey Miyake. Es cierto, al menos para los que se visten con las creaciones de este gran japonés de físico a lo Clark Gable. Sus colecciones tienen, desde luego, un aire japonés, pero se niega a realizar empaquetados. Pues, según afirma, todo está cortado, aunque haya suprimido las tallas. El corte es tan hermoso que siempre sienta bien (hay, no obstante, dos longitudes de falda y de pantalones). Los paquetes de tela colgados en perchas adoptan, milagrosamente, la apariencia de esculturas vivientes cuando se llevan puestos.

Oficial de modista con Guy Laroche y después ayudante de Givenchy, recibió en 1986 el premio al mejor modisto extranjero, tras haber invadido el planeta con sus colecciones (de 250 a 400 modelos en cada una). Afirma que con sus tejidos, fabricados para él en Japón según antiguas técnicas, compone como si creara música. Emplea asimismo el papel de arroz para los impermeables, un cuero de una finura extraordinaria, el forro de algodón a la japonesa y pliegues milagrosos. Esta síntesis entre la técnica occidental y las tradiciones del imperio más antiguo del mundo puede ser la vanguardia del universo del vestido del siglo XXI.

### EDWARD MOLYNEUX (1891-1974)

A este irlandés se le conocía como el «capitán». Abrió su tienda en 1919, en París, en la Rue Royale, con sucursales en las ciudades elegantes: Cannes, Deauville, Biarritz. Fue el más refinado y cuerdo de los modistas de los «años locos» e inventó el abrigo tres cuartos y el pijama de tarde. Antes de la II Guerra Mundial, la princesa Marina de Grecia le encargó el vestido de novia y el ajuar para su boda con el duque de Kent, en perjuicio de Hartnell, el modista exclusivo de la corona británica.

Como para otros de sus colegas, la posguerra fue fatal para él y cerró en 1950, cediendo su clientela a Jacques Griffe.

### CLAUDE MONTANA (nacido en 1948)

Su *prêt-à-porter* de lujo tiene una imponente belleza. Majestuoso, suntuoso, teatral, confeccionado con lujosas materias cortadas de modo impecable. Los cueros de Montana deberían estar prohibidos, pues incitan al delito. Aprendió con Mac Douglas, antes de abrir su propia tienda, donde los pantalones vaqueros son soberbios y los visones, sorprendentes.

## THIERRY MUGLER (nacido en 1948)

La mujer mugleriana, a menudo vestida de cuero negro es, colección, tras colección, un híbrido de *vedette* de Hollywood años treinta no revisada, de extraterrestre y de *shogun,* con enormes hombros y cintura de avispa.

La primera colección (1973) de este antiguo bailarín de los Ballets del Rin adoptó inmediatamente un aire de «space opera». A los medios de comunicación les encanta este *prêt-à-porter* de gran lujo para ambos sexos, muy fin de siglo. El ministro francés de Cultura, Jack Lang, causó escándalo en la Asamblea Nacional al presentarse con un traje de Mugler, inspirado en el estilo «Mao», abotonado hasta arriba y sin corbata.

## JEANNE PAQUIN (1869-1936)

Antigua modelo y posteriormente diseñadora con Jacob-Isidore Paquin, con quien se casaría, dio un nuevo impulso a la firma creada en 1880 en el número 3 de la Rue de la Paix. Se opuso a la falda pantalón y a la falda trabada de Poiret, afirmando que no llegarían muy lejos. Tuvo la facultad de aprehender el espíritu de su tiempo y fue una importante mujer de negocios. Fue quien feminizó el traje de chaqueta creado por Redfern para la princesa de Gales e introdujo anchos pliegues en la falda, al tiempo que la acortaba. Cuando, en 1907, murió su marido, se halló al frente de la empresa de alta costura más importante de la época, con una decena de talleres, uno de ellos de peletería —el primero integrado en una firma de alta costura, donde se trabajaba la piel sin pelo como si fuera tela— y otro de bordado. En 1914 empleaba a 2.700 trabajadores. Modista de reinas, de los nombres importantes de la aristocracia y de las finanzas internacionales, abrió sucursales en todo el mundo. Recurrió a Paul Iribe, Georges Barbier y Georges Lepape y realizó los trajes del decorador de los Ballets Rusos, León Bakst. La canción popular la consagró con la famosa *Biaiseuse de chez Paquin,* de Allems y Villepré. Los pintores Gervex y Béraud inmortalizaron la salida de sus obreras. Se retiró en 1919 y su continuadora, Madeleine Wallis, creó el famoso cuello bola. Su firma se fusionó durante cierto tiempo con Worth en 1956, pero pronto cerraría sus puertas, pasando una importante página de la alta costura francesa.

GUY PAULIN (1945-1990)

Diseñador con Hermès y posteriormente con Chloé, se convirtió en el preferido de las periodistas de moda con el «sportwear ciudadano» de su propia marca. Los vestidos con el busto pequeño y la cintura de avispa se alternan con vastos vestidos-abrigos muy amplios, adornados con enormes cremalleras. Ni que decir tiene que la gente del textil lo adora. La moda de los años ochenta se nutrió en parte de él.

ROBERT PIGUET (muerto en 1953)

Hijo de un banquero suizo, comenzó como diseñador con Poiret, en 1920; después trabajó con Redfern hasta que éste cerró su casa. Abrió sus talleres en la Rue du Cirque en 1933, a los que acudía la alta burguesía, cautivada por sus vestidos negros y sus románticos vestidos de baile. Formó a Dior, Castillo, Givenchy, y Marc Bohan. Muy enfermo durante largo tiempo, bajo el telón en 1951.

PAUL POIRET (1879-1944)

Es el hombre que liberó a la mujer de la esclavitud del corsé. A partir de 1907 inventó la moda flexible, antes que

Chanel, su enemiga del alma. Era hijo de un rico comerciante de paño parisino, cuya casa familiar, en la isla
Seguin, en Billancourt, cedió el puesto a la fábrica Renault
cuando tuvo que venderla a precio de saldo, tras una de
sus quiebras. En 1895, comenzó a vender diseños de
modas a Madame Cheruit (doce por 1.200 francos), después a Rouff, Paquin y Jacques Doucet, que le contrató.
Hizo los trajes de teatro de Réjane y Sarah Bernhardt y
después trabajó con Worth, donde sus modelos flexibles
—sin corsé— consiguieron que la principal cliente, la princesa Bariatinsky, se desmayara de horror. Abrió su propia
casa de modas, a la que las grandes actrices arrastraban a
una clientela célebre. Creó para su mujer el turbante y las
botas flexibles a la oriental (que causaron un gran escándalo en Estados Unidos). Fue el primer modista en abandonar la Rue de la Paix para instalarse en la Rue del
Faubourg-Saint-Honoré, en crear una línea de perfumes y
de cosmética unida a la costura (1911) y en estampar sus
tejidos a medida.

Se le puede reprochar que devuelve a la mujer al harén
con las faldas trabadas, los pijamas y las faldas pantalón.
Pero es el primero en emplear a maniquíes vivas para presentar sus colecciones en todo el mundo. Al reaccionar en
contra de los tonos pastel, como lo había hecho contra el
corsé, sustituye su «insipidez exangüe» por los colores
vivos («he devuelto la salud a los matices extenuados»).
La posguerra de 1918 es fatal para él. Las sultanas, con
jersey y falda corta, experimentan una metamorfosis. La
vida, la sociedad y la moda cambian irremisiblemente y
nadie quiere oír hablar de él. Entran en escena Molyneux,
Patou y, sobre todo, Chanel y sus «telegrafistas delgadas
y sus colegialas con vestido negro». «¿Por quién lleva
usted luto?», le preguntó a Chanel. «Por usted, querido
amigo». Murió, olvidado, a finales de la guerra siguiente,
en 1944.

PACO RABANNE (nacido en 1934)

Nacido en San Sebastián como Balenciaga —fue oficial de costura en casa de su madre—, se dedicó primero a la arquitectura, como muchos otros modistas. Pero al contrario que otros, no emplea el tejido, porque piensa que ya se ha extraído de él cuanto era posible. Por eso su primera colección en 1965, sorprendió al gran público, especialmente los vestidos de redondeles de plástico unidos por cadenetas, como las cotas de malla medievales. El vestido que llevaba la cantante Françoise Hardy era una obra de orfebrería: un tul formado por plaquetas de oro adornadas con diamantes unidos entre sí por cinco mil anillos de oro. Entre los extraños materiales que utiliza se encuentra también el papel. Sus bañadores metálicos no dejan de ser ligeros como plumas. Lleno de invención, ha hecho a punto piel sintética con tiras de cuero. Se le concedió el Dedal de Oro en 1990, por su colección de primavera.

CHARLES REDFERN (1853-1929)

El primer Redfern, el auténtico, era un pañero de la isla de Wright que vestía a los ricos patrones de yate ingleses y tuvo tanto éxito que abrió una tienda en Londres, donde creó el famoso traje de chaqueta femenino de la princesa de Gales. En 1881 se abrió en París una tienda Redfern dirigida por Charles Poynter, que dio a las elegantes el aire británico que tanto les gustaba. En 1916 creó el uniforme femenino de la Cruz Roja Internacional. Los años locos dieron buena cuenta de este templo del «Establishment».

MICHÈLE ROZIER

Hija de Hélène Gordon, de casada Lazareff y fundadora de la revista Elle, fue primero, en los años cincuenta, periodista de modas para su madre; después se pasó al diseño y creó la primera americana en piel sintética. Fundó V de V (vêtements de vacances [prendas de vacaciones]) con Karl

Lagerfeld. Llevó la piel al mercado juvenil, sobre todo el conejo teñido de colores pastel o vivos (Elie Jacobson). Se le debe también el vinilo, el nailon pluma, los conjuntos extensibles para el esquí, el plástico plateado y los vestiditos cortos de punto cortados como si fueran camisetas.

SONIA RYKIEL (nacida en 1930)

«Quiero hacer prendas desmontables, desplazables, sin revés, sin dobladillo. Prendas de día para usar por la noche [...]. Quiero prendas que me sigan, que me precedan, me rodeen, que acepten mi juego, completen mis gestos, susciten deseo. Quiero hacer moda con mi cabeza para mi cuerpo. Para encontrar mi huella, mi voz, mi trazo y para definirme». Todo esto lo ha hecho con la malla, las superposiciones, las envolturas, los bolsillos, las aberturas, las capas, los jacquards, los pantalones que son faldas, las faldas que son tablas, el terciopelo, la conjugación de los motivos, las palabras tejidas, el *look* total. La moda de esta creadora se reconoce a primera vista, siendo a veces tan femenina que es agresivamente feminista.

Como un signo de los tiempos, sus verdaderos comienzos tuvieron lugar en 1968, en su tienda de la Rue de Grenelle, tras haberse atrevido a realizar sus primeros modelos para la tienda de confección de su marido. Si la mujer es el futuro del hombre, como dice el poeta, la moda según Rykiel sigue siendo, año tras año, el presente de la mujer.

YVES SAINT LAURENT (nacido en 1936)

El príncipe de alta costura actual. Respecto a sus colecciones, ¿se puede hablar de moda cuando nunca se pasan de moda? Y sin embargo, no hay nadie como él para captar el espíritu de su tiempo.

En 1983, François Mitterrand escribía: «Desde hace un cuarto de siglo, Yves Saint Laurent ha inventado formas y colores que han entrado en la historia de la elegancia. Es uno de los embajadores del genio francés en el mundo.» En 1983, el Metropolitan Museum of Art de Nueva York presentó una exposición retrospectiva: *«Yves Saint Laurent, 25 years of design.»* Era la primera vez que en él se dedicaba una exposición a un artista vivo.

A los diecisiete años obtuvo el primer premio del Concurso Internacional de la Lana, con un vestido de cocktail asimétrico. Laurent de Bruenhoff consiguió que entrara a trabajar para Dior, del que fue principal colaborador, a pesar de su juventud. A la muerte de éste, en 1957, le sucedió y presentó, al año siguiente, su primera colección bajo el signo del «trapecio», que le hizo inmediatamente famoso. Tres años después, al volver del servicio militar, su puesto estaba ocupado. Se asocia con Pierre Bergé para fundar su propia casa de modas. Y Casandra concibe el célebre logotipo Y-S-L.

Como entonces era el momento de los minivestidos, Y-S-L inventó el vestido Mondrian, creando con un metro cuadrado de tejido una obra de arte en la que se combinaban superficies de colores tomados de uno de los cuadros del pintor. Otros cuadros y otros pintores serían traducidos por los bordados de los talleres Lesage, como los famosos *Iris* de Van Gogh, *Los girasoles...* o el vestido Picasso para una infanta moderna, en el que estallan los colores en aplicaciones bordadas.

A Y-S-L se le debe el traje de chaqueta pantalón, el chaquetón y el gabán —desde entonces indispensables— y el esmoquin femenino. Emplea extraordinarias asociaciones de colores, así como estampados compuestos para él y con él por el equipo de Gustav Zymsteg, «el genio de los tejidos Abraham en Zúrich».

Desde los inicios de su carrera se mostró apasionado por los trajes del teatro, del ballet o del music-hall: «Bailar con un traje de Yves es aprender a conocerse una misma», ha afirmado Maia Plissetskaia, en tanto que Madeleine Renaud añade: «Yves Saint Laurent tiene el genio de los poetas, y cuando viste un cuerpo, hace que aparezca el alma».

JEAN-LOUIS SCHERRER (nacido en 1935)

Aprendió con Christian Dior de 1955 a 1958, en compañía de Yves Saint Laurent, tras haberse iniciado en la danza clásica. Inauguró su firma en 1962 con la ayuda económica del grupo Orlane y pronto se apreció su técnica impecable. Siempre ha conservado el rigor, el placer depurado del negro y el blanco, así como el refinamiento llevado hasta el último extremo de la femineidad en la muselina y los mágicos bordados, sobre todo de Lesage. Desde el invierno de 1980 parece entregado a los fastos de Asia, pero con tal sentido de la medida que nunca llega al disfraz, aunque su estilo es identificable de forma inmediata. Como su lema principal es la elegancia, viste a reinas, sobre todo a las del Golfo, y a la mujer de Giscard; y echa de menos a Cristina Onassis, que se gastaba 10 millones de francos anuales en llenar su guardarropa.

ELSA SCHIAPARELLI (1890-1973)

Esta italiana de origen tuvo que ganarse la vida en 1930, tras un divorcio que la dejó sin medios económicos, y comenzó como diseñadora de prendas de punto elegantes que pronto empezó a vender en su tienda de la Rue de la Paix «Pour le sport». El éxito la llevó a fundar una casa de modas en la plaza Vendôme, donde, por primera vez, la planta baja era una tienda en la que había accesorios y sombreros (generalmente extravagantes, pero que gustaban mucho) de su marca. Pariente de artistas de vanguardia, interpretó las corrientes estéticas de su época. Muy surrealista, empleando materiales insólitos y lentejuelas y bordando las ideas de los pintores de moda, convirtió sus

prendas en el testimonio de su época y en futuros objetos
de museo (por ejemplo, los bordados sobre el tema del
circo). Creó un rosa violento, el famoso rosa «shocking» y
devolvió el honor a los botones, verdaderas obras de arte, a
menudo de cerámica. Su firma no sobrevivió al *new look* ni
a los años cincuenta.

### CHANTAL THOMASS (nacida en 1947)

Le debemos el resurgimiento de la lencería: sostenes largos, enaguas, bajos de encaje, prendas interiores turbado-
ras o evocadoramente cándidas que el mundo entero se
disputa en veinte tiendas con su nombre y más de doscientos puntos de venta. Ha creado asimismo los admirables
trajes de chaqueta B.C.B.G. para el día y los vestidos «gla-
mour» para la noche, que tanto gustan a las mujeres de negocios que siguen la moda.

### EMMANUEL UNGARO (nacido en 1933)

Antiguo ayudante de Balenciaga y de Courrèges, es el
campeón (en el sentido medieval del término) de las mezclas de tejidos, de las asonancias de tonos y de la disparidad
de los motivos estampados que, finalmente, confieren una
admirable homogeneidad a las prendas, casi dándoles vida.

### VALENTINO (nacido en 1923)

El Saint-Laurent de la península italiana realizó su
aprendizaje en París, antes de instalarse en la calle más elegante de Roma para vender las prendas más caras y hermosas. Viste a toda la *jet set* internacional con un estilo holly-
woodiense. Uno de sus mayores éxitos ha sido una
colección completamente blanca.

### MADELEINE VIONNET (1876-1975)

Esta adorable dama, que inventó el sesgo en la moda
elegante y algo alocada de antes de la guerra de 1914, estu-

vo a punto de morir centenaria. Le debemos asimismo los primeros bañadores elegantes y los primeros trajes de esquí. Ni qué decir tiene que supo captar las necesidades de su época.

Aprendió a coser con la mujer del guarda campestre de Aubervilliers, a la sazón un pueblo de los alrededores de París. Se casó a los dieciocho años y se tuvo que ir a vivir a Inglaterra, donde trabajó con Kate Reilly, la Hartnell de su época. Los modelos de esta francesita fueron un éxito. En 1901, de vuelta a París, entró a trabajar con las hermanas Callot, con quienes, según ella, aprendió verdaderamente que la costura es un arte. Unos años después, Jacques Doucet la tomó como ayudante principal. Con él, libró la batalla contra el corsé y vistió a hermosas y ricas actrices. En 1912, abrió su casa de modas, primero en la Rue Lafayette, cuando el barrio aún era elegante, y después, en 1923, se trasladó al número 50 de la avenida Montaigne. Las mujeres más elegantes del mundo entero eran clientes suyas, apasionadas por su línea flexible y fluida que realzaba la silueta. Empleó sobre todo el crespón, que colocaba en un maniquí de madera para crear sus modelos. Nunca hizo un dibujo para los seiscientos modelos que presentaba en tres colecciones anuales. Esta defensora de la flexibilidad fue asimismo una dura mujer de negocios, aunque fue la primera en dar vacaciones pagadas a sus 1.200 empleados y en instaurar la formación profesional permanente. En 1939, presagiando lo peor, cerró su negocio, justo antes de la guerra.

## CHARLES-FRÉDÉRIC-WORTH (1826-1895)

Émile Zola recordó a este emperador de la moda del Segundo Imperio en *La Curée,* representándolo en el personaje del costurero Worms. Worth, de origen inglés, fue el primer modista creador masculino —este arte había sido hasta entonces patrimonio de las costureras—, pues

Leroy, el que vistió al Primer Imperio, sólo fue un sagaz comerciante. En 1845, a la edad de veinte años, se instaló en París. Contratado por un comerciante de novedades, persuadió a su patrón para que propusiera a las clientes la creación de vestidos cortados en los tejidos elegidos por él y según los modelos que creaba. Como pronto tuvo una buena clientela, fundamentalmente extranjera, abrió una tienda en el número 7 de Rue de la Paix, «Vestidos y abrigos confeccionados», con dos magníficos salones donde hacía desfilar a «dobles», seleccionadas por su semejanza con las damas de la corte, y presentaba sus colecciones. Fue el primero en crear una colección y en utilizar maniquíes vivas. La princesa Metternich y la condesa Walewska le abrieron las puertas de las Tullerías y se convirtió en el modista de la emperatriz, después de haber persuadido a Napoleón de que la moda era una empresa nacional. Fue el artífice de la supresión de la crinolina. Sus creaciones activaron el comercio y la industria textiles: los talleres empleaban a ochocientas obreras y, en los últimos años del siglo, París contaba con más de veinte casas de costura. La casa Worth, que se fusionaría con Paquin en 1956, no sobrevivió a la posguerra de la II Guerra Mundial ni al *new look*.

## YOHJI YAMAMOTO

Este extraño nipón barbudo encarna el peligro amarillo que ha fagocitado la alta costura. En 1976 fue el creador del «look japonés», llamado asimismo «look vagabundo»: patéticos harapos superpuestos a las más nobles materias, a los que sucedieron el chaqué y la minifalda al *pouf,* las chaquetas sin falda y los drapeados anudados o retorcidos, así como admirables abrigos guardapolvos, unisex y del color de las murallas o de ese oscuro azul grisáceo que adopta el mar en las tardes de tormenta. Es un capítulo que continuará y que, en cualquier caso, hace pensar.

# Bibliografía

A medida que han ido apareciendo en el texto, he mencionado las referencias o las fuentes de las citas, por lo que no me parece útil, por falta de espacio, volver a mencionar dichas fuentes.

Frente a una bibliografía exhaustiva —que nunca estará al día y que corre el peligro de cansar al lector— he preferido indicar las publicaciones (libros o artículos de revistas) de orden más general pero de calidad, en las que los interesados pueden hallar más datos e información sobre la apasionante historia del vestido o de sus técnicas. Tienen el mérito de ser claras y fiables, y se encuentran en todas las buenas bibliotecas, ya sean públicas o universitarias. En las obras antiguas no siempre se menciona el editor y a veces tampoco la fecha ni el lugar de publicación. Pido disculpas por no mencionar publicaciones alemanas, holandesas, españolas ni en otras lenguas en las que confieso mi falta de competencia, lo cual lamento mucho, ya que también en ellas hay una importante cosecha.

Me permito señalar asimismo el interés de la lectura de numerosas, revistas, de las llamadas femeninas, y de la prensa profesional. Hay que subrayar sobre todo los excelentes artículos sobre moda, costura y creadores de las revistas francesas *Elle, Joyce, Dépêche Mode* y *Jardin des Modes.*

*Vers une anthropologie du vêtement,* Actas del coloquio nacional, CNRS, París 1981.

Actas del Primer Congreso Internacional de la Historia del Vestido (1952), Venecia 1955.

G. Bardolle, *Mode in France, les dessous du prêt-à-porter,* Alain Moreau, París 1979.

R. Barthes, *Histoire et sociologie du vêtemenet,* Annales XII, París 1957.

R. Barthes, *Pour une sociologie du vêtement,* Annales XVI, París 1957.

R. Barthes, *Système de la mode,* Points/Seuil, París 1967.

J.Baudrillard, *De la séduction,* Galilée, París 1979. (ed. cast., *De la seducción,* Cátedra, Madrid, 1989).

M. Baulieu y J. Bayle, *Le costume en Bourgogne de Philippe le Hardi à Charles le Téméraire,* 1956.

L. Bellinger, *The Bible as source for the study of textiles,* Workshop, n.º 18 Washington Dc. 1958.

P. Billaux, *Le lin,* J.B. Baillière et Fils, París 1969.

F. Blüche, *La vie quotidienne au temps de Louis XIV,* Hachette, París 1984.

F. Boucher, *L'identité de la France,* Arthaud, París 1986.

F. Boucher, *Civilisation matérielle, économie et capitalisme,* XV<sup>e</sup>-XVII<sup>e</sup> siècle, Armand Colin, París 1986.

I. Brossard, *Les fils et les tissus,* Dunod, París 1977.

I. Brossard, *Technologie des textiles,* Dunod, París 1977.

J.-E. Burlet, *La laine et l'industrie lainière,* Que sais-je? PUF., París 1972.

E. Charles-Roux, *L'irrégulière,* Grasset, París 1978.

J. Charles-Roux, *Le costume en Provence,* Lemerre 1907/Laffite Reprints, Marsella 1977.

R. Colas, *Bibliographie générale du costume et de la mode,* Librairie Colas, París 1933.

C.-W. Cunnington y P.Cunnington, *The History of Under Clothes,* Londres 1951.

J. Dauvilliers, *Les costumes des anciennes universités françaises,* Actas del primer Congreso Internacional de la Historia del Vestido (1952), Venecia 1955.

M. de Decker, *Madame le Chevalier d'Éon,* Perrin, París 1987.

Y. Delaporte, «Le signe vestimentaire», *L'Homme, Revue française d'anthropologie,* París 1980, vol. 20.

M. Delbourg-Delphis, *Le chic et le look,* Hachette, París, 1981.

R. Delort, *L'histoire de la fourrure de l'Antiquité à nos jours,* Edita-Lazarus, Lausana 1986.

M.-A. Descamps, *Psychologie de la mode,* PUF., París 1984.

D. Desanti, *La femme au temps des Annés folles,* Stock-Pernoud, París 1985.

Y. Deslandres, *Le costume, image de l'homme,* Albin Michel, París 1976.

C. Desroches Noblecourt, *La femme au temps des pharaons,* Stock-Pernoud, París 1986.

D. Diderot y J. d'Alembert, *Encyclopédie:* articles *Mode, Tailleur,* etc., vol. IX.

J.-C. Dupont y J. Mathieu, *Les métiers du cuir,* presses de l'université de Laval (Québec), 1981.

B. du Roselle, *La crise de la mode, la révolution des jeunes et de la mode,* Fayard, París 1973.

B. du Roselle, *La mode,* Imprimerie nationale, París 1981.

D. Elisseeff, *La femme au temps des empereurs de Chine,* Stock-Pernoud, París, 1988.

L. Fougerat, *La pelleterie et le vêtement de fourrure dans l'Antiquité,* París-Lyon 1914.

C. de Francesco, *Soieries vénitiennes,* Cahiers Ciba, vol. III, n.° 25.

D. Friedmann, *Une histoire du blue-jean,* Ramsay, París 1987.

R. Friedrich, *Cuir, tradition, création,* Dessain et Tolra, París 1986.

L. Funcken y F. Funcken, *Le costume, l'armure et les armes,* 1) au

346 Bibliografía

temps de la chevalerie, 2) au temps de la Renaissance,
Casterman, París 1977 1978.

J.-B. Giraud, *Les origines de la soie,* Histoire chez les peuples
d'Orient, L. Perrin, Lyon 1889.

E. de Goncourt y J. de Goncourt, *La femme au XVIII<sup>e</sup> siècle,*
Bibliographie Charpentier Frasquelle, París 1896.

E. de Goncourt y J. de Goncourt, *Histoire de la société française
pendant la Révolution,* Bibliographie Charpentier Frasquelle,
París 1902.

J. Gonthier, *La soierie de Lyon,* Christiane Bonneton, París 1978.

M. Gostelow, *Le livre de la broderie,* Dessain et Tolra, París 1978.

R. Graves, *Les mythes grecs,* Fayard, París 1967 (ed. cast., *Los
mitos griegos,* Alianza Editorial, Madrid, 1985).

J. Heers, *Le travail au Moyen Age,* Que sais-je? PUF., París
1975.

L. Heuzey, *Histoire du costume antique,* Champion, París 1922.

B.-W. Hodder, *Indigenoux cloth trade and marketing in Africa,*
Textile History, vol. 11, Edington 1980.

Jouin, *Le vêtement mis à l'envers,* Actas del coloquio nacional
CNRS., *Vers une anthropologie du vêtement,* París 1981.

M. Juignet, *La chaussure,* Michel-Juignet, Saint-Mandé 1977.

M. Lair, *Les bras m'en tombent,* Acropole, París 1990.

R. Lantier, *La vie préhistorique,* PUF., París 1974.

L. de La Prade, *Le point de France,* Lucien Laveur, París 1905.

J. Laurent, *Le nu et le dévêtu,* Gallimard, París 1979.

M. Leloir, *Dictionnaire du costume,* Grand, París.

E. Lemoine-Luccioni, *La robe,* Ensayo psicoanalítico sobre el vestido, Seuil, París 1983.

H. Lhote, *Découverte des fresques du Tassili,* Arthaud, Grenoble
1988.

F. Libron y H. Clouzot, *Le corset dans l'art et les moeurs du XIII<sup>e</sup>
au XX<sup>e</sup> siècle,* París 1953.

G. Lipovetsky, *L'empire de l'éphémère,* N.R.F., Gallimard, París
1987.

F. Loux, *Le corps dans la société traditionnelle,* Berger-Levrault,
París 1979.

J.-N. Lowe, *Cultural, patterns and process: a study of stylistic chan-*

*ge in Women dress,* American Anthropologist, Washington Dc 1982, vol. 64.

J. Malaurie, *Les derniers rois de Thulé,* Terres humaines, Plon, París 1982.

G. de Matos Sequeira, *Le costume défendu,* Actas del 1.er Congreso International del Vestido (1952), Venecia 1955.

C. Mouchard, *Aventurières en crinolines,* Seuil, París 1987.

J. Montupet, *La dentellière d'Alençon,* Laffont, París 1984.

J. Montupet y G. Schoeller, *Fabuleuses dentelles,* Laffont, París 1989.

Musée des Arts de la mode, *Moments de mode,* Éditions Herscher, París 1986.

Musée d'Art et d'Histoire de Neuchâtel: *La soie,* Neuchâtel 1986.

E. Pauset, *Histoire de la soie,* A. Durant, París 1985.

R. Pfister, *Les premières soies sassanides,* Études d'orientalisme, vol. II, musée Guimet, París 1932.

K. Riboud, *Les soieries Han: Arts asiatiques,* musée Guimet, t. XVII, París 1968.

A. Troux, *Sur l'élégance et l'habillement féminin à la fin du second Empire,* l'Information historique, 1977, vol. 39.

Tsui-Chi, *Histoire de la Chine et de la civilisation chinoise,* Payot, París 1949.

# Notas

Adornos y labores artisticas

De la cinta

[1] Una vara = 1,18 m en París.
[2] Madame de Sévigné, *Carta D II*.


Del bordado

1 En la actualidad, Santa Clara, fiesta del 12 de agosto. Esta elección se puede explicar por la necesidad de ver bien para bordar.
[2] Lana ligera.


Del encaje

[1] Invento español: soporte colocado en las caderas para dar mayor amplitud al cuerpo del vestido.
[2] La gorguera a la flamenca era mucho más rígida y estaba más almidonada que la francesa.
[3] Molière, *La escuela de los maridos,* acto primero.
[4] Término genérico que designa el conjunto de mallas que unen los motivos entre sí.
[5] La emoción confundía al barón Mercier: la blonda es un encaje de seda cruda.

LAS ESTRATEGIAS DEL VESTIDO

La memoria de la camisa

[1] Boccaccio, *El Decamerón,* Alianza Editorial, Madrid, 1987.

[2] Desaliñado significa originalmente «que tiene la cintura deshecha», cintura para sujetar los calzones, ancestros de los pantalones.

[3] *Vêtements et Sociétés,* tomo I, actas de las Jornadas de Encuentro del 2 y 3 de marzo de 1979, editadas por Monique de Fontanès e Yves Delaporte, Laboratorio de Etnología del Museo Nacional de Historia Natural y la Sociedad de Amigos del Museo del Hombre.

[4] M. Beaulieu y J. Bayle, *Le Costume en Bourgogne, de Philippe le Hardi à Charles le Téméraire,* PUF, París, 1956.

[5] Citado por el Dr. Cabannès, *La Vie aux bains, moeurs intimes du passé,* Albin Michel, París, 1921, Étienne Boileau, preboste de París, es el redactor del *Registre des mestiers* para Luis IX.

[6] Ned Rival, *Histoire anecdotique de la propreté et des soins corporels,* Jacques Grancher, París, 1986.

[7] Philippe Séguy, *Histoire des modes sous l'Empire,* Tallandier, París, 1988.

[8] Guillaume de Lorris, *Roman de la Rose,* verso 2008, edición Langlois.

[9] Anatole France, *Les Opinions de M. Jérôme Coignard,* Calmann Lévy, París, 1923.

[10] Joseph Vaylet, *La Chemise conjugale,* Suvervie, Rodez, 1976.

[11] Jean ClaudeBologne, *Historie de la pudeur,* Olivier Orban, París, 1986

[12] *Briefwechsel der Herzogin Sophie von Hannover,* Biblioteca de la Universidad de Heidelberg, República Democrática Alemana.


El sexo robado del vestido

[1] Biblioteca de Poitiers, Ms. 250, fol. 25.

[2] Orderic Vital (o Vidal), 1075-1142, *Histoire ecclésiastique.*

[3] Jean-Claude Bologne, *Histoire de la pudeur,* Olivier Orban, París, 1986.

[4] *Actas de las Jornadas de Encuentro «Vêtements et Sociétes»,* del 2 y 3 de marzo de 1979, editadas por Monique de Fontanès e Yves Delaporte. Laboratorio de Etnología del Museo Nacional de Historia Natural y la Sociedad de Amigos del Museo del Hombre, París, 1981.

[5] Medio pie son unos 15 cm. ¡Los había peores!

[6] J. Bouchet, *Épîtres morales et familières du traverseur,* Poitiers, 1545.

[7] Sophie Loubriat, «Robe judiciaire et justice enrobée», en *l'Etnographie,* París, 1984.

[8] Marc-Alain Descamps, *Psychosociologie de la mode,* PUF, París, 1970.

[9] *Encyclopaedia Universalis,* artículo «gótico» sobre las vidrieras de la catedral de Châlons-sur-Marne.

[10] M. A. Descamps, *op. cit.*

[11] J. C. Flugel, *Le Rêveur nu*, Aubier Montaigne, París, 1983.

[12] *Ibidem.*

[13] Según el diccionario Larousse: «Encantos físicos de una mujer, y especialmente el pecho.»

[14] Philippe Perrot, *Les Dessus et les Dessous de la bourgeoisie*, Fayard, París, 1981.

[15] Chanel también reivindicó el vestido negro.

El controvertido sexo del pantalón

[1] F. Benoît, *l'Art primitif méditerranéen de la vallée du Rhône*, 1955

[2] Bruno du Roselle, *La Mode*, Imprimerie nationale, París, 1981.

[3] William Camus, *Mes ancêtres les Peaux-Rouges*, la Farandole, París, 1973.

[4] Molière, *El burgués gentilhombre*, acto III, escena 3.

[5] *Caqui* viene del indostaní *khakee*, que significa «polvo». En 1857, el ejército británico en las Indias adoptó este color para el uniforme de los soldados de infantería.

[6] Bruno du Roselle, *op. cit.*

[7] P. Duchâtre, *La Commedia dell'arte*, París, 1955.

[8] Alain Decaux, *Histoire des Françaises*, Rombaldi, 1974.

[9] Molière, *La escuela de las mujeres*, acto III, escena 2. Traducción de Julio Gómez de la Serna, Carroggio S. A. Ediciones, Barcelona, 1983.

[10] Con una acepción que carece de las actuales connotaciones injuriosas. Entonces quería decir «mujer viril», es decir, con todas las cualidades masculinas.

[11] Daniel Friedmann, *Une histoire du blue-jean*, Ramsay, París, 1987.

[12] Un anuncio de Wrangler.

Las grandes maniobras de la ropa interior

[1] Cécil Saint-Laurent, *Histoire imprévue des dessous féminins*, Herscher, París, 1986.

[2] Jean-Claude Bologne, *Histoire de la pudeur*, Olivier Orban, París, 1986.

[3] Jean de Meung, *El libro de la rosa*, traducción de Carlos Alvar y Julián Muela, Ediciones Siruela, Madrid, 1986.

[4] Jean de Munis, *Chronicon Placentinum*, Murator XVI, anno 1388.

[5] Montaigne, *Essais*, XLIX, «Des coustumes anciennes».

[6] Paule Constant, *Un monde à l'usage des demoiselles*, Gallimard, París, 1987.

[7] Philippe Séguy, *Histoire des modes sous l'Empire*, Tallandier, París, 1988.

⁸ Valerie Steele, una feminista americana, escribe que, para la mujer del siglo XIX, el corsé fue una afirmación de su sexualidad y su femineidad, así como el rechazo de su limitación a un papel exclusivamente maternal y doméstico (*Fashion and Erotism,* Oxford University Press, 1985).

⁹ Danielle Elisseeff, *La Femme au temps des empereurs de Chine,* Stock, París, 1988.

¹⁰ Doctor Casimir Daumas, «Hygiène et médecine», en *Fashion-Théorie,* n.º 252, marzo de 1861.

¹¹ J.-C. Bologne, *op. cit.*

La horma de su zapato

¹ Museo del Calzado: antiguo Convento de la Visitación, calle Santa María, n.º 2, Romans-sur-Isère (Drôme).

² Bally Schuhfabrik, A. G. Service, P. R. 5012, Schnenwerd (Suiza).

³ Jean Servier, *Les Portes de l'année,* Laffont, París, 1962.

El capítulo del sombrero

¹ Robert Devleeshouwer, «Costume et Societé», *Revue de l'Institut de sociologie:* À propos de la mode, 1977-2, Universidad Libre de Bruselas.

² Gustav Meyrink, *Le Golem,* Éditions Stock, París, 1969.

³ Robert Devleeshouwer, *op. cit.*

⁴ Barrois, *Manuel d'archéologie biblique.*

⁵ E. Ortigue y R. Rollaud, «Les Chapeliers de Camp-la-Source», en *Études rurales,* n.ᵒˢ 93-94, enero-junio de 1984.

⁶ Propósito de un contemporáneo que menciona Paul Murray Kendall, *Louis XI,* Fayard, París, 1974.

⁷ Louis-Sébastien Mercier: *Tableau de Paris,* 12 vols., Amsterdam, 1781-1788.

⁸ André Castelot, *Marie-Antoinette,* Librairie académique Perrin, París, 1962.

⁹ Stefan Zweig, *Marie-Antoinette,* Grasset, París.

¹⁰ Distribuyó en su entorno 361 vestidos y 146 «modas y tocados».

¹¹ Nicolas Edme Restif de La Bretonne, *Les Parisiens ou XI caractères généraux pris dans les moeurs actuelles,* 4 vols., París, 1787.

Recojamos el guante

¹ Philippe Séguy, *op. cit.*

² Mitones que llegan hasta la parte superior del brazo.

# El Libro de Bolsillo    Alianza Editorial    Madrid

## Ultimos títulos publicados